EDITORA DO CONHECIMENTO

Auxiliando a humanidade a encontrar a Verdade

Como forma de preparação mental para você dinamizar as suas energias latentes, antes de começar a leitura específica deste livro, faça a sua Cosmoterapia plasmando o bailado do Universo com bilhões de bilhões de estrelas pintalgando a abóbada celeste e se sinta um coparticipante na obra do Cristo terráqueo, auxiliando a transformar o *Brasil* em *a Luz do Mundo*.

É esperado que o leitor entre, mentalmente, em sintonia com a essência da mensagem contida neste trabalho e que, durante as silenciosas reflexões, se permita ajustar, gradativamente, o seu sentimento nobre à frequência vibratória do Cristo-Amor — o criador da Terra... Consiga despertar a Centelha de Deus latente em si e com a voz da plenitude declamar poemas de gratidão a Jesus, o Nazareno Mestre, pela oportunidade de participar de um Planejamento Sideral voltado para a Terra — a implantação dos **ADVENTOS CRÍSTICOS** — que tem a missão sagrada de renovar o Cristianismo.

Sinta o garbo de ajudar o *Brasil* a se tornar o *Coração do Mundo, Pátria do Evangelho*.

Saúde e Paz!

Brasil a Luz do Mundo

Brasil a Luz do Mundo

Adolfo Marques dos Santos

CONHECIMENTO EDITORIAL LTDA.
Rua Prof. Paulo Chaves, 276 – Vila Teixeira Marques
CEP 13485-150 – Limeira – SP
Fone/Fax: 19 3451-5440
www.edconhecimento.com.br
vendas@edconhecimento.com.br

Revisão: Wilson Silva
Projeto gráfico: Sérgio Carvalho
Ilustração da capa: Banco de imagens

ISBN 978-85-7618-464-5
1ª Edição – 2018

• Impresso no Brasil • Presita en Brazilo

Produzido no departamento gráfico da
CONHECIMENTO EDITORIAL LTDA
conhecimento@edconhecimento.com.br

Dados Internacionais de Catalogação na Publicação (CIP)
Angélica Ilacqua CRB-8/7057

Santos, Adolfo Marques dos
Brasil a luz do mundo / Adolfo Marques dos Santos – Limeira, SP : Editora do Conhecimento, 2018.
270 p. (Adventos Crísticos)

ISBN 978-85-7618-464-5

1. Espiritismo 2. Brasil - Religião 3. Brasil - Espiritualidade I. Título

182092 CDD – 133.90981

Índices para catálogo sistemático:
1. Brasil - Espiritualidade

Adolfo Marques dos Santos

Brasil a Luz do Mundo

1ª edição
2018

EDITORA DO CONHECIMENTO

Outros livros da série

Adventos Crísticos

Adventos Crísticos (1996)
O Fim dos Tempos e os Discos Voadores (2002)
O Evangelho e a Lei de Deus (2003)
A Arte de Interpretar a Vida (2008)
A Predestinação Espiritual do Brasil (2011)
Pérolas de Esperança (2013)
O Cristianismo Renovado (2014)
Os Novos Rumos do Cristianismo (2016)
Cura e Autocura à Luz do Evangelho (2017)

O produto integral dos livros
é destinado ao C. E. U.
— Centro Espiritualista Universalista —
para a divulgação dos
ADVENTOS CRÍSTICOS.

O autor se encontra disponível para
realizar conferências sobre os
ADVENTOS CRÍSTICOS
onde for convidado.

www.adventos.org.br
adolfoadventos@gmail.com
Telefone: +55 (21) 996362184
WhatsApp: +55 (21) 996815447
You Tube: ADOLFO MARQUES
Facebook: Adolfo Marques dos Santos
Instagram: adventoscristicos
Rio de Janeiro – Brasil

Sumário

A voz do Brasil

O Brasil, na condição de berço para a civilização do Terceiro Milênio, com seu espírito universalista, não se deterá na conduta apequenada dos órfãos da eterna fé, pois não é sua função, considerando que o atual materialismo religioso em um tempo muito curto será banido do orbe e, com ele, os seus professantes.

Os novos semeadores da palavra evangélica já não encontrarão a ***terra batida***, onde as sementes da Boa Nova ali colocadas são comidas pelas aves do esquecimento dos humanos desatentos... Nem em ***ambientes rochosos***, sem terra o suficiente para que a palavra do Senhor penetre e crie raízes profundas na consciência dos terrenos... Também as palavras de renovação íntima não serão semeadas por ***entre as ervas daninhas***, a fim de que os espinhos da ignorância dos desprovidos de vivência crística não venham a espicaçar os bem-intencionados.[1]

O Brasil, na condição de ***terra fértil***, para onde o Nazareno Mestre transplantou a ***Árvore do Seu Evangelho***, produzirá frutos em abundância e proverá o homem-espécie faminto das verdades eternas com o alimento sagrado da mensagem Dele — o ***Mestre dos Mestres*** —, contido em ***A Arca do Desconhecido***.

> No meu ensurdecedor silêncio, ouço uma voz sem som a me falar:
>
> Filho!...
> Quem sou?!...
> **EU SOU** aquela que, na condição de mãe, te abriga em meu seio...
> **EU SOU** aquele que, na condição de pai, provejo as

[1] Conforme consta em Mateus, 13, 1-23, ***Parábola do Semeador***.

tuas necessidades existenciais...
EU SOU o berço da Civilização do Espírito...
EU SOU o Coração do Mundo, a Pátria do Evangelho...
EU SOU a parte do planeta Terra predestinada a servir de palco para que os homens crísticos declamem poemas de amor à vida... Poemas de amor ao Senhor da Vida...
EU SOU o responsável pela implantação, na consciência dos humanos seres, dos **Adventos Crísticos** – a nova moral para a humanidade terrena...
EU SOU Aquele que vai ensinar o homem-espécie a orar e, através da oração, interagir com as consciências arcangélicas do Universo de Meu Deus...
EU SOU Aquele a despertar nos indivíduos de boa vontade a sua essência crística, a fim de que ele adquira mérito e acesse a palavra sagrada proferida pelo Nazareno Mestre e contida em ***A Arca do Desconhecido***.
EU SOU quem tem a sacra função de fazer com que a alma humana terrena conheça e reconheça a excelsitude do Nazareno Mestre, a fim de despertar de si a força motriz da suprema fé e transformar em vida a Sua mensagem existente em ***A Arca do Desconhecido***, a sagrada relíquia da humanidade terrena, o indelével relicário de luz – o Evangelho cristão...
EU SOU o portador da divina incumbência legada pelo Supremo Pai de regurgitar do inconsciente profundo do homem a sua Força Superior, o seu Eu Crístico, a Fagulha Dele em si... Fazer com que ele descubra, por esforço próprio, uma pérola preciosa no Oceano do Senhor de todos os mundos e sinta-se um homem cósmico, um homem integral, um homem que, convictamente, coloque os seus ***talentos*** a serviço da Vida, a serviço de Deus...

Oh! Homens de todos os quadrantes da Terra!...

Oh! Homens de todas as vertentes da sociedade!...
EU SOU Aquele que tem a sacra tarefa de induzir o homem-espécie a desdogmatizar o Cristianismo...
EU SOU portador da força-energia a fazer o homem sentir a pujança da mensagem do Sol Divino – o Mestre da Galileia –, a fim de que ele possa dar feição à

ordem crística, ou seja, implantar na consciência da humanidade a proposta dos **Adventos Crísticos**.
EU SOU a sede do Cristianismo Renovado, com a função sagrada de levar os indivíduos a compreenderem a grandeza desta aurora que é única... Única em arrojo crístico para revelar ao mundo um Deus de Amor e Justiça...

Meus filhos!...
Filhos que nasceram da minha essência e aqueles outros, filhos do meu coração!...
Quem Sou?!...
EU SOU aquele a quem o Absoluto Criador delegou a sacrossanta tarefa de auxiliar a despertar nos homens os seus divinos sentidos... A sua suprema devoção à Suprema Inteligência Criadora do Universo...

Oh! Homens do Mundo-Terra!...
EU SOU a energia vital para alimentar a sociedade na era de Aquário!...
EU SOU a antena a captar do Cosmo energias provindas da Fonte Inesgotável da Vida - DEUS...
EU SOU uma parte da Terra que se humanizou para falar à humanidade sobre a minha predestinação... A predestinação de esclarecer o homem quanto à sua necessidade de alcançar a Bonança... Alcançar a sintonia identificadora do Cristo-Pai... Atingir uma sincronia na frequência que identifique a cosmicidade do Nazareno Mestre.

Oh! Homem brasileiro, filho do Supremo Pai!...
Vou precisar de tua mão para juntos trabalharmos na Vinha do Senhor...
Vou precisar de tua voz para lecionarmos lições de fraternidade às criaturas de boa vontade...
Vou precisar que subas ao púlpito da fé portando o semblante da convicção para declamares o poema de amor proferido pelo Sublime Sintetizador Cósmico quando no Sermão da Montanha falou das leis do Supremo Legislador.

Oh! Filhos da terra de Cruzeiro do Sul!
Vamos conscientizar o humano ser de boa vontade

de que ele é o sal da terra a dar sabor à vida dos seus semelhantes... De que ele é a luz do mundo colocada sobre o candelabro para iluminar a humanidade do planeta Terra.

Homens!...
Quem sou?!...
EU SOU o Brasil — a nova terra da promissão.[2]

[2] Extraído, com adaptações, do livro *A Arte de Interpretar a Vida*, do mesmo autor, 3ª edição, em 2015, **EDITORA DO CONHECIMENTO**.

Apresentação

Esta obra da série dos **ADVENTOS CRÍSTICOS** é dirigida aos humanos de todos os matizes psicológicos. Isso porque, embora já estejamos sob os auspícios de Aquário e em fase de transição planetária, a sociedade terrena, ainda assim, continuará heterogênea, precisando de alguns séculos para ficar mais homogênea e ter condições para aspirar um ideal superior, mesmo convivendo com os infindáveis graus de evolução espiritual.

Durante a reflexiva leitura aproveite a dilatação da sua percepção extrassensorial e declame um poema de gratidão a Deus pela oportunidade de estar encarnado para divulgar a mensagem de Amor Universal — *O Cristianismo Renovado*.[1]

Será observado pelo leitor atento e portador de boa vontade que, em dados momentos, mesmo usando nos textos as palavras do Plano Físico, transcendemos para, projetados ao Plano Metafísico, compreendermos melhor a Criação e o Criador.

Com a evolução da Ciência e da Teologia, a Era de Aquário propiciará que a razão e o sentimento do homem terreno, paulatinamente, estreitem os laços de afeto de modo que, de mãos dadas, somem seus esforços tendo como objetivo o acesso à frequência da Mente Suprema — **Deus** —, advindo como consequência o término da separatividade, não somente entre a Ciência e a Religião, mas também entre os demais pilares da sociedade, vez que o momento é de ***união sem fusão*** e de ***distinção sem separação***.[2]

---

[1] *O Cristianismo Renovado* é também o título de um livro do mesmo autor, 1ª edição, em 2014, **EDITORA DO CONHECIMENTO**.

[2] Pai João de Aruanda, no livro ***Aruanda***, 1ª edição, psicografia de Robson Pinheiro, Casa dos Espíritos Editora.

Após este instante seletivo-apocalíptico que nós, os terráqueos, estamos vivendo, os integrantes da sociedade que, por mérito, continuarem na Terra, encarnados ou desencarnados, conceberão o Deus único, independentemente da condição psicoemocional, do grau de evolução espiritual ou do pilar abraçado. Por se tratar de espíritos graduados para frequentarem uma Escola Secundária, utilizarão a sua força motriz[3] para despertar os Atributos Divinos latentes em seus âmagos, os quais são capazes de desatar os nós psíquicos atreladores ao plano da ***existencialidade separatista*** e, assim, impulsioná-los para os planos superlativos da ***essencialidade divina,*** ou seja, àqueles que conduzem o espírito à identificação e à integração da vida cósmica.

Por conseguinte, o ***Brasil***, predestinado a ser o ***Coração do Mundo***, ***Pátria do Evangelho*** com a sacra incumbência de pelas vias internas do coração evangelizar a sociedade planetária, conta com os espíritos encarnados mais lúcidos, habitantes da nação brasileira, e também com os luminosos desencarnados da psicosfera da Terra e de outros redutos do Universo, todos a serviço da mesma divinal causa — auxiliar na tarefa espiritual de cunho universalista que o Brasil tem para com a humanidade.

O ***Brasil*** na sua iluminativa missão de ***a Luz do Mundo*** deve se empenhar em:

> — Levar o ser humano na sua individualidade a despertar as suas potencialidades, visando adquirir condições para captar, por ressonância,[4] o magnetismo divino do Mundo Maior e fazer prevalecer na consciência da alma a fraternal unidade na diversidade...
>
> — Induzir, amorosamente, a pessoa a se dedicar ao seu aperfeiçoamento moral, isto é, à sua integração consciente ao Deus Absoluto de Amor e Justiça, incinerando, dessa forma, os deuses criados pelos homens...
>
> — Fazer com que o indivíduo se sinta mais motivado para com as aquisições dos eternos tesouros celestes e que não se prenda aos transitórios tesouros terrestres. E, assim, seguirá dilatando os seus sentimentos sagrados e emotivos do afeto fraterno e

[3] É a força que move, que produz movimento. Pode ser usada a expressão em sentido figurado para significar aquele ou aquilo que faz as coisas acontecerem.

[4] Em física, ressonância é o fenômeno em que um sistema vibratório ou força externa conduz outro sistema a oscilar com maior amplitude em frequências. Fonte: Wikipédia.

da união evangélica, além de estar adquirindo visão panorâmica de amplitude universalista na condição de um ser eterno e imortal.

Com o exílio dos espíritos retrógrados à eterna evolução, a Terra ficará, naturalmente, aliviada da camada energética gerada pelas formas de pensamento desprovidas de sentimentos elevados, pois foram absorvidas pelo "planeta higienizador" que cruzará o céu terráqueo nos próximos instantes.

Também é tarefa do ***Brasil*** na sua sacrossanta missão de ***Luz do Mundo***:

— Ensinar aos encarnados do conjunto planetário que o incessante trabalho é a maneira mais pedagógica de se desenvolverem os dons divinos, os quais facultam à alma o vislumbre do eterno ***vir a ser*** e lhe propiciam um estado mental de êxtase, de paraíso edênico...
— Esclarecer, pela lógica, que o trabalho é mecanismo dinâmico de ascensão espiritual, já que, pela Lei do Criador, não é possível conceber o Todo de abrangência sideral antes de conhecer e vivenciar os ensinamentos fornecidos pelas partes. O trabalho é responsável por tal proeza...
— Introjetar na consciência da criatura humana que, quanto mais evolui, mais o espírito trabalha na ***Vinha do Senhor***. Por ser da lei do Supremo Legislador que em nenhum ponto do Universo será encontrado um anjo de braços cruzados ou cochilando, estejamos atentos, tendo em vista que a evolução espiritual tem "sinônimo" de ação, movimento e dinâmica para desenvolver a eterna faculdade criadora existente, em latência, nos indivíduos... Ressaltemos que "o anjo não dorme".

Observemos que estamos humanizando o Brasil, mas a prioridade, no momento, é levar o brasileiro e os demais integrantes da sociedade para que:

— Tomem consciência de que o Brasil foi escolhido pelos Administradores Siderais para, diante da humanidade, desempenhar a divina missão de pedagogo e, em nome do Cristo-Pai, ensinar, principalmente pela exemplificação, como inserir na rotina da vida a mensagem evangélica do Nazareno Mestre...
— Substituam a pedagogia do sofrimento apoiado na antivital resignação pela pedagogia da compreensão para com a Lei de Causa e Efeito, a ponto de abraçar a sua dor sem sofrimento,

convictos de que ela está desempenhando o seu sagrado papel educativo — o de disciplinar almas...
— Construam uma ponte psíquica entre o plano físico e o metafísico para magnetizar os ambientes onde estiver atuando com os eflúvios emanados do seu crístico e amoroso coração transportando luzes refulgentes na frequência da cor rosa que identifica o raio do afeto, o raio do amor.

O homem-espécie é o alvo a ser alcançado por meio destes apontamentos. Por assim ser, é esperado que ele durante a leitura reflexiva desperte do inconsciente profundo o seu Cristo Interno para trazer a lume e com clareza as suas magníficas e milenares experiências adquiridas em outras vidas e, dessa forma, tornar-se luminoso para iluminar a outrem.

Assim, leitor companheiro, após assimilar a divinal e pedagógica função do trabalho para quem pretende ascender espiritualmente, comece a formatar, mentalmente, os novos passos que os brasileiros precisarão dar para que o ***Brasil*** se gradue a ponto de ser ***a Luz do Mundo***.

Vejamos então:

— Delineie os primeiros passos dando vazão às superiores inclinações no plano dinâmico e harmônico da Criação de Deus para contribuir com a sua cota na construção energética de uma nova Terra...
— Vislumbre-se, na condição de espírito individual, forjando-se um novo ser de conteúdo consciencial e expandindo-se em direção à Consciência Universal... Exercite a sua elasticidade mental aspirando graduar-se à frequência que lhe permita sentir e identificar em si o amor universal...
— Amplie com dinamismo mental os seus próprios recursos latentes no sentido de trazê-los ao consciente, vez que o ser humano é portador dos Atributos da Divindade Criadora. Não economize a capacidade imaginativa e se projete para o eterno futuro, convicto do eterno transformismo, procurando estruturar magnificamente a sua perfeição moral, ou seja, a sua ligação, o seu ***Religare***, a sua ***Reversão*** consciente ao Deus Absoluto na condição de ***Filho Pródigo***.

Visto que a nossa atual evolução espiritual nos permite que formatemos e preparemos, paulatinamente, o ***homem novo*** solicitado pelo Nazareno Mestre em Sua mensagem evangélica, precisamos, sutilmente, entrar em ação com o dinamismo de quem não tem dúvida de que é portador dos Divinos Atributos de Deus. Desse modo, estaremos contribuindo para a transformação do ***Brasil*** em ***Coração do Mundo, Pátria do Evangelho...*** Transformando o ***Brasil*** em ***a Luz do Mundo...***, o ***Sal da Terra.***

Esclarecimento

Com a finalidade de atender às exigências do mundo moderno em que o ser humano vive com a mente sobrecarregada de informações, usamos, neste trabalho, a didática de perguntas e respostas para melhor direcionar o leitor na assimilação do conteúdo... Também repetimos palavras, conceitos e frases, visando fixá-las na sua alma, considerando que tais ensinamentos precisam estar na memória objetiva para exercitarmos o seu vivenciamento.

A linguagem, que é universalista, abriga inúmeras formas mentais, culturais, emocionais, religiosas etc., tendo em vista que o Universo criado é regido por leis perfeitas e estes apontamentos obedecem à logicidade da Criação Divina, à idade da Terra e, também, ao seu momento histórico.

Por não existir o chamado "mistério da fé", o leitor:

— Sabedor de que na Criação não há mistério deve se desatrelar das **religiões** e a vivenciar os angelicais ensinamentos do Nazareno Mestre para se graduar à **religiosidade** e, livre de preconceitos, usufruir das progressivas emoções humanas e espirituais...

— Durante as reflexões com ensinamentos emotivos e intelectivos deve se desarmar para alcançar as frequências das hierarquias angelicais e se motivar para celebrar a vida enquanto encarnado, convicto de que o Céu para os terráqueos é conquistado na Terra...

— Sem abdicar das realidades educativas da vida existencial se projetar sempre, vislumbrando o eternamente novo, a fim de dilatar a sua consciência, despertar o seu Cristo Interno, manifestar o amor incondicional para que seja de amplitude universal e sentir as emanações advindas das exaltações crísticas, dos eflúvios celestiais.

É sabido que renovar o Cristianismo é renovar o cristão. Com isso, ***Brasil, a Luz do Mundo***, apoiado nas Constantes Universais, busca acelerar a nossa alma para que, mesmo limitada ao corpo biológico, não fique asfixiada no plano material, também sagrado para nós, a fim de que, fazendo uso da Força Superior, possamos adquirir conhecimentos libertadores e mentalmente alçar voos aos planos da angelitude.

Pela lei universal da evolução espiritual, não há possibilidade de alcançarmos as frequências dos planos celestes antes de vivermos harmonizados com o plano terrestre. Em assim sendo, procuremos ter ações e reações condizentes para com os princípios ético-morais cristãos na condição de fagulhas de Deus que somos. Dessa forma estaremos aptos para que possamos nos enriquecer da Graça Divina e reparti-la com os nossos semelhantes.

Sejamos aqueles abrasados em incêndio de amor, portadores de magnetismo com a fragrância da sacralidade, para que, assim, caminhemos pelo mundo tendo atitudes e ações que identifiquem a nossa prazerosa tarefa de sermos intermediários entre a vontade do Criador e as necessidades das criaturas.

Durante a leitura, almejemos alcançar as vibrações dos planos superiores... Como ideal divino devemos nos tornar porta-vozes do Meigo Jesus... Falarmos no dia a dia com o magnetismo da misericórdia para que a nossa voz seja uma oração viva a despertar consciências...

Cientes somos de que cada ser humano é parte não apartada de Deus. Daí sermos portadores da Divina Luz do Supremo Criador do Universo. Assim, ativemos o nosso Deus Interno para, convictamente, nos tornarmos divulgadores dos **Adventos Crísticos**, representando o Nazareno Mestre na Sua angelical condição de apoteótica Luz Cósmica a serviço do Cristo Terráqueo.

A pessoa, ao assumir tarefas espirituais relevantes perante o Céu e a Terra, deve:

— Cuidar de sua ascese espiritual por meio dos conhecimentos libertadores e vivência crística e jamais abrir mão dos ideais superiores, visando sempre alcançar as frequências que identifiquem os planos da angelitude...
— Manter paisagens mentais de beleza edênica para em uníssono às pulsações do Cristo-Amor se tornar um medianeiro da

verdade divina...

— Procurar ouvir, em ensurdecedor silêncio interior, a Voz de Jesus — o Grão-Mestre do Cristianismo — para, com entusiasmo e sacralidade, retransmiti-La aos seus semelhantes, lembrando sempre que ***ninguém consegue ensinar a experiência que não viveu***...

— Abstrair-se do mundo concreto, acionar o seu Eu Crístico e ultrapassar as fronteiras do sensorial para vislumbrar com a visão metafísica o "imponderável" e declamar o mais sagrado Poema de Amor — o Evangelho do Nazareno Mestre...

— Disciplinar a mente para viver a experiência divina e se tornar gradativamente mais entusiasmada, expressiva e alegre, para ter condições naturais de aglutinar outras pessoas à sua volta que, pelo exemplo, podem ser motivadas a abraçar a mesma causa — a divulgação do Cristianismo Renovado...

— Permanecer atenta para não se desviar da trajetória reformadora estabelecida pelos seus mentores, nem dos objetivos sagrados da existência, pois uma das razões das reencarnações é a alma em evolução aprender a se desvincular da posse de qualquer natureza e se vincular conscientemente à vida universal fora do tempo e do espaço...

— Conceber que, em sendo o espírito portador da Onisciência, Onipresença e Onipotência de Deus em si, os ensinamentos que foram considerados "mistérios divinos" se encontram, na verdade, em latência na memória subjetiva do ser humano.

O leitor compreenderá que, mesmo tendo liberdade para arbitrar, ainda assim não será fugindo ou estando à margem da matéria que irá adquirir a sua libertação íntima.

❁ ❁ ❁

Vez que de todas as virtudes é à MISERICÓRDIA que cabe a última palavra, focamos nestes apontamentos, por vários ângulos, o quanto precisamos trabalhar em nós ***a misericórdia do ver, ouvir e falar***.

Lembrete: No final de cada capítulo consta uma reflexão sobre os **ADVENTOS CRÍSTICOS**.

Recomendação: Para convidarmos o leitor a ler os demais livros da série **ADVENTOS CRÍSTICOS**, inserimos nesta obra ensinamentos de outras publicações do mesmo autor.

Introdução

Ao considerarmos a desarmonia em que vivem os povos, o título ***Brasil, a Luz do Mundo*** pode parecer utópico, sem possibilidade de o povo brasileiro realizar a tarefa que os Céus colocaram em suas mãos. No entanto, tal evento, há seis séculos,[1] já se encontra em andamento, principalmente nos planos espirituais superiores. Também, nas últimas quase sete décadas[2] os emissários de Maria, a Santíssima Mãe da humanidade, se encontram *alocando*,[3] em planos compatíveis, os espíritos que serão exilados da Terra. Por conseguinte, o ***Brasil***, sob os auspícios do anjo Ismael, inexoravelmente será o ***Coração do Mundo, Pátria do Evangelho***.

Ao vencermos as barreiras do preconceito, é possível vislumbrarmos a humanidade depois de passado o seu grave e delicado momento histórico de transição planetária durante o qual ***o joio está sendo separado do trigo***, propiciando a formação de uma nova biologia social.

É papel dos encarnados que vivem no Brasil, em especial durante a atual fase de transformações geofísicas do planeta, elaborar as mais divinais paisagens mentais e, com o magnetismo da plenitude, produzir efeitos especiais nas consciências dos

[1] Conforme consta no livro ***Brasil, Coração do Mundo, Pátria do Evangelho***, de Humberto de Campos, psicografia de Chico Xavier, 34ª edição, da FEB.

[2] A partir de 1951, os espíritos sem condições evolutivas para continuarem na Terra passaram a ser alocados pela equipe de Nossa Senhora, aguardando o "momento profético" para serem exilados.

[3] Dispor ou pôr alguma coisa ou alguém em um local específico de uma listagem e/ou sequência de lugares. No texto, por se tratar de espíritos com diferentes graus evolutivos, tem o sentido de ir arrumando, colocando os espíritos nos "lugares" mais adequados, aguardando o "momento profético" para a sua viagem no bojo do planeta higienizador.

seus semelhantes para que, ouvindo os sons misericordiosos dos porta-vozes dos Céus, se autoincendeiem e trabalhem no sentido de transformar o *Brasil em Celeiro de Luz.*

O ser humano convicto da Onipotência de Deus em si, naturalmente portador de esplêndidas afirmações e da voz misericordiosa, ao falar regurgita da **Chama Crística** dos seus ouvintes as suas potencialidades divinas, já que sente em sua voz um brado de alerta como convite à reflexão sobre o momento histórico da Terra... Momento em que *todos são convidados, embora nem todos possam ser escolhidos*, para o banquete divino — a implantação dos **Adventos Crísticos** —, *o novo pão para a humanidade.*

Não podemos parar a História terrena, tendo em vista que as leis de Deus são perfeitas, considerando que em seus ditames e conceitos consta que *cada um tem que colher os frutos da sua semeadura* — princípio da *Lei de Causa e Efeito* —, mas podemos dar uma nova direção à nossa vida. Em assim sendo, a Lei da Evolução não nos permite destruir o sentimento de culpa causado pelo nosso passado. Entretanto, devemos investir na nossa reforma íntima para que possamos adquirir a superior graduação do *ver, ouvir e falar com misericórdia* e não ficarmos vinculados ao pretérito, tendo em vista o eterno transformismo de tudo criado.

O homem-espécie, mesmo portador de livre-arbítrio e em razão da Lei da Impermanência, não tem energia-força para impedir eternamente a sua própria evolução espiritual, nem a de outrem, porque todos somos filhos de Deus e que, na inalienável condição de *Filhos Pródigos*, conscientes e luminosos, retornaremos ao Pai-Criador. Entremos em harmonia íntima para, por mérito, desfrutarmos das benesses celestes, pela Onipresença de Deus, ainda que estejamos no plano terrestre.

Ao observar o nome deste livro — *Brasil, a Luz do Mundo* —, deve cada ser almado mergulhar em seu universo pessoal e procurar trazer ao consciente a sua história, escrita durante os seus sucessivos reencarnes, para se empenhar com dedicação e arrojo na renovação do Cristianismo.

Para tal:

— Sem fazer regressão de memória induzida por outrem, é de bom senso cada criatura avaliar as suas inclinações atuais, objetivando obter os subsídios necessários para trabalhar em sua reforma íntima com segurança, tendo em vista que a evolução espiritual não retroage. Isso significa que cada qual empenhado no seu progresso evolutivo estará colaborando para que o **Brasil** se torne **a Luz do Mundo**...

— Ao reconhecer que o problema do **Pilar Social**[4] — o mais avassalador da humanidade — é gerado pela biologia humana em razão da sua predominante hereditariedade animal, cada ser encarnado precisa empenhar-se com esmero na aquisição de ensinamentos que o libertem suave e conscientemente da sua infância espiritual e, daí ser capaz de criar um novo direcionamento e sentido voltados para a eternidade.

— É pertinente à Lei da Evolução que ***novos conhecimentos libertadores levem o ser humano a novos hábitos, e esses, a nova moral***, segundo Pietro Ubaldi. A sociedade terrena sob os auspícios de Aquário — a Era do Mentalismo — tem a possibilidade de, usando as suas potencialidades divinas, investir no seu polimento biológico e dar um salto qualitativo para de maneira amorosa seguir a dinâmica das leis da vida.

É importante que o Brasil se empenhe em conscientizar a sociedade de que o Cristo Terráqueo, ligado por ressonância a Deus — a Fonte Inesgotável da Vida Universal —, é Energia-Luz para manter acesa a nossa **Chama Crística** e as nossas aspirações divinas.

O Brasil, apoiado nas dinâmicas e divinas leis da vida, deve induzir o ser humano a despertar a Essência do Cristo latente em si para, com mais abrangência, sentir e recepcionar a vibração angelical de Jesus — o Nazareno Mestre — e, assim, auxiliar no encaminhamento dos seus semelhantes rumo à evolução e ascensão espiritual.

O espírito, quando encarnado, ao conceber a sublimidade da vida existencial começa a sentir o impulso de expandir a sua consciência e para tal, corajosamente, fazer uma catarse[5] religiosa visando alcançar a religiosidade. Ele, na condição de

[4] No livro *O Cristianismo Renovado*, do mesmo autor, 1ª edição, em 2014, **EDITORA DO CONHECIMENTO**, constam algumas substanciais mudanças que acontecerão com a humanidade durante e após consolidada a transição planetária. Tais mudanças envolverão os quatro pilares da sociedade (Religioso, Científico, Artístico e, principalmente, o Social.)

[5] Termo de origem filosófica com o significado de limpeza ou purificação pessoal. Fonte: Wikipédia. No texto tem o sentido de substituir as paisagens mentais da nossa infância espiritual, ou seja, de quando cultuamos os deuses de pau e pedra.

espírito eterno e imortal, passa a vislumbrar mentalmente as mansões paradisíacas e a reconhecer que para ascender é preciso abdicar dos objetos e das figuras que foram parte da sua infância espiritual.

Já é possível imaginar o salto quântico que cada espírito encarnado, por esforço pessoal, conseguirá dar ao vivenciar a **moral** e a **ética** cristãs *amando a Deus sobre todas as coisas* para reunir condições naturais de *amar ao próximo como a si mesmo*. É evidente que cada um obedecerá ao seu nível evolutivo, vez que as leis da vida são adaptáveis às graduações dos espíritos e, por não serem punitivas, mas disciplinadoras, apenas solicitam que todo ser humano seja honesto no patamar da sua evolução para não gerar carma negativo para si.

Predestinado a ser a *Luz do Mundo*, o *Brasil*:

— Terá representantes que seguirão o roteiro traçado pelo Nazareno Mestre quando no Sermão da Montanha sintetizou as Leis de Deus...

— Abrigará bom percentual dos homens mais evoluídos e, consequentemente, mais conscientes a respeito do sentido sagrado da vida. Portanto, devem colocar sobre seus ombros a responsabilidade de unir e esclarecer os povos para as relações sociais ocorrerem à luz da imortalidade, tendo em vista que o homem-espécie, enquanto não conceber a imortalidade e a eternidade do espírito, viverá em permanente conflito existencial...

— Continuará, apesar do inquestionável desenvolvimento biológico, psiconervoso, psicoemocional e intelectual de boa parcela das atuais criaturas terrenas, *orando e vigiando*, pois o que pode ser um ponto alto para a evolução e ascensão da humanidade tem, como contraponto, o fato de a Terra se encontrar em fase de transição planetária... Fase essa de grandes alternâncias vibracionais, em que os espíritos refratários à ascese, à ascensão espiritual, durante esse período seletivo de *separação do joio do trigo*, tudo farão para dificultar a implantação da nova ordem ético-moral do Cristianismo Renovado — os **Adventos Crísticos**.

Tudo no Universo evolui e, logicamente, a mediunidade também. De agora em diante, a mediunidade sensória será paulatinamente substituída pela psíquica. Ao se considerar que a mediunidade é uma Constante Universal, o esclarecimento da sociedade com relação a esse tema também é parte da programação de renovação do Cristianismo, tanto para os espíritos encarnados quanto para os desencarnados. Assim, o momento histórico-evolutivo da humanidade já sinaliza a manifestação da mediunidade intelectual à luz do Evangelho.

À medida que o espírito conscientemente dilata o dom sagrado de amar, ele se motiva e se entusiasma para vivenciar os postulados divinos contidos na mensagem do Nazareno Mestre e, ao passar a compreender que a Lei da Evolução não permite a eterna estagnação evolutiva, começa a vislumbrar o futuro luminoso da humanidade. A partir desse estágio torna-se um coparticipante do Cristo Planetário como gerador de pensamento criador de benesses celestes para melhorar as condições vitais dos seres terrestres.

É indubitável que a proposta dos **Adventos Crísticos** para renovar o Cristianismo engloba os quatro pilares[6] da sociedade planetária e, por se tratar de um Planejamento Sideral voltado para a Terra, não comunga com barreiras ideológicas de nenhuma natureza. O fato de a evolução ser uma Constante Universal também garante que a substituição de valores em função da evolução espiritual das humanidades é de abrangência sideral.

Podemos, então, esboçar em nossa mente que:

> — Na sociedade sem os espíritos avaros, ou seja, sem aqueles que foram exilados para mundos inferiores aos da Terra, será implantada a justiça social...
> — O Advento do Cristo é um **novo pão para a humanidade**...
> — O Evangelho cristão é a ciência cósmica da **Fé** e, por conseguinte, o ser terreno deve se evangelizar para se tornar um *homem novo* na sua integralidade.

O leitor sentirá, na medida em que assimilar o conteúdo destes apontamentos, despertar do seu universo íntimo os lampejos da sua história terrena, assegurando:

> — Maior empenho em conhecer a sacratíssima Força Superior que existe latente em si e que, mais facilmente, aflorará na Era de Aquário — a Era da Força Mental —, transformando, assim, sua vida em um apostolado crístico...
> — A compreensão da divina missão do **Brasil** na sua condição de **Luz do Mundo**...

[6] Social, artístico, científico e religioso.

— A transformação do poema cósmico proferido pelo Nazareno Mestre em vivência luminosa para que se implante uma economia mundial à Luz do Evangelho de maneira que os homens, fraternal e solidariamente, abracem os homens em nome do Criador do homem.

Homem!... É chegado o momento de vivenciarmos a Solidariedade Planetária, tendo em vista que, além de a nossa evolução espiritual já comportar a tomada de atitude dessa magnitude, possuímos discernimento para que, iluminadamente, possamos dirigir as nossas ações seguindo os princípios ético-morais ensinados pelo Nazareno Mestre, vez que somos sabedores da Lei da Reencarnação e da Lei de Causa e Efeito.

❁ ❁ ❁

...O éter cósmico grava ou registra todos os fatos circunjacentes. A mais sutil vibração de gesto ou de um pensamento, desde a queda de uma folha seca ou a violência do furacão, permanece eternamente fixada na tessitura delicada do éter, em um tipo de faixa vibratória que poderíeis denominar de "campo refletor".[7]

[7] Do livro *A Vida no Planeta Marte e os Discos Voadores*, de Ramatís, 15ª edição, psicografia de Hercílio Maes, **EDITORA DO CONHECIMENTO**.

Capítulo 1
Brasil, a Luz do Mundo

Pergunta 1: - Qual o sagrado papel do Brasil para se tornar a Luz do Mundo[1] *e ter condições para iluminar a mente da sociedade planetária?*

Resposta: – A princípio, é cientificar a humanidade de que somos viajores do Universo, atualmente sendo alfabetizados na Escola-Terra... Também dinamizar a mente dos indivíduos para elevarmos a nossa frequência, vez que muitos encarnados e desencarnados permanecem presos ao passado em função do sentimento de culpa, como se ignorassem que são imortais e eternos. Não é didático permanecermos nas sombras existenciais, pois a Eternidade nos aguarda.

Assim, considerando que a nossa Escola se encontra em um momento seletivo, nós, seus alunos, seremos avaliados com uma prova conhecida por Juízo Final, quando deveremos demonstrar que assimilamos os ensinamentos do Curso Primário para, com garbo, sermos promovidos ao Curso Secundário, o que nos garantirá continuar reencarnando na maravilhosa Terra, se comparada às precárias condições do "Planeta Higienizador".[2]

Em sendo da Legislação Divina que antes da **Bonança** vem a **Tempestade**, vejamos com olhos misericordiosos, nos momentos difíceis pelos quais a humanidade está passando, uma forma cristicamente elaborada pelo Supremo Pai — **DEUS** — e inserida nas Suas Leis para "ungir-nos" pela dor, já que não conseguimos identificar o momento histórico terreno pelo amor, para

[1] O Brasil obedece a um Planejamento Sideral voltado para a Terra, conforme consta no livro ***Adventos Crísticos***, do mesmo autor, 4ª edição, em 2017, **EDITORA DO CONHECIMENTO**.

[2] Detalhes no livro ***O Fim dos Tempos e os Discos Voadores***, do mesmo autor, 1ª edição, em 2002, **EDITORA DO CONHECIMENTO**.

que nos tornemos fortes, capazes e mais sensíveis à Divindade. Não nos esqueçamos de que o Legislador Supremo é Perfeito.

Sem méritos adquiridos por esforço próprio nos mundos individualizados não teremos condições evolutivas para usufruir da Apoteose Cósmica. Assim, com dedicação e disciplina, preparemo-nos para, paulatinamente, sentir e identificar o Todo Criador.

Para o ***Brasil*** se tornar a ***Luz do Mundo***, os seus alunos espiritualmente mais lúcidos e gabaritados para ensinar àqueles de visão mais acanhada, embora meritoriamente aprovados para o Curso Secundário terreno, devem:

> — Ser portadores do dom divino de interpretar o sentido sagrado da vida nos mundos materiais e, consequentemente, se libertarem das amarras psicológicas que inibem a progressiva dilatação da visão universal e não ficarem emocionalmente atados ao plano material, que dificulta o voo rumo à transcendência...
> — Tornar-se porta-vozes dos Céus para esclarecer os seres humanos da Terra, aqueles de menor patrimônio moral, ensinando-lhes as Leis do Supremo Legislador...
> — Preparar os mais infantes para cantarem hinos de cunho universalista e, assim, se desvincularem das ideologias restritas a um torrão pátrio ou a quaisquer individualidades, tendo em vista que somos seres exercitando a nossa universalidade.

Pergunta 2: - Por estarmos nesta turbulenta fase de transição planetária, pode a oração nos encorajar para enfrentarmos a ameaçadora tempestade apocalíptica e permanecermos equilibrados?

Resposta: – Por causa da falta de experiência com Deus, a nossa condição moral é pequena e limitadíssima. Assim, devemos recorrer à oração[3] que, se usada constantemente, acelera o nosso Cristo Interno para alcançarmos a frequência do Cristo-Pai e vivermos em meio aos embates da vida sem perdermos a harmonia íntima, mesmo em um momento apocalíptico.

A oração, quando feita por pessoa portadora de **Fé** no sentido divino de fidelidade às Leis do Criador, por acelerar a frequência da sua alma, faculta que aumente o raio da sua esfera áurica, advindo como consequência uma maior cota de proteção

[3] É salutar relembrar que a palavra oração quer dizer abrir a boca. Em assim sendo, coloquemos misericórdia no nosso simples falar para que estejamos em permanente oração.

natural, além de, por ressonância, permitir que entre em contato vibracional com campos energéticos de sublimes espíritos.

João, o Evangelista, com sua natural maneira de falar exaltando a Onipresença de Deus, quando colocado dentro de um tacho de azeite fervente na Ilha de Patmos, além da sua própria condição áurica formando um magnífico e resistente cinturão luminoso, contou com a ajuda dos benfeitores espirituais. Assim, mesmo estando revestido de sua luz, o Universo conspirou a seu favor e ele conseguiu impedir que a alta temperatura do azeite não o alcançasse e, após algum tempo nesse tacho, saiu ileso e sorridente...

Outro que provou já ter transformado a verbalização em oração foi o irlandês São Patrício, que aceitou o desafio dos seus compatriotas e, para provar a força da palavra e a sua **Fé** em Jesus, entrou nas labaredas em imensas línguas de fogo e não foi atingido por elas.

Por esses dois exemplos deduzimos que, quando o ser humano é portador de ideal superior e já tendo adquirido a ***misericórdia do falar***, o Universo conspira positivamente a seu favor. As orações não foram circunstanciais em relação aos perigos que surgiram, pois João e Patrício, além de já graduados às ações luminosas e espontâneas, eram possuidores da sacralidade do *ver, ouvir e falar*.

Não temos dúvida a respeito da ajuda dos Céus ao orarmos em momentos de necessidade, mas a nossa frequência mental diminui substancialmente por não termos evolução para compreender o papel sagrado da dor na economia do Universo.

Para nós, espíritos menores, é importantíssimo o divino valor da oração "religiosa", especialmente em grupo, sobretudo quando cantada, para que as vozes formem uma luminosa, magnífica e forte corrente protetora em torno dos orantes e daqueles para quem as orações são dirigidas. Para os espíritos superiores, aqueles portadores da religiosidade, a oração está intrínseca à sua verbalização.

O nosso pouco progresso espiritual ainda não nos permite ficar sem a oração tradicional na condição do hábito sagrado que herdamos das religiões através das sucessivas vidas, mas na sequência do tempo acontecerá que:

— A **religião** na Terra será o próprio homem demonstrando no dia a dia a sua religiosidade, proporcionando-lhe, como proteção infalível, energias geradas por sua honestidade diante das já assimiladas Leis de Deus. **Orar** terá a conotação de "abrir a boca", e o nosso falar cotidiano será a expressão do Verbo, considerando que seremos, de maneira mais consciente, porta-vozes de Deus...

— O espírito corporificado, quando graduado à salutar condição de apaziguador, do seu íntimo, do seu Cristo Interno, emergirá a sua fragrância crística em forma de luminosidade protetora. Em assim sendo, adquiramos nossa paz interior para que desse modo nos tornemos pacificadores e ponderadores dos conflitos dos nossos semelhantes...

— Naturalmente, o *orai e vigiai* para o indivíduo misericordioso passa a ser processo natural, vez que os seus atos, atitudes e ações identificam o seu estado perene de oração. Concluímos então que, com a autoiluminação progressiva e eterna, surgirá a autoproteção *para não se cair na tentação*, conforme solicitação evangélica.

Pela logicidade das Leis do Criador, o *Brasil* se tornará a *Luz do Mundo* na mesma proporção em que cada habitante das terras sob a batuta do anjo Ismael estiver sendo abrasado em incêndio de amor pela vida e pelo Criador da Vida — **DEUS** —, mas sem fanatismo de nenhuma natureza, considerando que o espírito estagia nos mundos materiais para aprender a dilatar a sua consciência e exteriorizar, paulatinamente, o seu amor.

Pergunta 3: - Diante da atual turbulência social que envolve todo o conjunto planetário, como o Brasil encontrará meio e energia-força para esclarecer à humanidade que as Leis da Evolução espiritual exigem mudanças em todos os aspectos quando uma Escola Planetária é promovida?

Resposta: – No livro *O Fim dos Tempos e os Discos Voadores*[4] tratamos dos principais acontecimentos geofísicos pelos quais a Terra passará nos próximos instantes. Diante das inquestionáveis mudanças proféticas e apocalípticas descritas nessa referida obra, além da convivência com os intraterrenos e extraterrenos, solicitamos que:

> Fraternalmente e com energizantes abraços recebamos os viajores do Infinito que nos visitam há

[4] Livro do mesmo autor, 3ª edição, em 2012, **EDITORA DO CONHECIMENTO**.

milênios em seus "discos voadores", tentando nos conscientizar quanto ao sentido sagrado da vida, mas a principal causa que levará os Administradores da Terra a ***se unirem sem se fundirem*** serão os fenômenos naturais. Não tenhamos dúvidas de que nós, terrenos, brevemente começaremos a mudar a trajetória da nossa vida, pois as Forças da Natureza, representadas pela terra, água, fogo e ar, brevemente estarão entrando em ação.

Oremos pela Terra e sua humanidade.

❁ ❁ ❁

Pergunta 4: - No livro* Adventos Crísticos[5] *consta que o marco sinalizador da Renovação do Cristianismo foi fincado por volta de 1.400 a.C., quando o mestre de nome Anfion reuniu os seus discípulos à volta de uma Fogueira e anunciou que seriam preparados para a implantação de uma Nova Ordem Moral dirigida à humanidade durante a transição planetária. Qual a estratégia que o Brasil utilizará para advertir os povos de que tal momento já chegou?

Resposta: – Realmente, em torno da Sagrada Fogueira, na Mesopotâmia, Anfion, nosso ***Velho Mestre***, delineou os pontos geográficos e os momentos em que os seus discípulos reencarnariam para, inicialmente, ser implantado o Monoteísmo, o que aconteceu por meio de Moisés... Continuaram reencarnando em pontos previamente sinalizados para, mais à frente, Jesus implantar o Monismo.[6] Na mesma época em que o Nazareno Mestre reencarnou, Anfion também estava corporificado com o nome de Jacó e, junto com ele, alguns dos seus discípulos.

Ao observarmos tão somente com os olhos biológicos, parece impossível que o Brasil conseguirá realizar a gigantesca tarefa que Jesus colocou em suas mãos. No entanto, olhando com os olhos do momento histórico da Terra acatemos esta assertiva-lei:

> ***Quem estiver a serviço da Vida, estará protegido pelo Autor da Vida*** — **DEUS**.

---

[5] Obra do mesmo autor, 4ª edição, em 2017, **EDITORA DO CONHECIMENTO**.

[6] Doutrina filosófica em que o todo das coisas pode ser reduzido à unidade, seja pela sua substância, seja pelas leis lógicas ou físicas. (N.R.). No texto tem o sentido de ser Deus o Todo-Criador e a Essência Vital das partes criadas. (N.A)

Avaliemos então:

— Milhões de espíritos superiores da psicosfera da Terra e de outros redutos do Universo estão empenhados na mesma causa — **Renovar o Cristianismo**...

— É chegado o momento de o terráqueo compreender de maneira mais consistente a Lei de Ação e Reação, pois ***a semeadura é livre, mas a colheita é obrigatória***. Assim, em plena ebulição geofísica, socioeconômica, psicofísica e ético-moral, todos são chamados à razão, o que significa dizer que, embora pareça obra do acaso, são as Leis Divinas atuando para facilitar a tarefa que o Brasil desempenhará em benefício do conjunto planetário...

— Uma vez que o ponto final da evolução espiritual é Deus, devemos considerar que este momento histórico da Terra é altamente estimulante aos nossos sentidos divinos, considerando o estágio evolutivo em que ainda nos encontramos, tendo sempre em mente que não existe ***castigo*** nas Leis da Divindade Suprema, mas ***disciplina***.

A perfeição do Criador é inquestionável. Exatamente no momento de transição planetária... Momento das grandes transformações mundiais... Momento dos grandes conflitos sociais... Momento de ajuste das placas tectônicas etc., é precisamente o momento mais proveitoso para chamar o homem-espécie à reflexão, tendo em vista que diante da dor há a possibilidade de nos tornarmos mais sensíveis ao chamado dos Céus. Isso porque a nossa alma passa então a perceber que após a **Tempestade** surgem no horizonte os clarões da **Bonança**.

Por estarmos:

— Às vésperas das grandes hecatombes naturais... No momento de ajustes e acomodações da massa planetária, com inimagináveis quantidades de afundamentos de terras em vários pontos do Globo...

— No clímax da desarmonia mundial do Pilar Social, o que terá, como consequência, o desequilíbrio nos demais Pilares (Artístico, Científico e Religioso), razão pela qual a humanidade ficará mergulhada no caos com "semblante" de ***Fim do Mundo***...

— **Enfim,** no improrrogável momento apocalíptico de Juízo Final, os encarnados mais evoluídos devem se preparar psicologicamente para a "reconstrução da Terra", tal será o seu estado após as alterações geofísicas que sofrerá durante a transição planetária.

Assim, com uma visão além do agora, torna-se mais fácil compreender por que o Brasil obterá o sucesso tão esperado pelos espíritos superiores integrantes das Sagradas Fileiras, os quais são responsáveis pela implantação dos **Adventos Crísticos** em toda a Terra.

Os próprios fenômenos naturais facultarão ao Brasil as condições adequadas para esclarecer os povos de que o momento histórico da Terra é o mais propício para, fraternalmente, todos se abraçarem. É o sagrado papel da dor para unir os homens aos homens.

Pergunta 5: - A Bonança vem depois da Tempestade, da mesma forma que a Santificação vem depois da Humanização. Qual será a ação do Brasil para humanizar uma sociedade cuja maioria desconhece as Leis da Reencarnação e de Causa e Efeito?

Resposta: – Os **Adventos Crísticos** como proposta para renovar o Cristianismo não são direcionados às crianças, mas sim aos espíritos adultos... Àqueles mais experientes de Deus e que, consciente ou inconscientemente, não têm dúvida da eternidade e da imortalidade do espírito.

A civilização do Terceiro Milênio:

— Compreenderá que, se por um lado o momento é o mais *crítico* para a criatura terrena, por outro é o mais *crístico*, já que impulsionada pela dor elevará magnificamente a sua frequência mental e sentirá o Cristo-Amor com mais amplitude. Vez que tudo na Criação tem ponto e contraponto, é preciso então abraçar a dor com elegância para a elevação moral... Para o *religare* consciente a Deus...

— Verá o mundo sob outro prisma, pois os espíritos que continuarem reencarnando na Terra, porque biológica e espiritualmente estarão em melhores condições para compreender as Leis Divinas, adotarão novos e crísticos critérios na condução da vida, e a Fraternidade assumirá a dianteira para manter, diplomaticamente, as boas e evangélicas relações sociais...

— Em razão dos grandes acontecimentos que serão gerados pelas convulsões naturais durante a transição planetária,[7] o homem-espécie da civilização do Terceiro Milênio acionará as mais

[7] Riqueza de detalhes no livro *O Fim dos Tempos e os Discos Voadores*, do mesmo autor, 3ª edição, em 2012, **EDITORA DO CONHECIMENTO**.

reconditas forças latentes em seu universo íntimo para preservar a sua vida e, assim, estará acendendo com mais fulgor o fogo sagrado do seu Deus interior... Será o seu divino incêndio.

É possível antever que a ação do Brasil para evangelizar a sociedade, mesmo quando a sua maioria desconhece as Leis da Reencarnação e de Causa e Efeito, não será impossível, tendo em vista que as forças da Natureza entrarão em ação, contribuindo magnificamente com o evento. Será a dor aproximando os homens dos homens e o homem de Deus.

Por não existir *acaso* na Obra do Criador, também não é por *acaso* que as Leis da Vida entrarão em ação consciencial exatamente no momento *crítico* para a visão humana, mas perfeitamente *crístico* e ajustado à nova biologia da Era do Mentalismo.

O roteiro para a humanização pode ser observado nos **seis** primeiros degraus do acróstico FRANCIS:

F – Fraternidade (altruísmo)
R – Renascimento (pela redenção)
A – Amor (amorização das criaturas)
N – Natureza (crística dos seres)
C – Compreensão (com as fraquezas da humanidade)
I – Irmanação (unificação de sentidos e almas)
S – Santificação (beatitude na carne)

Milhões de espíritos encarnados e desencarnados que estavam adormecidos, sentindo as emanações mentais dos dois planos da vida, neste momento apocalíptico despertaram do sono secular ou milenar e muitos já estão, também, empenhados na transformação do mundo.

> Nunca a vontade de Deus esteve, na Terra, tão luminosamente presente e tão ativamente criadora.[8]

Pergunta 6: - Com a Terra na sua condição de Escola Secundária, quais as características positivas que poderão ser percebidas pelos sentidos físicos do ser humano?

Resposta: – A percepção não será tão somente pelos sentidos físicos, mas também pelos metafísicos, por ser da Lei da Evolução que, quanto mais o espírito evolui, melhor ouve a voz

[8] Pietro Ubaldi, em *A Nova Civilização do Terceiro Milênio*, 3ª edição, da FUNDAPU.

silenciosa do Criador por meio da Sua Criação. Os alunos do Curso Secundário, naturalmente mais evoluídos do que aqueles que permaneceram em condições ***Primárias***, portarão aura policromática com faiscante brilho, emanando do seu universo íntimo ternura, mansuetude, brandura, bondade, o que lhes facultará, por ressonância, sentirem "maior porção" de Deus.

A vontade do ser humano evangelizado:

— Vez que consciente da imortalidade e da eternidade do espírito é se sentir, por evolução, integrado ao todo cósmico, razão pela qual lhe surge o natural desapego dos valores transitórios do plano existencial, considerando que as suas aspirações essenciais têm abrangência universal...

— É emitir, mentalmente, energias vivificantes na frequência da ***Ética Condutora, da Moral Dignificante, da Compreensão Desobstruidora, da Fraternidade Progressiva e da Solidariedade Consoladora***, conforme escreveu Silvestre em nome das Sagradas Fileiras...

— Embora com os pés apoiados sobre a terra, o seu sagrado objetivo é alcançar o Céu, o que o leva ao silêncio interior, o qual lhe propicia ouvir com a ***audição mental*** os sublimes cânticos dos planos paradisíacos, onde as notas musicais traduzem amor incondicional...

— É ver os seus semelhantes saudáveis e eufóricos para sentir o Cristo-Amor, transbordantes de êxtase, de júbilo espiritual, conscientes de que a mensagem evangélica do Nazareno Mestre é terapêutica, santificante e de altíssima dinamização moral...

— É adquirir a ***misericórdia do falar*** para que a sua voz encontre eco edificante nos corações dos seus ouvintes, de forma que todos se motivem para consolidar a reforma íntima no seu universo pessoal, demonstrando nas ações a sua conquista ético-moral visando implantar a paz no conjunto planetário...

— Propicia que ele se motive para evoluir, ascender e alcançar as frequências que identificam a plenitude no diapasão[9] do Amor Universal, mergulhado em um oceano de esplendores policromáticos...

— Reconhece que a prática do Amor incondicional é virtude excelsa a ser alcançada por todos os filhos de Deus, pois é Constante Universal.

---

[9] **Música**. Nota de referência na afinação dos instrumentos e das vozes. Extensão dessas vozes e dos instrumentos. Do ***Minidicionário da Língua Portuguesa*** de Evanildo Bechara. Edição de 2009. Editora Nova Fronteira (N.R.)

O Brasil, representado pelos seus habitantes, tem a sacra tarefa de, fraternalmente, conduzir a sociedade planetária a *amar ao próximo como a si mesmo* para que, de maneira natural e segura, a paz permaneça reinando no planeta Terra.

É possível deduzir o empenho e a responsabilidade que têm os espíritos integrantes das Sagradas Fileiras[10] para *implantarem* os **Adventos Crísticos**... *Implantarem* os novos rumos do Cristianismo... *Implantarem* as novas diretrizes morais na consciência de bilhões de encarnados, obedecendo ao Planejamento Sideral voltado para a Terra e ao seu momento histórico-evolutivo.

❁ ❁ ❁

> Quem conhece a organicidade funcional do Universo, deve admitir que o esforço genético das formas biológicas não pode criar o novo e gigantesco indivíduo coletivo, filho dos nossos tempos, assim desproporcionado, sem equilibradas correspondências simétricas, só membros e forças, sem paralela sabedoria diretora desses membros e dessa força. Esta sabedoria é justamente aquela que *A Grande Síntese* antecipa e prepara. (Pietro Ubaldi.)

❁ ❁ ❁

Adventos Crísticos

Vez que, em **essência**, *fomos criados à imagem e semelhança de Deus*, indubitavelmente somos portadores, em latência, dos Seus Divinos Atributos — Onisciência, Onipresença e Onipotência.

A Proposta Adventista, com a sacratíssima finalidade de *renovar* o cristão para que ele possa *renovar* o Cristianismo, *renovar* a Doutrina do Cristo Criador da Terra, tendo, pelo menos nos últimos dois milênios, na condição humana o Nazareno Mestre como o Seu mais fiel Porta-Voz, busca despertar no Cristo-criatura a sua inquestionável ligação com o Cristo-Criador para que possa se tornar consciente do seu papel diante da vida e do Supremo Criador Incriado — **DEUS**.

[10] Os espíritos que integram as Sagradas Fileiras são os responsáveis pela implantação dos **Adventos Crísticos** em todo o planeta.

Para tal, conceituemos:

— **Deus** — como a Causa sem Causa... Princípio Incriado Criante...
— **Cristo** — o Criador da Terra, sinônimo de Amor Universal... De Amor Incondicional...
— **Jesus** — o Anjo Planetário, Instrutor Espiritual da humanidade terrena... Aquele que mais de perto nos toca o coração.

A fim de identificarmos os Divinos Atributos de Deus em nós, os **Adventos Crísticos** solicitam do homem-espécie:

— Expandir esfericamente a sua consciência, aspirando atingir o Infinito para a sua alma realizar a cromoterapia mental... Também realizar uma cromoterapia visual ao imaginar a beleza policrômica do Universo...
— Desejar sem interregnos, sem intervalos, sintonizar-se com Deus, visando a sua ascese rumo ao Infinito...
— Dedicar-se com entusiasmo ao autopolimento espiritual para sentir o Cristo, sem jamais estar satisfeito, por não ser suficiente, mesmo que seja maravilhoso "senti-Lo" no universo das Suas manifestações. O ideal é se integrar a Ele pela crística vivência a ponto de não mais senti-Lo. Apenas convictamente anunciar: **EU SOU... Eu** e o **meu** Criador **somos um**, pois sou parte **Dele**. Dessa forma, deixa-se de senti-**Lo** e passa-se a ser, silenciosamente, coparticipante da **Sua** Criação.

O ser humano de todas as épocas, ao se sentir impulsionado para o Alto porque, intuitivamente e, obedecendo ao Tropismo Divino, não se dará por satisfeito em querer tão somente "sentir Deus", mas se dedicará ao seu polimento espiritual, almejando, conscientemente, ser a **Sua Luminosa Manifestação.**

Para não termos dúvida de que **onde existe vida há Deus** e onde **há Deus existe vida**, observemos com os nossos **sentidos físicos**, por exemplo, uma minúscula semente de alface. Evidentemente que não perceberemos a Essência de Deus nela latente. No entanto, com os nossos **sentidos metafísicos**[11] somos convictos quanto à "existência" de milhões de milhões de alfaces latentes e contidos nessa Essência. Podemos então considerar que Deus **É** as partes onde existe vida e **É** a Vida que está nas partes

[11] Metafísica é um ramo da filosofia que estuda a essência do mundo. O ramo central da metafísica é a ontologia, que é a parte da metafísica que estuda o ser em geral e as suas propriedades transcendentes. Fonte: Wikipédia.

e no Todo... Ele **É** a **Essencialidade** e **É** a manifestação no plano da **existencialidade**... Ele, como Essência Vital, encontra-**Se** em tudo na Criação e **É** o Todo Criador.

❁ ❁ ❁

Oh, Brasil!
És tu o esplendor de todas as esperanças da humanidade terrena!
És tu o perfume destilado da flor de lótus,
A despertar nos humanos seres o sentido sagrado da vida!
És tu, terra abençoada por Cruzeiro do Sul, responsável pela inspiração divina,
Na divina harmonia do conjunto planetário terreno!
És tu, santuário iniciático, responsável pela conscientização da sociedade,
Quanto à necessidade de vivenciar a mensagem do Nazareno Mestre!

Brasil!... Brasil!... As tuas vastíssimas terras latifundiárias serão transformadas
Em berços acolhedores dos filhos de outras terras!
Dos filhos que ficarão desprovidos das suas pátrias,
Após a revolução geológica das massas continentais![12]

❁ ❁ ❁

Leitor amigo,

Caso você não tenha lido as partes introdutórias deste livro, leia-as, então, de maneira bem reflexiva e, assim, garanta sua total assimilação do Cristianismo Renovado.

[12] Extraído do livro *A Arte de Interpretar a Vida*, do mesmo autor, 3ª edição, em 2015, EDITORA DO CONHECIMENTO.

Capítulo 2

O momento histórico da Terra e a biologia social

Pergunta 7: - Deus é a Bondade Infinita. Então, como justificar o momento apocalíptico pelo qual a Terra está passando? Onde fica a Bondade de Deus ao deixar a humanidade sofrer tanto?

Resposta: – A Bondade de Deus é inquestionável, mas não devemos esquecer que acima da Sua Bondade está a Sua Justiça equânime e disciplinadora.

Em sendo da Lei do Criador que antes da **Bonança** vem a **Tempestade**, a situação tempestuosa pela qual estamos passando, embora ainda pouco compreendida pela maioria da sociedade, obedece ao momento histórico da Terra. Na verdade, as diminutas dores atuais são apenas preliminares para nos fortalecermos e enfrentarmos com galhardia as grandes transformações geofísicas que virão acompanhadas de grandes aflições, embora os espiritualmente mais graduados, aqueles que compreendem a razão da dor, não a transformarão em sofrimento. A dor será comum a todos, mas o sofrimento ficará a critério de cada pessoa em seu nível de evolução.

Há mais de dois mil anos, o Cristo[1] terráqueo enviou ao plano material o Nazareno Mestre com o objetivo sagrado de nos ensinar lições emotivas de amor ao Criador e às criaturas para pela lógica universal nos harmonizarmos com as Leis do Supremo Legislador — **Deus**.

O humano que, em tempo hábil, compreendeu que a dor eleva a frequência mental da alma e propicia que se sinta intensamente mais Deus, procurou, silenciosamente, despertar com

[1] Cristo é sinônimo de Amor Universal... Amor incondicional... É uma Consciência Arcangélica, segundo Ramatís.

mais entusiasmo os Divinos Atributos latentes em si para que, por esforço próprio, quando os *tempos chegassem*, estivesse em condições de receber o apocalipse com semblante agradável e aura rosada... De dar um salto quântico e entrar na frequência do Cristo-Amor, do Cristo-Bonança... De ter o garbo de ser um vencedor de si mesmo e, assim, receber, por processo natural da Criação, os eflúvios celestiais para se fortalecer, não ser tombado pelo sentimento de culpa e não sofrer por causa das emanações energéticas no momento crítico da transição planetária em curso.

Pergunta 8: - De que modo os **Adventos Crísticos** *contribuirão para que a humanidade se conscientize do momento histórico da Terra? E onde entra o papel do Brasil?*

Resposta: – Qualquer evento inserido nas Constantes Universais requer de todos nós, espíritos terrenos, muita atenção, *orando e vigiando,* para não sermos surpreendidos pelas naturais hecatombes geofísicas, socioeconômicas, emocionais ou espirituais, considerando que todas servem para despertar o nosso Cristo Interno, a Fagulha de Deus em nós. Vale ressaltar que, em qualquer reduto do Universo, as Leis de Deus são as mesmas.

Ilustremos com algumas Constantes Universais:

— A Tempestade sempre antecede a Bonança...
— Antes da Santificação vem a humanização...
— A honestidade vem depois da astúcia...
— Sem a misericórdia do *ver, ouvir e falar* ninguém entra no Céu...
— Em sendo o Amor a Essência da vida, quanto mais se ama, mais se revitaliza...
— Fora do amor não há salvação...
— O valor de **pi**[2] é obtido ao se dividir o comprimento de qualquer circunferência pelo seu diâmetro.

A Proposta Adventista apresentada nesta fase de transição planetária não é, na verdade, evento aleatório, vez que obedece a um Planejamento Sideral voltado para a Terra, que, para os compromissados com o Advento do Cristo, é momento de consolidação dos seus valores ético-morais amealhados no percurso das sucessivas vidas, através dos tempos, reencarnando em diversos mundos. No entanto, para os comprometidos com a Doutrina

[2] **Matemática.** Representado pela letra ϖ, a 16ª do alfabeto grego. *Minidicionário da Língua Portuguesa*, de Evanildo Bechara. (N.R.)

do Cristo de todas as épocas, a ocasião solicita mais dedicação à causa divina, vez que eles estão, aqui no planeta, na derradeira oportunidade reencarnatória, ao menos durante os próximos 6.666 anos terrenos, isto é, uma revolução ou volta completa do Sistema Solar visitante, segundo o mestre Ramatís, do qual um de seus **quatorze planetas** higienizará o orbe terráqueo.[3]

Vejamos:

— O plano material, que é parte da vida educativa do espírito em evolução, não deve ser abandonado nem rejeitado por nós, vez que ele também é sagrado. Procuremos, então, nele viver seguindo os princípios ético-morais constantes das Leis Supremas ensinadas e vividas pelo Nazareno Mestre — o Sintetizador Cósmico a serviço de Deus na Terra. Sejamos, então, gratos ao Cristo criador do nosso mundo e a Jesus, nosso Mestre Amado, que nos oportunizam a termos onde possamos apoiar os pés para nossa alfabetização espiritual...

— A mensagem dos **Adventos Crísticos** como proposta para renovar o Cristianismo visa não só colocar progressivas emoções na vida dos seres humanos, como também procura desfazer nos religiosos sem religiosidade o estado psíquico de melancolia, tristeza conventual, falta de vivência com alegria e entusiasmo, pois embora tenham sido representantes da Divindade vivem acorrentados nas suas clausuras mentais, sem vida, sem sol e sem usufruírem alegremente das sagradas emoções humanas. Tenhamos em mente que a energia gerada pela culpa é mortífera...

— É também parte do Advento do Cristo libertar o homem-espécie do seu antivital passado, clareando o seu mundo interior para que ele, concebendo a imortalidade da alma, crie mentalmente novos e eternos ideais a serem alcançados, nunca se dando por satisfeito com as aquisições morais adquiridas, a fim de não estagnar por acomodação diante de um Universo em eterno transformismo...

É tarefa do Brasil:

— Esclarecer a sociedade planetária para todos os encarnados abraçarem o trabalho como função moral, cientes de que os espíritos evoluídos são operantes na Obra do Criador e que essa tarefa desempenhada pela sociedade apenas como **função econômica** perde, gradualmente, por causa da evolução espiritual,

[3] Assunto detalhado no livro *O Fim dos Tempos e os Discos Voadores*, do mesmo autor, EDITORA DO CONHECIMENTO. Ramatís, nas suas obras, não cita os quatorze planetas. (N.A.)

os seus elos de sustentação em razão do novo e amplo sentido que o espírito dará à vida por ser uma Constante Universal...
— Ensinar de maneira clara, objetiva e didaticamente bem elaborada para não provocar conflitos, que o espírito é imortal e, portanto, a vida é eterna, desfazendo, assim, o fóbico e antivital desespero que se tem da morte...
— Manter viva na consciência das criaturas a certeza de que os Cristos — espíritos arcangélicos —, outorgados por Deus para criarem mundos permanecem ligados às suas Criações, sendo o Alimento Sagrado de todas as vidas neles existentes. Em assim sendo, é inquestionável a necessidade de despertarmos o nosso Cristo Interno para que melhor possamos sentir o Cristo-Pai.

Pergunta 9: - Ao ser a vontade um dos Atributos Divinos no espírito humano, o que devemos fazer para que a nossa biologia não se sobreponha à nossa ideologia?

Resposta: – Por mais divinal que seja a **ideologia**, caso a **biologia** do idealizador não esteja compatível, ou seja, com predominância da ancestralidade animal, não haverá realização.

Em uma autoavaliação precisamos:

— Verificar se permanecemos no nível evolutivo de matarmos ou morremos a fim de defender a nossa pátria temporária, ou sermos eternamente gratos ao país que nos acolhe para mais uma reencarnação, porquanto, na verdade, somos seres cósmicos, eternos e imortais, alfabetizando-nos no nosso atual e abençoado planeta...
— Confirmar se os hinos nacionais já regurgitam no nosso âmago a gratidão ao Cristo Criador da Terra por termos onde apoiar os pés para aprender lições de desapego ou se a nossa emoção está restrita aos movimentos nacionalistas, vez que o espírito não pertence a nenhum torrão pátrio...
— Observar se, ao recebermos aplausos em virtude das nossas magníficas realizações externas, o nosso ego fica inflado, dando vazão à vaidade e à sua irmã gêmea, a soberba, ou se apenas somos gratos pela oportunidade de *servir com a mão direita sem que a esquerda a saiba*.

Pergunta 10: - De que maneira devemos fazer uma autoavaliação para descobrir se já temos condições evolutivo-espirituais para que possamos concretizar determinado ideal plasmado pela nossa mente em benefício da sociedade?

Resposta: – É de bom alvitre e de bom-tom avaliar se já é parte da nossa natural maneira de ser substituirmos as críticas aos nossos semelhantes por cânticos de exaltação à vida, agradecendo aos coordenadores das nossas existências pela oportunidade de mais uma reencarnação, aprendendo, no nosso curso de evangelização, a amar, tolerar, apaziguar, conviver amorosa e cristicamente com as diferenças, adquirir paciência e, sobretudo, a que nos graduemos ao *ver, ouvir e falar com misericórdia.* Verifiquemos não só as nossas ações, mas, acima de tudo, as nossas reações circunstanciais.

Pergunta 11: - Visto ser o espírito uma fagulha imaculada criada por Deus, como pode a genética dificultar a sua expressão quando ele estiver encarnado? Existe algum ritual sagrado para o espírito não perder a sua visão de cosmicidade enquanto no corpo físico?

Resposta: – Realmente, a nossa Centelha Divina é imaculada, mas temos livre-arbítrio para que no uso dos nossos sagrados sentidos possamos avaliar as nossas escolhas.

Na escala da evolução, a mônada passa pelos reinos mineral, vegetal e animal antes de se graduar ao hominal. Como já estamos graduados no reino hominal verifiquemos se a irracionalidade do animal que fomos está emperrando a nossa evolução e ascensão espiritual.

Façamos mais uma autoavaliação para:

> — Verificar se o nosso comportamento nos assemelha ao *lobo* feroz que, diante da mansuetude de Francisco de Assis, se quedou e teve conduta de *cordeiro*. Precisamos ter empenho na nossa própria evangelização para que sejamos apaziguadores com a certeza de que a emanação da paz faz com que os instintos inferiores recuem. É também uma Constante Universal...
> — Constatar se a nossa presença, quando da convivência com outros humanos, provoca mudanças químicas positivas em seus semblantes, brilho mais intenso nos olhos e olhares mais expressivos, identificando que do nosso ser exala fragrância de uma alma intimamente harmonizada com as Leis da Criação...
> — Comprovar que, quando nos colocamos a serviço da vida, estamos naturalmente protegidos pelo Autor da Vida, uma vez que, nesses sagrados momentos, o Universo conspira a nosso

favor. Quanto mais a imaculada Fagulha de Deus aflora no ser humano, mais as próprias forças da Natureza o protegem. Foi assim que Maria Santíssima encontrava o menino Jesus, segundo Ramatís, por intermédio do psicógrafo Hercílio Maes, entre os animais ferozes que jamais O feriram... Também, o profeta Daniel foi jogado em uma cova entre os leões e não foi ferido por eles, tal era o seu campo áurico emanando energias na frequência da mansuetude.

Assim, dado que a Essência da Vida de todos os reinos foi criada por **Deus** — a Perfeição Absoluta —, não é suficiente tão somente que o ser humano seja uma Fagulha Dele. Precisa se empenhar em reconhecer a sua Divina Origem e adquirir os conhecimentos necessários para possibilitar a sua libertação das vigorosas forças herdadas do reino animal.

Como já estamos sob a influência de Aquário — Era da Força da Alma —, os indivíduos que já vivenciam as verdades evangélicas se colocarão na vanguarda para esclarecer e conduzir a sociedade terráquea. E, em função da evolução espiritual do conjunto planetário, tendo em vista que os refratários à eterna evolução serão exilados da Terra, os que permanecerem neste planeta maravilhoso passarão progressivamente a "ouvir" na intimidade e na acústica das suas almas as silenciosas vozes dos planos "imponderáveis".

Assim, para o indivíduo não se desconectar da visão de cosmicidade quando corporificado, a sua vida deve ser transparente em todas as situações e momentos, tendo conduta ilibada, limpa, zelosa, de forma que os seus atos, atitudes e ações identifiquem um ser pleno... Um ser harmonizado com as Leis do Criador... Um ser portador de aura luminosa com a frequência do amor representando o Poeta do Amor, o Sublime Anjo — Jesus de Nazaré.

Pergunta 12: - Como entendermos a complexidade do momento histórico do nosso planeta, o qual solicita mudanças substanciais na conduta humana?

Resposta: – É processo natural que, a cada 25.920 anos terrenos ou *Fim de Ciclo*, a humanidade seja promovida a um novo grau escolar-evolutivo. Para tal, há a separação do *joio do trigo*, razão pela qual os espíritos reprovados para o novo Curso

Escolar devem ser transferidos para outras Escolas Planetárias inferiores à Terra e compatíveis com suas aspirações.

Mais uma vez, para fixar na nossa alma, façamos uma autoanálise para que possamos saber antecipadamente se continuaremos reencarnando na Terra ou se seremos levados para outros mundos, evidentemente inferiores à evolução espiritual da nossa atual Escola.

Para continuar reencarnando na Terra na sua nova condição de uma escola de nível Secundário, o aluno precisará:

> — Compreender que o maior problema da vida social é o biológico, pelo fato de a hereditariedade animal predominar na maioria da sociedade, a qual ainda é Primária. Logicamente, vez que é uma Constante Universal, a biologia das pessoas de pouca evolução espiritual predomina em relação às aspirações superiores, razão pela qual a humanidade terrena necessita de educadores de almas para lhes ensinar como funcionam as Leis do Criador, sempre atuantes para educar e esclarecer...
>
> — Fazer o seu Deus Interior entrar em crística ação para evitar choques ideológicos de qualquer procedência... Viver e conviver harmonicamente com as divergências, respeitando a todos nos seus respectivos níveis evolutivos, pois a Natureza não dá saltos na evolução espiritual...
>
> — Dinamizar positivamente a vida mental para sair da frequência cuja conduta identifica o animal que foi e não o hominal que é. Para tal, deve aspirar ao eternamente novo para exercitar a superconsciência e galgar planos progressivamente mais luminosos, mais condizentes com sua evolução.

Concluímos que a conduta humana, além da evolução espiritual, varia também de acordo com a realidade biológica dos integrantes das sociedades. Então, não devemos atribuir os acontecimentos sociais que vão contra a vida ou que não condizem com os princípios ético-morais cristãos tão somente à ignorância sobre as Leis de Deus, mas, também, aos fenômenos biológicos, haja vista o que consta na bíblia cristã sobre Jesus ter sido descendente de Davi. Após avaliação feita pelos técnicos siderais quanto à melhor genética que poderia gerar o corpo biológico do Sublime Anjo, eles concluíram que, entre os descendentes de Davi e de Hilel, optaram por Davi. Assunto citado também por Miramez, no livro ***Francisco de Assis***, 12ª edição,

Editora Espírita Fonte Viva, psicografia de João Nunes Maia.

É possível afiançar que o ser almado conhecedor das leis que regem o Universo criado vive em estado de harmonia íntima, pois alcança a imparcialidade, não se detendo nas causas menores das atitudes e ações humanas, as quais devem ser consideradas normais para seu nível evolutivo.

Pergunta 13: - A humanidade terrena, mesmo vivendo o atual momento tempestuoso, deve se alimentar da certeza de que alcançará a Bonança?

Resposta: – Estamos todos conscientes de que ninguém alcançará a **Bonança** antes de passar pela **Tempestade** com elegância, pois reclamar dos embates da vida é não admitir a Perfeição das Leis de Deus.

Os espíritos, encarnados e desencarnados que trazem em latência suas experiências de outros momentos de transição planetária, na Terra ou fora dela, intuitivamente reconhecem que os fenômenos geofísicos pelos quais passamos e ainda passaremos em grande escala são Constantes Universais, vez que dão a devida dinâmica à evolução dos mundos e de seus habitantes.

No entanto:

— Os encarnados mais lúcidos devem estar atentos para não serem levados de roldão, sem que possam ser previstas as consequências, para o abismo da incompreensão, influenciados pelos espíritos de pouca evolução, portadores de perispíritos sobrecarregados de toxinas por não terem conseguido sacralizar a vida... Nem por aqueles que, em atenção à ancestralidade animal, dão vazão com muito mais ênfase à fome e à vida sexual sem marco sinalizador para direcionar a existência e comungar com o eterno *vir a ser*...

— Embora Deus seja Uno, a Sua manifestação é Trina, ou seja, Onisciente, Onipresente e Onipotente em toda a Criação. Ele é o Todo-Criador e Se encontra em todas as partes criadas... Em todas as Fagulhas de Vida dos Universos Físicos e Metafísicos. Por isso, embora a Sua Lei seja Una, é diversificada de conformidade com os Planos Evolutivos...

— Pela logicidade da Lei da Evolução, o momento histórico da Terra, mesmo sendo tempestuoso, é altamente didático para o crescimento moral e o consequente alcance da Bonança, tendo em vista que o homem-espécie se encontra em fase de polimento genético, o que lhe acarretará excelente mudança evolutiva, repercutindo positivamente na sua biologia, e que o tornará visivelmente mais fraterno, já que os gigantescos conflitos sociais são gerados principalmente em razão da herança do animal latente no hominal.

Pergunta 14: - Como sabermos se estamos em condições evolutivas para continuar reencarnando na Terra? Será que a prática da caridade nos qualificará a fim de que continuemos neste planeta?

Resposta: – É de domínio popular que *fora do amor não há salvação*. Evidentemente que a prática externa da caridade sem a aquisição de novos conhecimentos libertadores com o vivenciamento diário só ajudará o ser humano a prover as necessidades dos seus semelhantes, mas apenas tal sagrada atitude não lhe garantirá a libertação íntima, principalmente se a prática da caridade não seguir o princípio ético-moral de *servir com a mão direita sem que a esquerda a saiba*.

Façamos uma autoavaliação com estas interrogações:

— Por ter sido o Nazareno Mestre o mais perfeito intérprete da vontade do Cristo criador da Terra e também sendo Ele o Instrutor Espiritual da humanidade terrena, já estou vivenciando os Seus angelicais ensinamentos?...

— Consta no Evangelho que Jesus solicitou que amássemos até mesmo aos nossos inimigos. Como, então, me encontro diante desse item da Lei da Evolução?...

— Allan Kardec, o nobre codificador do Espiritismo, advertiu que *os vícios são frutos do egoísmo humano*. Diante de tal ensinamento, encontro-me em condições para frequentar uma Escola Secundária ou serei transferido, por ressonância, para um mundo compatível com a carga tóxica aderida ao meu perispírito?...

— Consta também no Evangelho que *pelo fruto é que se conhece a árvore que o gerou*. Como tem sido a minha semeadura? Eu já vivencio, naturalmente, as verdades evangélicas ou ainda necessito das cerimônias religiosas tão comuns àqueles que, por enquanto, não são portadores da religiosidade?... Qual a qualidade dos frutos da minha semeadura?...

— Visto ser da Lei de Deus que *se conhece o cristão pela sua incessante transformação íntima*, eu já me perdoei para ter condições de compreender as fraquezas alheias e, por essa razão, poder estar em condições de perdoar os meus supostos adversários?...

— A minha evolução moral está de acordo com a minha evolução intelectual, ou a minha intelectualidade, adstrita ao relativo plano existencial, se sobrepõe à minha eterna essencialidade?...

— Em sendo da Lei da Evolução que a ascese espiritual depende da *misericórdia do ver, ouvir e falar*, posso admitir que as minhas ações usando esses três divinos sentidos me garantem o direito de receber reações com o magnetismo da Graça Divina?

Com essas diminutas reflexões é possível avaliar se a nossa esfera áurica é constituída dos esplendores cromáticos que identificam harmonia íntima, mansuetude, fraternidade, benevolência, solidariedade, a prática desinteressada da caridade, a compreensão para com as fraquezas alheias, a bondade, a misericórdia, o amor pelo próximo etc., virtudes que garantem a permanência no magnífico planeta Terra quando em comparação com o mundo inferior que higienizará o nosso atual orbe para o qual irão bilhões de espíritos terrenos.

Percebe-se, assim, que os **Adventos Crísticos**, que têm como tarefa sagrada renovar o Cristianismo, levam o ser humano a mobilizar todos os seus recursos íntimos aspirando se sintonizar com o Supremo Criador. Com tal mobilização se sente impelido, impulsionado a despertar da sua latência os valores divinos, vislumbrar a manifestação infinita de Deus e se dedicar à sua ascese espiritual como a mais sagrada tarefa que deve desempenhar quem concebe ser eterno e imortal.

❁ ❁ ❁

Adventos Crísticos

Com a evolução espiritual adquire-se a *sacralidade do ver, ouvir e falar*, identificando a reforma íntima do espírito encarnado e, como consequência lógica, a sua ascensão espiritual.

O homem-espécie para se emancipar do primitivismo precisa despertar em si, o quanto antes, o seu **Cristo Interno**. Assim, para facilitar e acelerar tal processo, é bom que ele na sua sagrada condição de Cristo-criatura procure identificar a Essência Metafísica do Cristo-Criador nas Suas manifestações no universo do Plano Físico. Ressaltemos que o plano concreto identifica a exteriorização visível da Criação, enquanto que o metafísico notifica a essência do Criador.

Conclui-se, portanto, que as partes físicas são as manifestações de Deus no universo do plano tangível, enquanto que as metafísicas são as Essências Dele... Assim, na sequência da nossa evolução espiritual nos tornaremos coparticipantes da Criação **existencial** para após a ascensão sermos coparticipantes da Sua "Criação **essencial**".

Dado que somos o que pensamos, para auxiliar o despertar do nosso Cristo Interno:

> — Voemos com as asas da imaginação pelo Espaço Sideral contemplando a beleza de cem bilhões de galáxias e, ao mesmo tempo, sentindo o pulsar do Universo Estelar...
> — Criemos, mentalmente, um panorama do Infinito e aspiremos a que compreendamos as Verdades Universais para que possamos identificar, em nosso mundo íntimo, o Cristo Interno, a Centelha da Suprema Inteligência existente em nós...
> — Para desenvolvermos os Divinos Atributos de Deus latentes em nossas almas, plasmemos o mais potente e gigantesco quasar[4] no centro do Universo emitindo luzes policromáticas, simbolizando a Usina Emissora da Energia Vital para prover as vidas dos universos físico e metafísico.

Vez que somos portadores dos Divinos Atributos de Deus, a plenitude da nossa consciência será sempre relativa ao grau de evolução adquirido, tendo em vista que o nosso **Cristo Interno** não tem ponto final para se expandir esfericamente.

Para despertarmos o nosso Deus Interior ou Força Superior[5] atentemos para a orientação a seguir, referente às concorrentes, ditada pelo Nazareno Mestre e descrita por Silvestre, o porta-voz das Sagradas Fileiras:[6]

---

[4] Os quasares, objetos astronômicos, são os maiores emissores de energia do Universo. Um único quasar emite entre 100 e 1.000 vezes mais luz que uma galáxia inteira com cem bilhões de estrelas. Fonte: Wikipédia.

[5] A Força Superior é a resultante de quando o homem vivencia a igualdade (=) matemática dessas concorrentes: ***Coração de uma única Alma = Coração de uma única Luz = Coração de um único Rei = Coração de um único Cordeiro = Coração de um único Irmão = Coração de uma única Glória = Coração de um ÚNICO DEUS***. [Detalhes no Capítulo 9 do livro ***Adventos Crísticos***, do mesmo autor.]

[6] Mensagem retirada do livro ***Adventos Crísticos***, do mesmo autor, 4ª edição, em 2017, **EDITORA DO CONHECIMENTO**.

> Cor unum Anima = Cor unum Lux = Cor unum Regis = Cor unum Agni = Cor unum Fratis = Cor unum Gloria = **Cor unum DEI.**

Assim, para trazermos à memória objetiva a nossa Força Superior e adquirirmos o estado de consciência descrito por Jesus, deveremos estar em total harmonia íntima.

Percebe-se que *da divina interação do homem com a Divindade resulta a sacratíssima e imensurável Força Superior, latente em todos os seres humanos, mas poucos, para não dizer raríssimos seres humanos, a desenvolveram plenamente. Para que tal aconteça, faz-se imprescindível o mérito sucessório, vivência a vivência...* (Silvestre, em nome das Sagradas Fileiras.)

Desse modo, ao se atingir a harmônica graduação em que o homem-espécie vivencia as igualdades — *Coração de uma única Alma = Coração de uma única Luz = Coração de um único Rei = Coração de um único Cordeiro = Coração de um único Irmão = Coração de uma única Glória = Coração de um ÚNICO DEUS*, desperta de si a **Força Superior**... Desperta o seu **Cristo Interno**.

❁ ❁ ❁

No momento em que o Nazareno Mestre passou as Concorrentes, que têm como resultante a **Força Superior**... No instante da comunicação mediúnica, as Sagradas Fileiras formaram apenas a esteira sonora para a ligação direta do Mestre Jesus com a mente receptora de Therezinha Teixeira Pereira de Carvalho, a médium psicógrafa.

Evidentemente que para despertar essa Força Superior é preciso que o homem-espécie se torne integral, em total harmonia interior, de forma que das **seis concorrentes** resulte o **Coração de um único Deus**. Em assim sendo, a Força Resultante ou Força Superior advém do total equilíbrio do homem. Observa-se que essa Força brota do **coração do homem** uma fagulha de Deus ou do **coração de Deus** uma fagulha no homem quando ele adquire a igualdade (=) matemática dessas **concorrentes**.

Logicamente que o nosso trabalho íntimo é despertar o nosso **Cristo Interno** para, assim qualificados, reunirmos condições para que nos tornemos porta-vozes do Nazareno Mestre — o Sublime Peregrino —, Porta-Voz do Cristo, Senhor Nosso e Irmão maior.

Capítulo 3
Aquário e a vivência evangélica

Pergunta 15: - Quais as mudanças comportamentais que a sociedade terrena sofrerá em Aquário?

Resposta: – É de boa acolhida não restringirmos a nossa visão e interpretação ao agora, pois a Terra durante 2.160 anos ficará sob as influências de Aquário, o signo do Mentalismo, da Força Superior, da Força do Espírito. Assim, após as mudanças geofísicas do nosso atual mundo será possível deduzir com muito mais precisão as maravilhas de que os terráqueos desfrutarão.

Atualmente, com a Terra em transição, no momento do Juízo Final para ***separar o joio do trigo***, não conseguiremos, em função da nossa pouca evolução espiritual, precisar como será a conduta da humanidade após o exílio dos espíritos não qualificados para o Curso Secundário terreno. Aguardemos por mais algum tempo para verificar quais serão as mudanças mais contundentes da massa planetária que, indubitavelmente, provocarão sérios problemas socioeconômicos, financeiros e psicoemocionais. Estejamos certos de que, durante e após os fenômenos naturais com a verticalização do eixo da Terra em relação ao Sol, a humanidade não será mais a mesma.

Pergunta 16: - É possível esboçar o perfil do novo homem na Era do Mentalismo?

Resposta: – Em uma sociedade ainda tão heterogênea como a terrena, só será possível fazer uma melhor avaliação após a transição planetária, conforme falamos, considerando que, depois da tempestade apocalíptica, os que aqui permanecerem demonstrarão o seu bom grau de lucidez espiritual, deixando claro que já compreenderam a Lei da Justiça Divina.

Para não nos desvincularmos da coerência, tenhamos em mente que o Legislador Supremo é **Deus** — a Perfeição Absoluta — e que acima da Sua Bondade, que *perdoa*[1], está a Sua Justiça, que ***disciplina***. Logicamente que na Sua Obra não existe acaso. Portanto, as reações às nossas ações e os periódicos ajustes geofísicos e espirituais, por serem Constantes Universais, participam da evolução dos mundos e de suas humanidades. Assim, é preferível cada pessoa observar as suas naturais inclinações, o seu grau de resistência às forças contrárias que dificultam o crescimento interior, a capacidade para viver e conviver com as diferenças, e, dessa forma, poder esboçar o seu perfil na Era da Força Mental. Vamos dar mais atenção à nossa realidade e ficarmos menos preocupados com as mudanças alheias.

Em Aquário:

> — Em sendo da Lei de Deus que a **Tempestade** precede a **Bonança**, as dores nos períodos de Juízo Final nas escolas planetárias de evolução primária funcionam como preliminares para fortificar a alma, que, assim, ficará mais resistente para enfrentar os próximos e progressivos desafios e se motivar para adquirir conhecimentos que a libertam das rotas reencarnatórias compulsórias. Ao observar a idiossincrasia, a personalidade da criatura, a sua maneira natural de reagir aos acontecimentos normais na vida das sociedades humanas de pouca evolução, é possível se perceber o seu grau de compreensão diante das Leis Universais...
>
> — O espírito encarnado, ao conhecer os mecanismos das Leis do Criador Supremo, procura interiorizar e vivenciar os ensinamentos libertadores, tornando-se uma oração viva na sua condição humana, o que é percebido quando se avaliam os seus atos e atitudes no cotidiano vivente. Embora estando no plano restrito da forma, esse espírito encarnado se dedica com afinco e entusiasmo a encontrar, pelo conhecimento libertador do plano relativo da existencialidade, a razão suprema da vida universal no plano eterno da essencialidade...
>
> — Quem, por evolução, já tem certeza de que ***em essência foi criado à imagem e semelhança de Deus*** e que, consequentemente, é portador dos Divinos Atributos da Onisciência, Onipresença e Onipotência Dele, procura auscultar a voz do Pai

[1] É de bom senso relembrar que o ***perdão*** não ***quita*** dívida. Apenas ***oportuniza*** para novos empreendimentos.

em seu íntimo, pois reconhece ser uma centelha da Divindade Absoluta — **Deus**. Em tais condições, as suas expectativas ao eterno transformismo são altamente benfazejas, o que lhe faculta viver os princípios ético-morais ensinados e postos em prática pelo Nazareno Mestre — o Porta-Voz do Cristo Terráqueo.

Pela lógica, podemos deduzir como será o perfil do ***homem novo*** na Era do Mentalismo e até antever que dará sentido sagrado à vida para galgar, mais rapidamente, a sua ascese espiritual e, assim, já não perderá tempo se dedicando ao vazio existencial à procura do nada. Demonstrará, à luz do dia, a sua experiência com Deus... Esforçar-se-á para alcançar a frequência que identifica a pulsação rítmica da Criação e, assim, terá condições para nutrir a vitalidade psicoemocional dos seus semelhantes.

> Não podeis conhecer o perfume da rosa pela simples descrição intelectiva; mas o sabereis avaliar só após a experimentação pelo sentido olfativo.[2] (Ramatís.)

Pergunta 17: - Em que se baseia a previsão de que a sociedade terrena vivenciará a mensagem evangélica do Nazareno Mestre em Aquário?

Resposta: – Tal previsão se concretizará com a limpeza, em todos os sentidos, do plano físico e dos espirituais sombrios em torno da Terra, sendo que os **espíritos** que continuarem encarnados neste magnífico orbe, além de outros **milhões que reencarnarão**, em virtude de serem mais polidos, ética e moralmente, em melhores graduações:

— Deixarão de lado a conduta infantil de, por exemplo, "pedir perdão a Deus", considerando que Ele nunca se ofende, e passarão a pedir novas oportunidades e cotas extras de energia-força para, durante as sucessivas reencarnações, corrigirem os seus erros. Assim, sabedores de que apenas pedir perdão a outrem não quita débito, aqueles que o pedem se desvinculam, energética e emocionalmente, do "suposto algoz", mas terão que ***pagar ceitil por ceitil***, pois assim funciona a implacável ***Lei de Ação e Reação*** em toda a sua eficácia no Universo de Deus... Serão mais plenos de Deus, tendo em vista que com os seus Cristos Internos formarão elos de luz com o Cristo-Pai para assim provocarem efeitos especiais na consciência daqueles que,

[2] **Biologia**: Texto de Ramatís, no seu livro ***A Vida no Planeta Marte e os Discos Voadores***, 15ª edição, psicografia de Hercílio Maes, **EDITORA DO CONHECIMENTO**.

por motivos outros, estiverem moralmente mais "distantes" do Criador...

— Diante das Leis Divinas, não terão condutas geradoras de carma negativo, o que lhes proporcionará o mérito a fim de que absorvam, por ressonância, a vital energia-essência do Cristo — a Fonte da Vida Planetária terrena.

É evidente que, em Aquário, sem as emanações mentais dos espíritos dominados por vícios, avareza, ira, luxúria e também em razão da elevação natural da frequência mental do ser humano terreno, com mais possibilidades para se conectarem às plêiades de espíritos superiores, surgirá com maior amplitude a motivação íntima para se transformarem, ***buscando alcançar os Céus em primeiro lugar***. Dessa forma, o clima psicológico propiciará que a mensagem evangélica do Nazareno Mestre seja transformada em vivência luminosa pelos almados seres.

Pergunta 18: - Entre todos os precursores que intermediaram a vontade do Cristo Terráqueo e as necessidades dos seres humanos, Jesus foi o mais íntegro dos medianeiros divinos. No entanto, por que os humanos vivem tão apartados da Sua proposta e guerreando em nome dos seus deuses?

Resposta: – Por estarmos em fase de transformação do mundo, não devemos ficar atados às desarmonias dos nossos semelhantes, mas sim cuidando da nossa crescente harmonia interior, vez que o momento assim o requer, em razão de a transição planetária ser uma fase em que não se deve perder tempo com as questões menores da vida, tão próprias dos seres humanos recalcitrantes, pois ainda de pouca evolução espiritual. Assim, por questões lógicas, cuidemos das nossas melhoras.

Nos momentos de Juízo Final, os espíritos dos dois planos, intuitivamente, sentem que seus campos energéticos perispirituais, suas ações, reações, emoções, aspirações, enfim, suas idiossincrasias, não estão compatíveis para frequentar uma Escola Secundária.

Como consequência:

— Alguns seres ficam amuados, tombados pelo sentimento de culpa... Outros mais eufóricos querem correr desesperadamente para tentar recuperar a oportunidade perdida. Mas a maior parcela das criaturas fica revoltada com seus próprios comportamentos e dá, então, vazão à agressão física, verbal ou mental, querendo destruir o patrimônio ético-moral daqueles que, com mérito, venceram as suas inferioridades...

— Os humanos, quando portadores de sensibilidade para vislumbrar a Divindade a distância, conseguem sentir Jesus e identificar, suavemente, a grandeza da Sua proposta evangélica — o Cristianismo Renovado. No entanto, as suas fortíssimas amarras psicológicas impedem que a força-energia, causada pelo Tropismo[3] da Angelical Luz do Nazareno Mestre, os atraia naturalmente para planos superiores... Assim, mesmo formatando mentalmente a suave brisa de um ideal superior, permanecem claudicantes...

— Será preciso que a pessoa se desbloqueie e se desfaça das formas de pensamento pejados, carregados de energias densas. Assim, poderá penetrar na intimidade da refulgente esfera áurica do Sublime Mestre Jesus e se manter, sem oscilar, na frequência do Seu nível angélico.

Pergunta 19: - É possível termos uma noção de como será a vida humana sob os auspícios de Aquário?

Resposta: – Não há como padronizar, conforme temos falado, tendo em vista que, no Terceiro Milênio, embora seja a Era da Força Superior, da força do espírito eterno e imortal, a sociedade continuará mesclada entre os seus inúmeros níveis evolutivos.

Vamos sinalizar de maneira genérica como será a vida na Nova Era:

— Vez que a evolução da consciência é um processo progressivo e eterno, o ser humano em Aquário com mais entusiasmo terá maior empenho na sua harmonização com as Leis do Criador, o que lhe propiciará novas e preciosas conquistas morais. Mesmo assim, a maioria ainda fará estágio no nível da ***regeneração*** para, posteriormente, se graduar ao patamar do ***progresso***. Isso porque, em uma escala de valores entre 1 (um) e 10 (dez), os alunos que saírem da faixa vibracional de ***provas e expiações*** com nota 5 (cinco), por exemplo, precisarão se trabalhar durante bom período para a aquisição de ensinamentos libertadores, considerando que estiveram muito perto de sua reprovação...

[3] **Biologia**: Reação de aproximação ou distanciamento dos organismos. ***Minidicionário da Língua Portuguesa***, de Evanildo Bechara. (N.R.) No **texto** tem o sentido de ser atraído pela Divindade representada pelo Meigo Jesus.

— Visto que a Lei de Deus não permite demolir o *homem velho*, mas substituir valores para que se aperfeiçoe e faça surgir do seu mundo íntimo um *homem novo*, a tendência natural do ser humano é se tornar mais rico de valores morais. Com tais aquisições, a sua vida relacional será eticamente superior e, gradualmente, diminuirão os conflitos sociais no conjunto planetário...

— O espírito que continuar reencarnando na Terra, em face de seu meritório direito, já não fará uso da força bruta nem da astúcia para conduzir a vida, ou seja, meros métodos primitivos usados em grande escala na infância evolutiva da humanidade. Com a caducidade dos métodos ultrapassados para a Era de Aquário surgirá, no homem-espécie, a harmonia interior, o que o levará a abdicar, pela lógica, das guerras externas tão comuns aos *incipientes* (principiantes) e também aos *insipientes* (ignorantes.)

A convivência social sob a regência de Aquário será muito mais calorosa, rica de afabilidade, ternura e docilidade, considerando que os espíritos frios para com os *Haveres dos Céus*, brutos por natureza e de conduta primitiva, deixarão a Terra.

Na Era atual, o foco primordial do espírito encarnado será conquistar a riqueza inalienável — a MORAL — para, pela ÉTICA, abraçar fraternalmente os seus semelhantes, eliminando definitivamente os conflitos sociais.

Logicamente, em uma sociedade formada por povos evangelizados não existirão desarmonias causadas pelos conflitos socioeconômicos nem de outra natureza, uma vez que, com a evolução espiritual, eles passam a dar sentido universal à vida, o que os leva a enfraquecer, gradualmente, os potentes elos energéticos que os prendem aos *tesouros terrestres* em detrimento dos *celestes*. Pela lógica universal, podemos afirmar que em Aquário será implantada a justiça social em todos os quadrantes do planeta.

Pergunta 20: - Sabemos que, em cada signo, o espírito em evolução é oportunizado a desenvolver determinado Atributo Divino latente em si. Então, em que consiste a vivência evangélica em Aquário para uma sociedade ainda tão avara e fortemente apegada à matéria?

Resposta: – O ser humano em cada signo é oportunizado a despertar determinado Atributo Divino latente em si conforme consta no questionamento. Em Peixes, por exemplo, ele teve 2.160 anos terrenos para ampliar a sua capacidade de amar em um nível que o credenciasse a continuar reencarnando na Terra para, em Aquário, trabalhar a sua Força Mental e vivenciar a mensagem evangélica do Mestre Nazareno.

O leitor perceberá durante a leitura reflexiva que estamos evidenciando no corpo deste livro as benesses que usufruiremos durante o percurso de Aquário — Era da Força Mental, da Força Superior — e, ao mesmo tempo, advertindo para os cuidados que devemos ter na transição planetária.

Vejamos:

— A vivência evangélica do espírito terreno deveria ser processo natural, considerando que são Constantes Universais as progressivas conquistas evolutivas em cada Era e também em cada Ciclo Planetário. Daí o improrrogável exílio dos que não se classificaram para continuar matriculados na Escola-Terra...

— Na sequência dos textos, o leitor deve observar que estamos procurando explicitar paulatinamente que, no atual momento histórico e obedecendo à sua idade sideral e à consequente evolução geofísica da Terra, em Aquário seria implantada a evangélica justiça social, tendo em vista que o momento é propício em virtude, não somente da evolução espiritual, mas também da condição biológica da humanidade. Isso porque não é suficiente ostentar uma **ideologia** caso a **biologia** esteja sobrecarregada de energias tóxicas ou daquelas herdadas dos reinos menores da Criação...

— Os portadores de boa vontade pela lógica concluirão que a **avareza** não é apenas uma questão evolutiva do espírito, tendo em vista que ele precisa também de corpo biológico em boas condições energéticas para que lhe seja facultado expressar as suas credenciais superiores.

Pergunta 21: - Atualmente, observando a conduta da humanidade como um todo, fica difícil concebermos que o Brasil conseguirá conscientizá-la do valor sagrado da irmanação para que ela vivencie a mensagem evangélica do Cristo, trazida ao nosso mundo pelo Amado Mestre Jesus. Em que nos apoiarmos para manter em nosso mundo íntimo a chama da esperan-

ça divinamente iluminada para que tal evento seja realizado?

Resposta: – Falamos que Maria, a Santíssima Mãe da Humanidade e Patronesse dos **Adventos Crísticos**, conta com uma equipe de espíritos superiores sob a batuta da **Irmã Celina**, Sua emissária, para gradativamente **alocar** os espíritos que deixarão a Terra. **Santana**, a mãe de Maria Santíssima, é assessora da **Irmã Celina**.

Antecipadamente, já é possível imaginar o mundo terráqueo sem os encarnados e desencarnados que não detenham as qualidades morais para frequentar uma Escola Secundária.

Vislumbremos a Terra:

— Sem os espíritos não evangelizados...
— Também sem idólatras, feiticeiros, avaros, ambiciosos, viciados, mentirosos, corruptos e sem os corruptíveis...
— E, ainda, sem as dantescas formas de pensamento gerando as guerras e os demais conflitos sociais.

Assim, o percurso de Aquário será magnífico para que a nossa sociedade vá transformando a Terra em um Santuário Sagrado. Evidentemente que, sem os espíritos inferiores, os conflitos entre os povos deixarão de existir. Verdadeiramente, os povos viverão fraternalmente irmanados.

Após a limpeza apocalíptica da psicosfera do planeta e da parte geofísica, os que nela ficarem se sentirão intimamente motivados para a aquisição de novos valores ético-morais. Por se tratar de sentimento íntimo, a racionalidade não interferirá tanto, advindo a autoiluminação partindo do interior da criatura. As vibrações luminosas produzidas pelo **Cristo Interno** daquele ser que estiver motivado para transcender ao plano da objetividade racional transportam a Essência do Cristo- Amor, surgindo na consciência uma nova luz moral.

❀ ❀ ❀

Adventos Crísticos

O Cristo criador da Terra é uma entidade de elevada hierarquia vinculada mais diretamente ao Cristo Solar do nosso Sistema. Entre todos os Espíritos Superiores que participaram da formação da nebulosa para a criação da Terra, Ele, o Nazareno

Mestre, na condição humana, foi o mais fiel intérprete do pensamento do Cristo. Vale relembrar que o espírito ao ser graduado à frequência Crística, integra-Se, por evolução, ao Rosário dos Cristos espalhados pelo Universo, todos sendo açambarcados pelo Cristo Cósmico, Aquele mais integrado ao Pensamento Puro do Onipotente – **DEUS**.

Na Sacratíssima Assembleia com os coparticipantes da Criação, o Cristo Terráqueo designou os tarefeiros que integrariam a angelical equipe para a criação da Terra. Nessa época, Jesus foi nomeado para ser o Instrutor Espiritual da humanidade. Assim, os Cristos intermedeiam o Pensamento do Supremo Criador e materializam os mundos físicos.

Ao particularizarmos os sublimes eventos espirituais referentes à Terra, atentemos para o que acontece com Jesus, o Nazareno Mestre:

> — Na Sua Sacrossanta condição de Grão-Mestre dos **Adventos Crísticos** e Instrutor Espiritual da humanidade terrena recebe o divino pensamento do Cristo-Amor — Consciência Arcangélica Criadora da Terra — e, pelas vias internas do ***Seu Sagrado Coração***, o retransmite para a humanidade com o calor angelical que Lhe é inerente...
>
> — Mesmo sendo o orientador espiritual da sociedade terrena de todas as épocas, atualmente, com a Terra sob os auspícios de Aquário, o ser humano mais sensível às vibrações do Cristo-Amor dinamizará com empolgação as aspirações transcendentes, visando a sua mais breve ascensão espiritual, pois, entregue ao Empuxo Divino causado pelo Sublime Anjo Planetário — Jesus de Nazaré —, ele se dedicará jubiloso à sua Ventura Eterna...
>
> — Embora sendo o Porta-Voz do Cristo terráqueo, foi também um ser humano. Em razão da nossa pouca evolução espiritual, ainda não reunimos condições para formatar a Sua esfera áurica de abrangência planetária, o que nos motivaria à aquisição, o mais breve possível, da nossa evangelização. No entanto, Ele, meritoriamente sincronizado, por ressonância, com a frequência do Cristo-Pai, vive mergulhado em uma Fonte de Energias do Cosmo, formada pelo Rosário dos Cristos que mantêm as Vidas no Universo de Deus. Dessa forma, nós, Cristos-criaturas, que concebemos Ele — o Meigo Jesus — nosso Guia, com mais abertura mental sentiremos as emanações do Cristo-Criador... Do Cristo-Amor.

Assim, o ser humano que nomeou Jesus de Nazaré seu Modelo deve se motivar para se graduar, o quanto antes, à ***misericórdia do ver, ouvir e falar***, tendo em vista que essa aurora caminha celeremente para o seu desvanecimento.

É possível perceber que a proposta dos **Adventos Crísticos** aguça a nossa percepção consciencial enquanto estivermos no plano físico e, simultaneamente, nos projeta para os sutilizados planos metafísicos.

Ao pensarmos em Deus e nos imaginarmos como partes Dele — a Suprema Consciência Criadora da Vida —, estamos alimentando o nosso psiquismo com as sublimes energias das emoções crísticas, a fim de evoluirmos conscientemente na condição de espíritos imortais e eternos para, mais à frente na escala da evolução, ascendermos.

❁ ❁ ❁

Agora, em perfeita sincronia com as pulsações das correntes da vida universal, falo com toda a minha força interior... Falo com a voz da convicção... Falo para eu mesmo ouvir e despertar o meu Cristo Interno:

> **EU SOU** uma centelha imortal criada pela Causalidade sem Causa... Criada pelo Supremo Criador...
> **EU SOU** luz, pois fui criado pelo Grande Foco, pela Grande Luz do Universo...
> **EU SOU** som, porque faço parte da melodia da Criação...
> **EU SOU** água que tem vontade de dessedentar a sede daqueles que sentem vontade de saciar-se na Fonte da vida...
> **EU SOU** parte do pássaro que canta em nome do Autor do som e encanta com melodias de enaltecimento à vida...
> **EU SOU** lírio a perfumar a vida daqueles que perderam o sentido sagrado da vida...
> **EU SOU** Sol que aquece consciências e dinamiza a busca no homem... Diviniza a busca do conhecimento libertador...
> **EU SOU** chuva a fazer brotar da alma dos meus semelhantes sinais de esperança, sinais de motivação para a vida...

EU SOU amor, pois sou filho da inesgotável Fonte do amor...
EU SOU vida a conduzir outras vidas a buscarem o Autor da vida...
EU SOU construtor de estradas luminosas para a minha trajetória e a trajetória dos meus semelhantes...
EU SOU um naco do Criador
EU SOU uma fagulha de **DEUS**.[4]

Amém!

[4] Extraído do livro *O Fim dos Tempos e os Discos Voadores*, do mesmo autor, 1ª edição, em 2002, **EDITORA DO CONHECIMENTO**.

Capítulo 4
A essência do Cristo e a existência de Jesus

Pergunta 22: - Atualmente, após dois milênios de Cristianismo, milhões de espíritos ainda não conceberam que Cristo e Jesus são dois seres distintos, embora permanentemente ligados pelo mesmo propósito, por Elos inquebrantáveis de Amor. Qual a finalidade de os espíritos integrantes das Sagradas Fileiras solicitarem que separemos essas duas consciências?

Resposta: – Inexiste na Criação força-energia capaz de separar **Jesus** do **Cristo** ou o **Cristo** de **Jesus**, observando o que o Nazareno Mestre, naquele encarne, já anunciara: ***Eu e o Cristo-Pai somos um, porém Ele é maior do que Eu***. Assim, o Meigo Jesus, ao entrar e permanecer em ressonância com o Cristo por meio dos crísticos elos de amor, ficará eternamente a Ele ligado. Então, o que precisamos fazer é distinguir Cristo de Jesus.

Por maior que seja a habilidade mental da criatura humana, quando plasma, em pensamento, uma figura ainda que angelical, ela tem a sua frequência diminuída, mesmo que suavemente, pois o pensamento, por ainda ser ***matéria***, nesse exemplo fica limitado à ***forma***. Assim, "separando" ***Jesus-existência*** do ***Cristo-essência***, teremos mais possibilidades de sentir e interagir com o Cristo criador da Terra — a Essência Vital do nosso orbe.

Vamos ilustrar:

> — Em sendo Cristo o criador da Terra, Ele nunca esteve nela encarnado, o que é lógico. Ele é um espírito de consciência cósmica a fazer a ponte entre Deus — o Criador da Vida — e o Planeta Terra. Jesus, no entanto, naquele encarne foi médium do Cristo, a exemplo de muitos outros que **O** antecederam, como,

por exemplo, Moisés, Fo-Hi, Buda, Aziz, Anfion, sendo que o Nazareno Mestre foi o mais perfeito intérprete da vontade do Cristo-Pai...

— Devido ainda ser comum aos terrenos cultuarem a forma concreta em detrimento da essência, é salutar "separarmos" o Cristo de Seus representantes humanos. O momento histórico do nosso orbe requer renovação, pois a Terra já está adentrando Aquário — a Era da Força do Espírito Eterno. E, em sendo Constante Universal, todo o Universo criado obedece ao eterno *vir a ser*. Obviamente, o progresso faz parte da Lei da Vida Universal — a Lei da Evolução —, o que nos leva a constatar que, quanto mais buscarmos Deus na transcendência, mais e mais **O** descobriremos em nós, em tudo e no Todo...

— Deus é o Autor da **Vida**... Cristo é sinônimo de **Amor** Incondicional... Jesus é um Divino Elo fazendo a ponte entre a **Vida** e o **Amor** para instruir a humanidade. No entanto, ainda existe cristão cultuando o "senhor morto". Imaginemos a baixíssima frequência mental de uma pessoa devotada a tal mórbido quadro...

— A Era da Força Mental requer a demolição do ***homem velho*** para o surgimento do ***homem novo***, tendo em vista que já temos evolução espiritual para conceber a Essência do Cristo-Criador como alimento sagrado dos Cristos-criaturas que somos. Tal percepção provoca a dilatação da nossa consciência, levando-nos a perceber que cada ser humano "contém" uma Fagulha do Cristo Planetário, tendo em vista que Deus é Uno. Assim, sem qualquer separatividade entre os indivíduos já conscientes do Cristo-Vida em suas vidas e nas vidas de todos os seres vivos da Terra, a sociedade fraternalmente se abraçará...

— Certo é que, por evolução espiritual, ao concebermos o Cristo como Médium do Deus-**Vida** e Jesus como Médium do Cristo-**Amor**, as abstrações teológicas deixam de existir, pois surge no espírito humano a visão universalista da Onisciência, Onipresença e Onipotência de Deus em si. Em assim sendo, os Cristos-criaturas são partes não apartadas do Cristo-Criador.

A forma material, por mais sutil que seja, impede o ser humano de ver ou sentir, integralmente, a realidade metafísica...

O ser almado quando habituado à abstração se distancia, vibratoriamente, do universo concreto sem sair dele, e a sua realidade biológica, caso ainda imantada com as energias da sua ancestralidade animal, interferirá menos.

Assim, "separando" sem separar Jesus do Cristo, o homem-espécie concluirá que o Cristo, na Sua condição de Alimentador Sagrado da Vida Planetária, está intrínseco aos reinos mineral, vegetal, animal, hominal e aos demais que tenham seres viventes. Com essa visão imaginando o espaço sideral, os povos, de maneira fraternal, solidária e compreensiva se irmanarão, pois não há distância entre o homem e Deus.

Pergunta 23: - Qual o processo que o Brasil utilizará para levar a sociedade a identificar a essência do Cristo-Criador na existência dos Cristos-criaturas?

Resposta: – Consta, no Evangelho, Jesus ter dito: ***Vós sois Deuses...*** Vez que ***somente entre semelhantes é possível a comunicação,***[1] caberá ao Brasil fornecer literatura espiritualista à sociedade e, exemplificando na vivência, ensinar como proceder para a libertação das consciências a fim de que adquiram visão panorâmica do Infinito e, assim, possa ter convicção de sua universalidade, embora temporariamente exercitando a sua alfabetização celestial na Terra.

O ser humano concebendo que também contém a essência do Cristo compreenderá o porquê de a existência de Jesus ter sido a manifestação do Amor incondicional. Tal concepção proporciona a motivação íntima necessária para, através do exemplo do Nazareno Mestre, realizar o que for de sua competência e capacidade, seguindo os ensinamentos que Ele deixou.

É papel do Brasil esclarecer a sociedade a respeito de Aquário ser a Era do Espírito para que cada individualidade trabalhe no sentido divino de despertar a sua Força Superior, dar novas diretivas à sua vida pessoal e contribuir com a libertação dos seus semelhantes.

A atual evolução dos espíritos mais lúcidos que, por mérito, continuarão na Terra lhes permite que exerçam a função de auxiliar na libertação daqueles que têm pouca mobilidade na condução da vida no ambiente terrestre para que se empenhem em adquirir condições para volitar[2] nos planos celestes.

---

[1] Segundo Pietro Ubaldi no livro Princípios de Uma Nova Ética, 2ª edição, da FUNDAPU em 1983.

[2] No espiritismo, volição ou voltação é a capacidade que tem um espírito, sob certas condições e de acordo com o seu grau evolutivo, de poder transportar-se. Fonte: Wikipédia

❁ ❁ ❁

> Os que não sentiram o Pai em si mesmos não vos poderão transmitir a experiência que não viveram.[3] (Ramatís.)

É tarefa do Brasil:

— Ensinar os povos de todas as raças e etnias a identificar o amor como a Essência do Cristo em si. Eles compreenderão que cada manifestação de amor é um ato sagrado de cientificismo cósmico, o que os leva a vibrar, pela motivação íntima, em uma frequência acima dos planos sensoriais...
— Conscientizar o espírito encarnado de que ele é Deus-criatura. Logicamente, quanto mais se autoconhecer, mais reconhecerá Deus em si, em tudo e no Todo...
— Preparar o espírito terráqueo para que se sinta um ser cósmico estagiando na Terra e que seja capaz de se desvincular emocionalmente do passado e viver plenamente o presente, obedecendo ao seu nível evolutivo com a certeza de que o futuro é exatamente a continuação do agora.

Quando motivado a identificar em si a essência do Cristo Eterno, o espírito corporificado se deterá em vivenciar, emotiva e esplendorosamente, o presente, passando a considerar o pretérito e o futuro apenas como referenciais intrínsecos ao plano da relativa e passageira existencialidade. Em tal estado d´alma, sentir-se-á impulsionado a transcender ao tempo e ao espaço, almejando alcançar a plenitude do amor em que *o espaço é reduzido a um ponto, e o tempo a um instante.*

Pergunta 24: - Quais os aspectos da vida que podem ser melhorados a partir do momento em que o ser humano identifique em si a essência do Cristo?

Resposta: – Por ser a Essência do Cristo intrínseca ao homem-espécie, identificá-Lo como parte de si é dadivoso e magnificamente estimulador. Ele reconhece ser portador do Cristo Interno — uma Fagulha do Cristo Criador terráqueo —, o que acelera a sua **Chama Crística** e torna a sua esfera áurica progressivamente mais ampla e luminosa. Dado que Cristo é sinônimo de amor universal, com a elevação da sua frequência, ele,

[3] Ramatís, no livro *A Vida no Planeta Marte e os Discos Voadores*, psicografia de Hercílio Maes, **EDITORA DO CONHECIMENTO**.

o ser humano, entrará em contato consciente com o Alimento Sagrado e Inesgotável da vida planetária — o Cristo.

Nesse estado vibracional é possível identificarmos a individualidade de Jesus em ondas de amor, embebido na essencialidade do Cristo Criador da Terra, ao plasmarmos a Sua angelical figura conhecida do momento em que estivera no plano da existencialidade há 2.000 anos.

Quem é consciente da Essência do Cristo em si:

— Consegue regurgitar a Essência de Deus existente em seu íntimo de maneira magnificamente luminescente e se sentir um cidadão cósmico laborando na Obra do Cristo Terráqueo, unindo divinamente os homens aos homens, e o homem ao Criador dos homens — **Deus**...

— Sabedor de que é portador da Centelha de Deus, cria expectativas renovadoras e se projeta em direção ao eternamente novo viajando mentalmente pelo Espaço Sideral. Embora com os pés apoiados sobre a Terra, viaja pelo Cosmo com as asas da imaginação, entregue à beleza da paradisíaca Criação do Universo de Deus...

— Nesse estado vibracional, por reconhecer *que é Deus-criatura...*, *que é luz...*, não aceita se resignar à ignorância, razão pela qual se torna operante e colaborador na elucidação dos seus semelhantes, ensinando-lhes a viver a plenitude do amor, cada qual no seu nível evolutivo. O importante é cada criatura colocar o seu *talento* integralmente a serviço da Vida.

Aceitemos a sagrada tarefa de descobrir a Essência do Cristo em nós, a fim de colocarmos em prática os Seus ensinamentos trazidos à Terra pelo Nazareno Mestre. Dessa forma, estaremos em condições de declamar Poemas de Amor ao Criador do Universo... Poemas de gratidão ao Cristo por nomear Jesus nosso Modelo e Guia. Por assim ser, não devemos *aceitar a humilhante declaração de incompetência*, considerando que, sintonizados com o Cristo-Pai, somos capazes de realizar maravilhas, conforme sinalizou o Sublime Anjo Jesus de Nazaré. Em assim sendo, entremos em sintonia com o Cristo e façamos o que Jesus recomendou:

> *As coisas que Eu faço, não sou eu que as faço, mas o Pai que está em mim...* E mais ainda: *As coisas que eu faço, vós podereis fazer tanto quanto Eu ou mais ainda...*

Embora ainda seja comum à maioria da sociedade planetária a concepção de que o Cristo e Jesus sejam uma só consciência espiritual, certo é que Cristo — o criador da Terra — é um espírito **Arcangélico**, enquanto que Jesus é um ser **Angélico** — Instrutor Espiritual da humanidade terrena.

Pergunta 25: - O que facultou a Jesus ter aquela existência tão primorosa quando até mesmo as forças da natureza Lhe prestavam obediência?

Resposta: – A obtenção do **conhecimento** libertador conduz o ser humano a criar novos hábitos que servem para redirecionar seus passos e se graduar à **sabedoria**, visando despertar da latência a **vontade** realizadora. Em síntese, aí estão a Onisciência (**conhecimento**), a Onipresença (**sabedoria**) e a Onipotência (**vontade**) de Deus no homem.

Milhões de pessoas são portadoras de excelentes conhecimentos, mas, por não os vivenciar, não os transformam em sabedoria, mantendo o cérebro "cheio" de informações e o coração "vazio" de emoções superiores.

O Nazareno Mestre, portador do conhecimento universalista, vivenciava o que ensinava, razão pela qual tinha o Universo conspirando positivamente a favor da **Sua Vontade**. Então, bastava que Ele desse ordem verbal ou mental, e a natureza logo **O** atendia.

Pergunta 26: - O que devemos entender quando as literaturas espiritualistas salientam que fomos criados, em essência, à imagem e semelhança de Deus?

Resposta: – A assertiva é inquestionável, mas a literatura, por si só, mesmo sendo esclarecedora e libertadora da insipiência, não é capaz de transformar espírito *simples e ignorante* em anjo, caso ele não faça o que lhe cabe, isto é, aquilo que seja da sua competência, dinamizando o seu mundo íntimo, para melhor reconhecer a Essência de Deus em si.

Os ensinamentos literários servem para aguçar a essência espiritual, a Fagulha de Deus existente em cada um de nós, ficando por nossa conta o despertar das virtudes latentes, uma vez que Deus é Onisciente, Onipresente e Onipotente em todos os seres da Criação.

Assim, o conhecimento é excelente para regurgitar[4] do *inconsciente* e trazer ao *consciente* o Cristo Interno do ser humano... Também é magnífico para levar o indivíduo a se perceber diante da Onipresença de Deus em si, mas ele enquanto **estático** não terá condições para **despertar virtudes da sua latência**, a ponto de, mesmo no plano terrestre, se tornar **extático,** extasiado, ao contemplar as belezas celestes.

Surge, assim, a necessidade de transformar os conhecimentos intelectuais em vivência para que se tornem patrimônio eterno do espírito imortal, tendo sempre em mente que a Essência da Vida é Criação de Deus e a existência é criação humana.

❁ ❁ ❁

Adventos Crísticos

Sabemos que os Espíritos Superiores, mesmo portadores do livre-arbítrio, por reconhecerem a Perfeição de Deus, preferem seguir a Sua vontade... Seguir o fluxo da correnteza da vida com visão universalista. Como têm por meta eterna alcançar mais verdade, mais luz e mais Deus, as suas aspirações são futuristas, proporcionando o seu desvínculo emocional das partes existenciais e o vínculo progressivo e eterno ao Todo Essencial.

Maria, a Santíssima Mãe da Humanidade, é a ***Patronesse*** dos **Adventos Crísticos**. Entre tantas tarefas sob a Sua batuta, investe de maneira primorosa para que o ser humano desperte o seu Cristo Interno e dê sentido sagrado à vida, evitando, assim, as reencarnações compulsórias para "queimar carma". Também está a cargo Dela, conforme falamos, **alocar** os espíritos que deixarão a Terra e que irão para o "planeta higienizador", aquele que cruzará os céus terrenos brevemente, onde tais espíritos continuarão o Curso de Evangelização. A equipe liderada pela Irmã Celina, Emissária de Nossa Senhora, é quem representa mais diretamente Maria na árdua tarefa de **alocar** os espíritos que serão exilados da Terra.[5]

---

[4] No texto tem o sentido de "mexer" e "remexer" para aflorar ao consciente.

[5] Desde 1951, quem desencarnou ou os que desencarnarão sem qualidade para continuar reencarnando na Terra, estão sendo alocados para "viajar" no "planeta higienizador", pois perderam a derradeira oportunidade reencarnatória na Terra, pelos menos durante os próximos 6.666 anos terrenos. (Por isso que o número da ***besta apocalíptica*** é 6666.)

Por ser Deus a Perfeição Absoluta, a Perfeição em Si, quem já adquiriu a ***sacralidade dos três sentidos do consentimento divino***[6] considera a conduta humana normal em todas as situações, mesmo naquelas em que gera carma negativo, pois sabe que ***toda ação gera reação*** e que as consequências são inevitáveis e intransferíveis. Por assim ser, quando, na fase evolutiva, o espírito oscila entre o erro e o acerto, e não encontra em seu próprio íntimo força-energia para se libertar desse ciclo vicioso, nada estará perdido, tal é a Perfeição da Lei de Deus. Na verdade, na fase em que estiver gerando carma negativo estará criando sólidos alicerces para, no porvir, se tornar uma rocha moral, considerando que, na Criação, ***nada se perde, pois tudo se transforma.*** Percebe-se, então, a razão de Jesus ter solicitado para não julgar, vez que é da Lei que... ***Cada qual julga como quer, mas no modo como julga revela a própria personalidade***. (Pietro Ubaldi.)

Ao seguirem as premissas cósmicas, tendo em vista que Deus é equânime, os **Adventos Crísticos** propõem a renovação do Cristianismo, levando o ser humano a se dedicar ao seu autopolimento ético-moral, tendo como sublime e sagrado objetivo sentir o Cristo-Amor.

Maria, fazendo uso dos seus infalíveis dons de meiguice e ternura e com as emanações crísticas do *Seu Sagrado Coração*, faz jorrar sobre toda a humanidade os eflúvios do Seu Incondicional Amor, embora saiba que nem todos os humanos sejam portadores das evoluções espiritual e biológica compatíveis para recepcionar o amor no nível da Sua angelitude.

[6] *Ver, ouvir e falar.*

Capítulo 5
A sublimidade da vida

Pergunta 27: - No geral, a pessoa começa a sublimar a vida a partir de que estágio evolutivo?

Resposta: – O espírito, quando graduado ao nível de conceber que não existe Deus sem Vida nem Vida sem Deus, vê nos universos existencial e essencial a presença do Autor da Vida — **Deus** —, o que o leva a praticar atos e adotar ações superiores, assim como a ter atitudes que demonstram se tratar de um ser dignamente evangelizado.

Quando encarnado, esse ser humano que almeja sublimar a vida deve:

> — Apoiar-se na essência do Evangelho do Nazareno Mestre na condição de síntese de todas as verdades. Em seguida, orar e pedir inspiração aos espíritos superiores visando alcançar a mensagem evangélica contida além da letra bíblica...
> — Libertar-se de conceitos necrosados pelo tempo, os quais bloqueiam a alma, impedindo-a de perceber o eterno transformismo e conceber o eterno *vir a ser*, tendo a certeza de que não existem verdades absolutas no plano da relatividade...
> — Comungar com a imortalidade e a eternidade, quando, após cada investimento, nas estações de chegada evolutiva, as quais representam apenas pontos de apoio emocional, deve refletir, respirar profundamente e orar pedindo aos Céus nova cota de energia para novo impulso rumo ao Infinito... Rumo à eterna evolução. Com tal graduação, esse espírito nunca se dará por satisfeito com as suas aquisições, todas relativas, pois sabe que o ponto final das trajetórias evolutivas é Deus. Dessa maneira, elimina do pensamento a fantasiosa e infantil concepção de querer ir viver no paraíso absoluto em meio aos anjos preguiço-

sos, tendo em vista que evolução é "sinônimo" de trabalho, isto é, quanto mais se evolui, mais se trabalha na Obra do Criador.

Percebe-se que os **Adventos Crísticos**, como proposta para renovar o Cristianismo, solicitam de todos nós uma abertura para o novo, para o eterno, visto que o conservadorismo teológico perdeu a sua razão de ser na Era do despertar consciente do Cristo Interno do ser humano.

Por ser da Lei de Deus que tudo tende à renovação, o Universo criado no qual estamos inseridos segue o princípio da contínua transformação. Daí a necessidade de maior esforço para despertarmos com mais nitidez o nosso Deus Interior e sentirmos, mais intensamente, o Cristo-Pai na Sua divina condição universalista.

O convite adventista para renovar o Cristianismo, por estar direcionado aos espiritualmente adultos, já que terminou o tempo em que se cultuava a teologia para os espíritos infantes, concluímos, então, que **a sublimidade da vida** ocorre na mesma frequência com que encontramos Deus em nosso universo íntimo, considerando que já estamos em Aquário... Era da Força Superior da alma... Era dos espíritos adultos, fortes e capazes.

À criança, dá-se leite... Ao adulto, alimento sólido.[1]

Pergunta 28: - Em termos energéticos, o Brasil tem condições para, ensinando e exemplificando, levar a sociedade a aspirar as aquisições morais da vida e, assim, implantar a paz no mundo, conforme proposto pelos **Adventos Crísticos***?*

Resposta: – O espírito terreno, por estar em fase de transição planetária, deve dilatar a sua visão extrafísica e ampliar a sua audição mental para que tenha condições reais de se projetar para além do agora, considerando que o período **tempestuoso** que antecede a **bonança** causa grandes desarmonias aos espíritos menos experientes de Deus, embora seja um processo natural no Universo do Criador.

Cabe ao povo brasileiro:

— Realizar o que lhe compete na condição de encarnado e confiar na ajuda das Potestades Celestiais, convicto de que a implantação dos **Adventos Crísticos**, por obedecer a um Plane-

[1] Segundo Paulo de Tarso.

jamento Sideral voltado para a Terra, conta com milhões de espíritos superiores permanentemente reunidos com Jesus, dando cobertura àqueles empenhados na sacra tarefa de vivenciar e divulgar o Cristianismo Renovado...

— Trabalhar para assumir a maioridade espiritual exigida pela Lei da Evolução, substituindo a fé teológica das conveniências humanas pela **FÉ** no seu sentido real de fidelidade às Leis de Deus...

— Ser autêntico e estar verdadeiramente empenhado em conhecer as leis universais para nunca se envaidecer com a diminuta área do seu domínio, mesmo sabendo que o ponto final do curso da evolução é **DEUS**.

O Brasil, tão somente como torrão pátrio de um povo, não tem condições para pela **razão** *levar a sociedade a dar sentido sagrado à vida,* visto que a maior força-energia advém do **coração**. Assim, o povo brasileiro deve se esmerar em despertar o seu Cristo Interno para ter a possibilidade de, usando a mais potente Essência da Criação Divina latente em si — o AMOR —, envolver fraternalmente a humanidade e convidá-la a aspirar que atinja a frequência do Cristo-Amor, provocando o regurgitar dos Atributos Divinos latentes em seu íntimo para, fraternalmente, celebrar a vida com os seus semelhantes.

Pergunta 29: - Vez que o espírito terreno adorou o Deus externo a ele sem se deter no seu Deus interno, toda a humanidade passará, então, a adorar Jesus de Nazaré, o mais perfeito representante de Deus na Terra, e conseguirá, assim, dar sentido sagrado à vida?

Resposta: – Mesmo reconhecendo o valor sagrado da pessoa portadora de intenções nobres, por mais angelical que seja a figura humana de Jesus plasmada por ela para a sua **adoração**, se lhe faltar o aspecto cósmico do sublime Anjo — o Nazareno Mestre —, essa pessoa estará reduzindo a luz de um **Sol** à condição de um vagalume. É momento de substituirmos a adoração pela ação dinâmica e consequente, considerando que apenas a adoração poderá levar a criatura à estagnação.

Reflitamos:

— Em sendo Deus a Perfeição Absoluta e divina a nossa origem, somos portadores da Onisciência, Onipresença e da Onipotência do Artífice da Vida. Logicamente, para darmos sentido sagrado à vida é preciso que conheçamos a Legislação Divina elaborada pela Mente Suprema. Assim, encontraremos a razão da vida universal, mesmo estando corporificados em mundos materiais...

— Para o ser humano sacralizar a vida é necessário perceber que, **em essência**, ele *foi criado à imagem e semelhança do Criador da vida* e adquirir consciência de que o *reino de Deus está latente nele...*

— Vez que somos Fagulhas da Suprema Consciência, a nossa pulsação individual é um fragmento da pulsação universal — a do Criador. Em assim sendo, abramos nossos braços e abracemos a Vida e o Autor da Vida — **Deus** — e, assim, estaremos abraçando a nós mesmos.

Se toda a humanidade passar a adorar o Nazareno Mestre sem vivenciar os Seus libertadores ensinamentos, não conseguirá dar um cunho sagrado à vida, porque a adoração no sentido religioso é um ato externo ao adorador e, sem a vivência, não há salvação.

Mesmo sendo Jesus uma referência angelical, o homem-espécie para dar sentido crístico à vida deve ser dotado de experiência, conforme exige a Lei de Deus... Exige também que ele, na condição de Centelha do Supremo Artífice da Vida, vivencie a sua experiência divina, principalmente enquanto estiver encapsulado em um corpo biológico e prove a Céu aberto que as poderosas forças instintivas do animal que fora estão sob o seu plácido e harmônico controle.

Pergunta 30: - Em linhas gerais, de que maneira o Brasil conduzirá o ser humano a aceitar a sublimidade da vida e se tornar um impulsionador do crescimento moral da sociedade?

Resposta: – É parte da Legislação Divina que o espírito quando encarnado para se expressar na sua integral condição evolutiva, ou seja, para ser fiel ao seu *talento*, precisará ter corpo geneticamente compatível à sua evolução, considerando que, se a **biologia** for inferior, não obterá o mesmo sucesso. Consequentemente, a Lei da Evolução exige que os espíritos de evolução primária representando o **joio** sejam transferidos para outros redutos do Cosmo, a fim de que as lições de libertação íntima que o Brasil lecionará para os alunos de nível secundário possam ser assimiladas por aqueles que representam o **trigo**.

Ao refletirmos a respeito do nível evolutivo que deve ter o ser almado para sublimar a vida, observemos que:

> — A premissa universal de que o espírito é criado ***simples e ignorante*** para, através das sucessivas reencarnações, evoluir e adquirir a sua cidadania universal demonstra que, enquanto for portador de biologia em que o perfil animal é predominante, não terá a devida graduação evolutiva para na condição de ***Filho Pródigo*** começar a sua ***Reversão***, ou seja, o seu **retorno** consciente a Deus... O seu ***religare***...
>
> — O ***Filho Pródigo***, por ter adquirido novos ensinamentos ao "sair da Casa do Pai-Criador" para adquirir experiências, no percurso do seu retorno ao Deus-Pai, isto é, na sua ***Reversão*** "perderá", gradualmente, a individualidade egoica[2] e se integrará à coletividade, ampliando a sua consciência... Já não se dará por satisfeito se não estiver envolvido com as necessidades espirituais e sociais do conjunto em que estiver atuando...
>
> — Na mesma proporção em que diminuir a pujança da biologia egoística do espírito de pouca evolução, surgirá nele condição coletivista do altruísmo. São impulsos ascensionais que, por serem naturais, não dependem da racionalidade.

Logicamente que não é suficiente, tão somente pelas vias intelectivas, alguém querer conduzir os seus semelhantes para que concebam a sublimidade da vida, a ponto de se tornar um impulsionador do crescimento moral da sociedade, se a sua alma não estiver em um corpo biológico em condições para tal empreendimento.

É Constante Universal o espírito abrir mão do seu individualismo para se integrar às grandes unidades coletivas. Assim, o Brasil precisará utilizar a diplomacia evangélica para sem conflitos atingir as massas e induzi-las ao crescimento moral.

Pergunta 31: - Mesmo a sociedade terrena sendo heterogênea, vez que nela existem "pecadores", santos, espíritos evoluídos, iluminados, luminosos, ascensionados e outros, é possível perceber aqueles que já estão mais harmonizados com as Leis da Vida e em condições para meritoriamente continuarem reencarnando na Terra?

[2] Ressaltemos que não se trata de perda da consciência individual.

Resposta: – É pessoal e intransferível a aquisição de valores que libertam o espírito imortal e eterno das reencarnações compulsórias, aquelas que servem para reparar os delitos praticados em vidas pretéritas.

As pessoas mais harmonizadas com as Leis da Criação:

— São identificadas por suas ações e reações no cotidiano da vida, tendo em vista que os discursos podem ser circunstanciais ou por conveniência... São pessoas que, por processo natural, dos seus corações fluem a seiva da vida — o Amor...

— Emanam jatos de luzes policromáticas que esterilizam os ambientes, purificam as auras dos seus semelhantes que estiverem na sua esfera áurica, e todos, ainda que não percebam objetivamente, desfrutam desse maná celeste, mesmo estando no plano terrestre, uma vez que com o amor nas ações surge, no íntimo da criatura evangelizada onde estiver atuando, a luz dos ideais superiores iluminando a sua vida mental e a sua trajetória existencial...

— Assim, o espírito encarnado, quando de estirpe superior, não é facilmente identificado pelos seres humanos de pouca evolução moral... Por aqueles sem acuidade para visualizarem o que existe além da forma material.

Evidentemente que existem infinitas maneiras para se perceber a graduação moral dos espíritos encarnados quando plenificados.

Vejamos:

— Com a expressão do olhar acompanhado pelo sorriso da simpatia inata... Pelo semblante emitindo ondas rosadas e com agradável brilho no rosto e nos olhos... Quando portadores de musicalidade da voz, em especial nas reações... A notória e transparente transfiguração com emanações de paz, de ternura, de benevolência, mansuetude, harmonia íntima e tantas outras formas para identificar uma criatura mais integrada ao Criador...

— Quando a pessoa é segura da Onipotência de Deus em si, do seu íntimo emanam, naturalmente, emoções de sublime teor e ela consegue refletir as luzes provindas dos anjos que habitam os planos edênicos... Trata-se de seres humanos mais equilibrados diante das leis da vida...

— O indivíduo, integrado à pulsação da Vida de amplitude cósmica, é portador da paz interior e da fraternidade universalista. Em qualquer lugar em que estiver, os seus semelhantes receberão vibrações bem harmoniosas concatenadas com a sutileza que move a maviosidade melódica das finas notas emitidas pelas harpas eternas do seu coração.

Assim, quem vivencia de maneira natural a sublimidade da mensagem do Nazareno Mestre, transporta na voz a vibração do acalanto na frequência das harmonias celestiais. São pessoas que transformam os desertos das almas terrestres em oásis de venturas celestes. A sua presença em qualquer lugar sacraliza os campos energéticos, ensejando que todos se sintam em ambiente cósmico, mesmo estando com os pés sobre a terra.

❃ ❃ ❃

Adventos Crísticos

O atual Advento tem o **S** pluralizador, indicando que os **Adventos Crísticos** englobam toda a humanidade.

Vez que a sede da renovação cristã é no Brasil, podemos deduzir o incessante trabalho do anjo **Ismael**, Mentor Espiritual da nação brasileira, em sagrado conluio com todos os Mentores das demais nações do planeta, elaborando a maneira mais evangélica e estratégica para a conscientização dos povos quanto ao momento em que a história da humanidade terrena solicita a ***união sem fusão***, de forma que todos tenham como finalidade suprema da existência a busca consciente dos ***tesouros celestes***.

Para isso é aguardado que:

— Todos almejem sentir o Cristo, tendo como Modelo e Guia o Nazareno Mestre — Instrutor Espiritual da Humanidade Terrena —, evidentemente sem a perda da individualidade, considerando, no entanto, os múltiplos graus de evolução espiritual e genética para a assimilação da mesma verdade e respeitando também as diferenças causadas pelos idiomas, pelas etnias e crenças religiosas de todos os povos.

— O conjunto da sociedade planetária seja enquadrado na fenomenologia universal, observando a natureza íntima das individualidades e considerando que na maioria dos seres humanos terrenos predomina a ancestralidade animal, o que dificulta a assimilação dos ensinamentos que estiverem além da forma material, com a agravante de o peso específico do perispírito, caso esteja sobrecarregado de toxinas de variadas procedências, poder ser elevadíssimo. Dessa forma estaremos evitando os conflitos entre os diferentes.

— O homem-espécie não alimente a esperança de, ao desencarnar, "ir para o Céu" enquanto estiver chumbado a terra, atrelado às suas aspirações inerentes ao plano transitório. Ele pode ter o cérebro abarrotado de informações, mas, se estiver com o coração vazio de nobres sentimentos, permanecerá preso ao plano da sua realidade energética. Assim, o ser humano, por maior que seja o seu poder tão somente externo, não estará qualificado a adentrar os pórticos celestiais, tendo como consequência as avassaladoras decepções *post mortem* (depois da morte).

Ao atentarmos para as Constantes Universais, podemos concluir que os grandes conflitos da humanidade são gerados em razão da condição biológica, conduzindo o ser humano a permanecer ignorante quanto ao sentido sagrado da vida, mesmo quando portador de conhecimentos intelectivos abrangentes. Justifica-se, dessa forma, o fato de muitos tão somente intelectualizados não responderem ao Empuxo Divino causado pela magnífica obra do Supremo Arquiteto do Universo. É que quando portadores do conhecimento, mas sem a vivência evangélica, permanecem o que são na realidade biológica da sua ancestralidade e, desse modo, não respondem ao Empuxo dos Planos Luminosos, pois não fazem eco às almas desse naipe, dessa categoria.

Por assim ser, não devem ser "atiradas pérolas aos porcos". Mais à frente na escala da evolução seremos classificados levando em conta, também, a nossa condição biológica, o que nos garantirá a chegada ao outro lado da vida sem as máscaras do disfarce.

O anjo **Ismael**, em luminosa Assembleia com os Instrutores Espirituais dos demais países, todos integrantes das Sagradas Fileiras e amparados pelo Nazareno Mestre — o Arauto da Divindade a serviço do Cristo Terráqueo —, trabalha incessantemente e em uníssono consenso, conforme falamos, elaborando a maneira mais sagrada e segura para clarificar os povos de que é preciso despertar das suas latências os seus Cristos Internos, visto que os *novos tempos já chegaram* e estamos vivendo um momento de transição planetária.

Para a espiritualidade superior implantar os **Adventos Crísticos** é preciso que os espíritos, encarnados e desencarnados, deem antes uma especial atenção ao polimento das suas aspirações na condição de seres em fase de evolução, vez que a energia-força da ancestralidade ainda é predominante no conjunto planetário. É importante ressaltar que não é suficiente perder a pujança da brutalidade animal manifestada através do corpo biológico, substituindo-a pela astúcia... Diante da Lei da Evolução o espírito não se graduará à **santificação** na carne antes da sua **humanização**. Sem elucubrações vazias de logicidade, surge na alma a inquestionável necessidade de se evangelizar caso aspire uma vaga no Céu. Igualmente, apenas substituir o tacape pelas sofisticadas armas eletrônicas não gradua o espírito para, meritoriamente, ascender.

Em assim sendo, *oremos e vigiemos*, pedindo ao Nazareno Mestre que o anjo **Ismael**, junto com os representantes das demais nações, seja amparado pelos Céus nessa divinal tarefa de conscientização dos povos sobre este momento especial de *separação* do **Joio** do **Trigo**.

❁ ❁ ❁

Prece do Anjo Ismael

Glória a Deus nas alturas, paz aos homens na Terra!...
Jesus, bom e amado Mestre, sustenta os teus humildes irmãos pecadores nas lutas deste mundo.
Anjo bendito do Senhor!...
Abre para nós as tuas brancas asas e abriga-nos do mal... Levanta os nossos espíritos à Majestade do teu reino e infunde em todos os nossos sentidos a luz do teu imenso amor.
Jesus, pela tua sagrada paixão... Pelos teus martírios na Cruz, dá a esses que se acham ligados ao pesado fardo da matéria orientação perfeita do caminho e da virtude, o único pelo qual podemos te encontrar.
Jesus, paz a eles, misericórdia aos nossos inimigos e receba em teu seio bendito a prece dos últimos dos teus servos.
Bendita Estrela!...
Farol das imortais falanges!...
Purifica-nos com teus raios divinos; lava-nos de todas as culpas, atrai-nos para junto do teu seio, san-

tuário bendito de todos os amores.

Se o mundo com seus erros, paixões e ódios alastra o caminho de espinhos, escurecendo o nosso horizonte com as trevas do pecado, rebrilha mais com Tua misericórdia para que seguros e apoiados no Teu Evangelho possamos trilhar e vencer as escabrosidades do caminho e chegarmos às moradas do teu reino.

Amiga Estrela!...

Farol dos pecadores e dos justos!...

Abre Teu seio divino e receba a nossa súplica pelo nosso Brasil e pela humanidade inteira.

Que Assim Seja!

Capítulo 6

A expansão da consciência

Pergunta 32: - Quais os meios que o Brasil utilizará para expandir a consciência do espírito encarnado nesta fase de transição planetária?

Resposta: – Não será tão somente o Brasil como nação e tampouco os seus habitantes que produzirão o despertar das forças latentes no homem-espécie. As principais causas serão os fenômenos da Natureza que ocorrerão em todo o planeta.

Sinalizemos alguns:

> — As consequências durante e após a verticalização do eixo da Terra em relação ao Sol, causando deslocamentos das águas dos cinco oceanos, a ponto de se fundirem e o planeta ficar com apenas três oceanos e três continentes... As imensas crateras em virtude do afundamento de terras em várias partes do mundo... O gigantesco impacto que a humanidade sofrerá e que provocará a aproximação fraterna entre os homens tomados pelo desespero na sua abrangente conotação[1] e pelas necessidades generalizadas. Assim, diante de tais fenômenos naturais, a dor desempenhará papel sagrado para expandir a consciência do ser humano. Ressaltemos que em tudo na Criação há o positivo e o negativo. Aproveitemos, então, esses momentos difíceis e vamos dar sentido sagrado à vida...
>
> — As imprevisíveis[2] consequências em razão da movimentação natural das placas tectônicas gerando desequilíbrio nas linhas de força de sustentação da massa planetária. Não há como prever os transtornos que advirão de tal evento, mas é certo

[1] Conotação é o sentido que se dá a uma palavra ou expressão a partir de seu contexto. É a linguagem figurada, um estilo de falar ou escrever muito explorado poeticamente e também informalmente. Fonte: Wikipédia.

[2] Para nós, espíritos ainda sem visão panorâmica para vislumbrarmos com fidelidade a totalidade dos danosos efeitos.

que a acomodação da massa terrena e das águas precisará de muitos anos para a consolidação, o que também ajudará na reformulação de valores, levando os humanos a se irmanarem para enfrentar as dificuldades e, assim, dar novo sentido à vida da humanidade... É o sagrado papel da dor...

— É Constante Universal a desintegração[3] natural dos corpos celestes se processar do núcleo para a periferia. No caso da Terra, ao perder massa pela progressiva desintegração atômica, a sua esfera oca já está enorme, capaz de abrigar uma **Civilização Humana** por nome **Argos**.[4] Com o aumento dessa parte oca, a camada do magma[5] também sofrerá grandes efeitos com a saída dos gases se propagando, naturalmente, de "dentro para fora", causando explosões vulcânicas e outros fenômenos com seus consequentes danos.

Podemos deduzir, então, que muitas partes do Globo sofrerão afundamentos, não só pela desintegração atômica natural, como também pelo desequilíbrio causado pela mão humana. No entanto, os mecanismos intrínsecos à Lei da Evolução da massa planetária terráquea, advindo a sua decomposição, por serem **fenômenos naturais**, obedecem à sua idade sideral. Não dependem, portanto, nesse particular, da participação do ser humano, o que o deixa tranquilo para não abraçar o sentimento de culpa. No entanto, ao homem-espécie cabe-lhe orar e pedir força-energia ao Criador para suportar o momento impactante, pois apocalíptico, pelo qual a Terra está passando e que se intensificará de maneira expressiva e progressiva.

Com as hecatombes que o mundo conviverá, as dores, as aflições e os sofrimentos funcionarão como força motriz a alavancar o humano ser no despertar da sua Força Superior, do seu Cristo Interno, do seu Deus Interior, e nunca como um castigo divino. Em assim sendo, vejamos nos acontecimentos naturais uma forma pedagogicamente elaborada pelos Criadores de Mundo para fortalecer e aperfeiçoar a alma humana.

[3] Logicamente, a massa da Terra não é de 6.10^{24} kg, conforme afirma a ciência oficial, tendo em vista a sua desintegração natural. Como consequência, a gravidade da Terra não é de $10m/s^2$, levando em conta que a sua massa é, progressivamente, menor do que o previsto.

[4] Assunto detalhado nos livros *O Fim dos Tempos e os Discos Voadores* e *A Predestinação Espiritual do Brasil*, do mesmo autor. EDITORA DO CONHECIMENTO.

[5] Os magmas acumulam-se em geral dentro de câmaras magmáticas situadas entre os 15 e os 150 km de profundidade, com temperaturas que variam entre 650 e 1200 °C, mas podendo atingir 1560 °C. Fonte: Wikipédia.

Os ajustes das massas planetárias são Constantes Universais e evidentemente obedecem à Legislação Divina. Nesse caso, é papel do Brasil esclarecer a sociedade a respeito de tais fenômenos, preparando emocionalmente o espírito terreno para que tenha em mente que as **dores** são uma parte inconteste da Pedagogia Sideral a fim de a criatura descobrir que está ligada ao Criador, enquanto que as **aflições** e os **sofrimentos** dependem do grau de compreensão das individualidades no que diz respeito à Legislação do Supremo Legislador.

Pela logicidade da Lei de Deus, os períodos de Juízo Final são necessários para separar as almas *fracas e incapazes daquelas fortes e capazes,* devendo ser as *fracas e incapazes* amparadas e conduzidas a mundos compatíveis com as suas aspirações e seu nível de evolução. Isso porque, segundo as Sagradas Fileiras, *somente aos fortes e capazes Deus confia a direção dos homens; aos fracos e incapazes Ele compreende e ampara.*

Valorizemos as nossas próximas experiências, mesmo as dolorosas, dado que tão somente os conhecimentos intelectivos necessariamente não libertam as almas para os seus voos pelo espaço sideral. A dor é combustível-energia que impulsiona o ser humano, principalmente quando de pouca evolução, para conquistar o eternamente novo.

Pergunta 33: - O Brasil orientará a sociedade por meio da literatura espiritualista ou pelos acordos diplomáticos?

Resposta: – A partir do momento em que, por evolução espiritual, a criatura compreende ser parte intrínseca do Criador, as suas progressivas e eternas aspirações passam a visar à aquisição de condições morais superiores para sentir a pulsação do Cristo, seguindo a evangélica mensagem do Nazareno Mestre, tendo a certeza de que a essência do Evangelho é a síntese das Leis de Deus... É a síntese de todas as Verdades.

Reflitamos:

— Evidentemente que a literatura espiritualista, esclarecedora e libertadora de consciências, será um ponto alto e relevante para cientificar os povos sobre o sentido sagrado das reencarnações e também para ensinar os mecanismos da Lei de Ação e Reação, embora tal ensinamento já aconteça em grande escala, vez que o Brasil é o maior exportador de conhecimentos que tratam da vida depois da vida biológica. Mas não podemos ignorar que a melhor orientação virá do exemplo de fraternidade, solidariedade e compreensão que os brasileiros deverão vivenciar durante a transição planetária e, assim, continuará enquanto a Terra estiver percorrendo Aquário para depois se consolidar na alma como patrimônio eterno, naturalmente sem oscilações...

— O espírito encarnado, ao conhecer a Lei de Causa e Efeito, passa a almejar ensinamentos que agucem os seus ***divinos sentidos*** para exercitar a misericórdia do ***ver, ouvir e falar***, e adquirir a convicção de que ninguém consegue adentrar os pórticos celestiais sem a vivência luminosa da misericórdia...

— Segundo Ramatís, a sociedade brasileira, atualmente formada por boa parcela dos espíritos fraternos trazidos de todas as nações para reencarnarem no ***Brasil***, tem reais condições para orientar a sociedade do conjunto planetário, atendendo à sua predestinação espiritual de se tornar o ***Coração do Mundo, Pátria do Evangelho***, conforme orientação psicografada pelo inquestionável médium Chico Xavier.

É de bom senso ressaltar que a capacidade de sentir Deus, por se tratar de experiência íntima e individual, não pode ser padronizada, cabendo a cada humano demonstrar, à luz do dia, a sua intimidade com a Divindade Suprema em razão de sua vivência, que deve ser, naturalmente, alegre, entusiasta e motivada com todo o fervor.

> Os que não sentiram o Pai em si mesmos não vos poderão transmitir a experiência que não viveram.[6] (Ramatís.)

Pergunta 34: - É possível exemplificar alguns benefícios dos quais o espírito encarnado usufruirá com a expansão da sua consciência?

Resposta: – Tudo dependerá do grau evolutivo que cada indivíduo já tenha despertado do seu Eu Crístico.

Com a expansão da consciência:

— O homem-espécie, progressivamente, passa a "ouvir" a voz sem som do Imponderável, sendo motivado a se desarmar e

[6] Ramatís no livro *A Vida no Planeta Marte e os Discos Voadores*, 14ª edição, psicografia de Hercílio Maes, **EDITORA DO CONHECIMENTO**.

seguir, na condição de um ser cósmico e imortal, o silencioso chamado advindo do recôndito do Universo. Atraído pela voz da **transcendência**, ele não consegue mais se ater às "verdades palpáveis", próprias da transitoriedade do plano da **imanência**...

— Com a consciência cada vez mais ampla, o ser humano se entrega suavemente ao Empuxo Divino para, com as asas da imaginação e mergulhado na apoteótica Luz do Cristo Cósmico, singrar os espaços siderais...

— O ser humano quando um pouco mais evoluído e consciente do seu Deus imanente consegue, mentalmente, penetrar nos universos mais vibráveis, mais ricos de emoções superiores, aquelas em que a alma sente melhor o "imponderável" e se torna mais íntima de Deus — o Artífice da Vida.

É evidente e natural que o indivíduo, na mesma proporção em que dilata a consciência, diminui a sua distância moral de Deus, o que traz como consequência mais benesses. Como é uma Constante Universal, passa a se esforçar para regurgitar mais intensamente Deus do seu inconsciente profundo. Por se tratar de experiência íntima, pessoal e intransferível, não é possível padronizar os benefícios que a expansão da consciência propicia aos humanos.

Pergunta 35: - Indicados e exemplificados pelo Brasil, tendo em vista a sua predestinação espiritual, quais os próximos passos que a sociedade deverá dar visando à ascensão espiritual do conjunto planetário?

Resposta: – Como ponto de apoio mental, para evitarmos devaneios sem base nas Leis da Evolução, é de bom alvitre relembrar que a ascensão só acontece depois que o espírito adquire excelente grau evolutivo, caracterizado pela ***misericórdia do ver, ouvir e falar.***

Visto que antes da misericórdia não há ascensão:

— Será fundamental que o Brasil forneça material didático espiritualista para esclarecer as individualidades humanas, as quais, por processo natural, contagiem positivamente os seus semelhantes mais próximos, surgindo assim a formação das coletividades com possibilidade de ser atingida toda a extensão planetária... Em razão da heterogeneidade da humanidade em termos evolutivo-espirituais, mesmo após a *separação do* **Joio** *do* **Trigo**, não será didático apresentar uma grade curricular única ao universo dos alunos terrenos, considerando que os desníveis evolutivos continuarão, uma vez que a evolução espiritual é lenta e *a Natureza não dá saltos*...

— Também caberá ao Brasil, a princípio, fundamentar as Leis da Evolução de forma clara e objetiva para que a criatura saiba verdadeiramente que sem esforço próprio não haverá ascensão espiritual, porque assim determina a Lei de Deus em todo o Universo...

— É didático que cada ser humano avalie e reavalie as suas aspirações com a convicção de que *o homem é o que ele ama, o que ele pensa e o que ele aspira a ser*, tendo em mente que a última palavra dada em relação ao rumo da ascensão do espírito eterno e imortal pertencerá sempre à **misericórdia**.

É inquestionável que para o brasileiro ensinar lições de libertação íntima aos seus semelhantes do conjunto planetário precisará que seja, sobretudo, professor na exemplificação, a fim de que possa motivar os seus alunos para que percorram com placidez e elegância a árdua e longa trajetória entre a evolução e a ascensão espiritual.

Pergunta 36: - Ainda sobre a expansão da consciência, é possível comentar um pouco mais sobre os seus benefícios em função do espírito encarnado, a ponto de fazê-lo feliz?

Resposta: – Não há como unificar os benefícios, visto que, além dos infindáveis níveis de consciência em função da evolução do espírito, a sua expansão não tem ponto final.

Vamos caracterizar alguns benefícios:

— O Legislador Supremo estatuiu na Lei da Evolução Espiritual que, na mesma proporção que o espírito evolui, ele expande a sua consciência e sente a pulsação da vida eterna no espaço sideral...

— O espírito, ao ultrapassar os planos energéticos daqueles que são apenas evoluídos, inicia a sua ascensão rumo ao Infinito... Rumo à beleza celestial... Rumo à luz da policromia divina... Por dedução lógica, imaginemos como devem ser os planos espirituais pintalgados com as cores da vida e ondeados com finas melodias celestiais... As melodias dos planos cuja luz já não sofre refração...[7] Ambientes sinfônicos em que todos vi-

[7] É um fenômeno óptico que ocorre com a **luz** quando ela muda de meio de propagação, como, por exemplo, ar e água. É importante ficar bem claro que esse acontecimento só ocorre quando o feixe de **luz** se propaga com velocidade diferente nos dois meios. Fonte: Wikipédia.

vem integrados, por ressonância, à frequência que identifica a Vida e o Autor da Vida — **DEUS**.

Ao contemplar o Universo Estelar com trilhões de trilhões de corpos celestes flutuando harmonicamente em um oceano de luzes com as cores da Vida Universal e formando um rosário de Consciências Arcangélicas no espaço sideral, o nosso Cristo Interno, atendendo a atração causada pela beleza do Cosmo, se expande e entra em contato vibracional com bilhões de bilhões de espíritos evoluídos e, também, com os ascensionados que formam cadeias energéticas em contato consciente com o Cristo Planetário da Terra. Nesses estados mentais se identifica a frequência da felicidade plena em um campo de amor incondicional.

Observa-se assim que a Lei Reguladora da Vida em todo o Universo, em sendo uma Constante Universal, estabelece que a conquista da felicidade deva ser apenas por mérito pessoal e intransferível, pois não é possível ninguém se tornar feliz com o esforço de outrem.

❁ ❁ ❁

Adventos Crísticos

No livro **Adventos Crísticos** detalhamos a sagrada tarefa que o Papa Silvestre desempenha como porta-voz dos espíritos integrantes das Sagradas Fileiras com vistas à implantação do Cristianismo Renovado na sociedade planetária terrena.

No Planejamento Sideral voltado para a Terra ficou delineado que Silvestre executaria essa sacra tarefa, não só pelas experiências desenvolvidas no Pilar Religioso através dos milênios, como também por ter sido Papa entre os anos 314-335, tendo em vista que o cerne, o ponto mais importante da Proposta Adventista, é apresentar à humanidade a verdadeira palavra proferida por Jesus, o Nazareno Mestre, guardada e preservada pela Espiritualidade Superior em *A Arca do Desconhecido*, no plano espiritual — arquivo akásico da Terra — e também em "papiros", nos arquivos do Vaticano, no plano físico.

O marco sinalizador da implantação dos **Adventos Crísticos** aconteceu por volta de 1.400 anos a.C., quando o mestre Anfion, na Mesopotâmia, reuniu os seus discípulos à volta de uma fogueira, em uma noite fria, gélida de outono, para reativar as suas memórias objetivas e subjetivas após milênios de rígido aprendizado.

O mestre Anfion naquela oportunidade traçou as estratégias reencarnatórias de seus discípulos, esclarecendo-lhes que nos Céus já anunciara que não só o Instrutor Espiritual da humanidade terrena iria começar o Seu descenso vibratório a fim de reencarnar, como também por experiência própria e por ser da mesma hierarquia de Jesus prenunciou que a "descida" do Sublime Anjo para alcançar o plano material levaria mais de 1.000 anos terrenos.

O Velho Mestre Anfion deu a conhecer também que em função da Sua angelical evolução, fazendo uso da "matemática transcendente", calculou que, quando Ele — **o Sol Divino** — estivesse mais próximo de atingir a vibração da matéria a fim de assumir o comando do Seu corpo biológico, sacratissimamente gerado no luminoso ventre da Sua Santíssima Mãe — **Maria de Nazaré** —, os planetas *Marte*, *Júpiter* e *Saturno* estariam alinhados, fornecendo ao **Sol Divino** — Àquele que recebeu o nome de Jesus — uma cota especial de Energia desses três Cristos criadores desses orbes, evento esse que, com o acasalamento energético das três Consciências Arcangélicas — dos três Cristos Planetários —, refletiu a energia-luz na mente dos três reis magos (Melquior, Baltazar e Gaspar) e que a história registrou o fenômeno que ficou conhecido por Estrela de Belém anunciando a chegada do Menino-Luz[8] ao plano físico.

Embora porta-voz dos integrantes das Sagradas Fileiras, Silvestre coloca nas mensagens uma "crística cota" da sua própria energia com a emoção dos espíritos ascensionados, visando aguçar os nossos divinos sentidos para imprimirmos na nossa alma por esforço e mérito a crística condição do *ver, ouvir e falar* com misericórdia — *as três Perdizes do Consentimento Divino* —, tão bem retratadas nos **Adventos Crísticos**.

---

[8] Segundo Ramatís, no seu livro *O Sublime Peregrino*, 8ª edição, psicografia de Hercílio Maes, **EDITORA DO CONHECIMENTO**.

Capítulo 7
A catarse religiosa rumo à religiosidade

Pergunta 37: - Qual a necessidade de a sociedade fazer uma catarse[1] *religiosa para ter melhores condições de adentrar Aquário de cabeça erguida e exercitar a religiosidade?*

Resposta: – A história das religiões no Planeta Terra foi desastrosa em razão da ignorância da maioria dos encarnados e das interpretações equivocadas das Leis Divinas por bom percentual de astutos que tinham em mente apenas seus escusos interesses. Atualmente, a situação não é diferente, já que podemos observar quantos, mesmo conhecendo a Lei da Reencarnação e a de Causa e Efeito, buscam o enriquecimento comercializando o patrimônio espiritual da humanidade — o Evangelho do Nazareno Mestre.

Outro aspecto que deve ser avaliado pelos religiosos sem religiosidade é a necessidade de substituir o culto aos deuses de pau e pedra pela Essência Suprema do Criador, evidentemente sem forma, considerando a vastíssima literatura espiritualista existente no mundo para libertar as consciências que, em épocas remotas, quando da infância espiritual terrena, foram adoradoras de fetiches.[2]

Em Aquário, quem pretende continuar na Terra, deve empenhar-se para alcançar a frequência mental da religiosidade... Também adquirir conhecimentos compatíveis para frequentar uma Escola Secundária... Deve ainda fazer, o quanto antes,

[1] Significa ***purificação***, ***evacuação*** ou ***purgação***. Fonte: Wikipédia. No texto tem o sentido de desfazer as paisagens e os registros usados pelas religiões dogmáticas, demonstrando a infância espiritual de cada época, cultuando os deuses da miséria, do terror, do horror e da morte.

[2] Objeto a que se atribui poder sobrenatural ou mágico e se presta culto. Fonte: Wikipédia.

uma varredura em sua mente para que os registros malfadados, arquivados no subconsciente e no inconsciente profundo, não inibam as manifestações de suas novas aquisições morais em plena luz do dia... Precisa continuar *orando e vigiando*, considerando que o tempo para se cultuar à Divindade representada pela forma material já expirou.

Com a catarse:

— Substituiremos os registros das épocas em que fizemos penitências, promessas, tentativas de barganha com a Divindade etc. E agora que estamos em melhores condições morais, espirituais, intelectuais e mentais, já sem os panoramas dos cultos aos deuses do temor e do horror, nos dedicaremos à aquisição de novos ensinamentos para que possamos dar sentido divino à nossa ascese[3] espiritual...

— Ficaremos mais leves, flexíveis e muito mais sensíveis para identificarmos na Criação o Criador...

— Ouviremos a Voz silente, silenciosa, do suavíssimo Anjo Planetário — Jesus de Nazaré — falando à acústica de nossa alma para darmos um salto quântico e entrarmos em planos mais sutis e mais luminosos... Naqueles abstratos, plenos de luzes, músicas, verdades e perfumes... Naqueles que ultrapassam as fronteiras vibracionais do plano sensorial.

Por estarmos no plano material exercitando o despertar do nosso Deus Interior, vez que, **em essência,** fomos criados à *imagem e semelhança Dele*, procuremos nos libertar da imanência, a fim de descobrirmos, em nosso próprio ser, a razão da vida universal e vivermos experiências divinais em meios aos coparticipantes da Obra dos Engenheiros Siderais.

Pergunta 38: - O homem-espécie é parte intrínseca do Criador. Portanto, também é Onisciente, Onipresente e Onipotente. Como trazer ao consciente o que somos em essência?

Resposta: – Viver em equilíbrio na matéria sem dela fugir é o nosso mister. Ao concebermos que somos potencialmente Deuses, sejamos gratos ao plano material, pois é excelente meio para exercitarmos a nossa vontade criadora com direção e sentido voltados para o Alto, para que a força instintiva não nos aprisione a ele. Assim, estaremos criando estrutura psicológica

[3] No texto tem o sentido de elevação moral; ascensão espiritual para o *religare* consciente.

para, quando encarnados, não sermos vencidos pelas emanações do mundo externo nem chumbados, pela força gravitacional, ao plano das ilusões.

Vez que a morte não interrompe a vida:

> — Os seres humanos mais experientes de Deus devem sempre ensinar, principalmente pela vivência, lições de cunho moral superior, as que ativam dos seus semelhantes as aspirações que transcendam a existencialidade. Tenhamos em mente que os bons exemplos externos sempre nos ajudarão, embora nenhum seja capaz de superar a nossa vontade, a nossa força interior, visto que ***somos o que aspiramos a ser.*** Procuremos, então, vislumbrar o eternamente novo para que possamos desatar os nós psíquicos que nos amarram ao passado e, livres, voarmos pelo Cosmo com as asas da imaginação...
>
> — ***Conhece-te a ti mesmo e conhecerás Deus.*** Uma vez que somos conhecedores dessa máxima, trabalhemos, então, com dedicação no sentido divino de adquirirmos consciência de que somos portadores dos Atributos do Criador...
>
> Com mais mobilidade mental, estaremos penetrando nos campos energéticos que identificam a cosmicidade da Mente Suprema — **Deus**...

Podemos deduzir que o indivíduo ainda atrelado, preso às verdades palpáveis, aquelas que pertencem ao plano da transitoriedade existencial, ainda não conseguiu se graduar para o Curso Secundário terreno na Era do Mentalismo, necessitando ser exilado para ***outra morada do Pai*** a fim de ser espiritualmente alfabetizado.

Pergunta 39: - Será que o espírito do pilar religioso, após a sua catarse, a sua libertação, conseguirá se desfazer das imagens, dos símbolos e dos registros da sua incipiência espiritual e, assim, entrar em frequências superiores e vivenciar a religiosidade?

Resposta: – É da Lei do Criador que todo efeito retorna à causa. Portanto, toda **criatura-efeito** tem a essência da **Causa Criadora** — Deus —, razão pela qual retornará, inquestionavelmente, à sua divina origem. No retorno a Deus — a **Causa sem Causa** —, ela vai se desvinculando emocionalmente dos registros e dos objetos que lhe serviram para o culto à **religião** de sua época. Tal atitude lhe facultará entrar, gradativamente, em campos mais sutis e que expressam **religiosidade**.

Após a catarse:

— A alma poderá ultrapassar os limites do campo sensório da forma material e, com a mente livre, ativa e dinâmica, penetrar nos campos considerados "imponderáveis" para a visão humana terrena comum...

— A pessoa com a mente vazia de objetos e de paisagens que dificultam o seu voo passa a reunir mais capacidade de vibrar nos campos da abstração... De sentir e identificar os espíritos de consciências cósmicas... E de entrar em êxtases espirituais nas dimensões divinais em que *o espaço é reduzido a um ponto, e o tempo, a um instante...*

— O espírito corporificado, por exemplo, plasmando o Logos Solar com a Sua refulgente luz, terá melhores condições para se conectar aos espíritos superiores, àqueles que, magnificamente, vibram nos planos da angelitude. Daí o valor sagrado de as paisagens que expressem vida, entusiasmo e motivação íntima serem terapêuticas.

Com a catarse libertadora da nossa fase religiosa infantil, obedecendo ao cientificismo cósmico, advém como resultante das leis imutáveis do Supremo Legislador a oportunidade para a conexão com os canais interplanos de aberturas universais.

Percebe-se, assim, que não existe milagre na Criação, mas trabalho interior para sairmos das frequências limitadoras dos planos densos da materialidade e penetrarmos, conscientemente, nos campos da abstração onde há mais possibilidade de gozarmos da intimidade com o Cristo, Senhor Nosso e Irmão Maior — o Criador do Planeta Terra.

Pergunta 40: - Em sendo do conhecimento popular que os mortos continuam vivos do outro lado da vida, se for implantado um novo princípio ético-moral na Era do Mentalismo, será suficiente que os espíritos encarnados façam a catarse religiosa ou será preciso também ampliar sua visão interior para envolver os integrantes dos dois planos?

Resposta: – Mesmo após a higienização da Terra e, consequentemente, sem os espíritos refratários às naturais e necessárias mudanças, e também considerando que o Eterno Transformismo não permite estagnação perene, bom percentual dos milhões de espíritos que, meritoriamente, continuarão neste orbe precisará de acompanhamento terapêutico para desfazer suas milenares e infantis crendices. E é bom salientar que a didática utilizada pelas religiões por esses milênios, embora útil para os níveis evolutivos de épocas remotas, será recolhida aos museus, vez que não atenderá às novas expectativas da humanidade na Era em que já se concebem a imortalidade e a eternidade do espírito.

Para a Nova Era:

> — Os **Adventos Crísticos** vão formatando um novo roteiro para a Civilização do Espírito e atendendo a nova realidade biológica daqueles que darão sequência à evolução da sociedade terrena. Evidentemente que, com o corpo somático menos carregado de toxinas e a vida mental com a sua atenção voltada aos Céus, a humanidade dará um novo e qualitativo curso à vida de todos os seres terrenos...
>
> — A nova sociedade do Terceiro Milênio, constituída por espíritos moralmente melhores, imprimirá superlativa conduta de modo que os encarnados, conectados aos desencarnados evoluídos, criem uma Fundação de Solidariedade Planetária,[4] eliminando os conflitos entre os povos, já que todos estarão, ética e fraternalmente, de mãos dadas para celebrar a vida e não mais para causar as mortes pelas disputas de poder e domínio...
>
> — Ao conhecer as leis universais pelas vias intelectivas, objetivando aplicá-las na rotina da vida com segurança e motivação íntima, o homem-espécie deve ampliar o seu grau de evangelização para que, portador de religiosidade, se torne um Evangelho Vivo.

***Pergunta 41:** - Com a catarse religiosa, o ser humano viverá mais feliz e intimamente mais livre, tendo em vista que as travas psicoemocionais, adquiridas em virtude do culto à ignorância durante a sua infância espiritual, serão destruídas?*

Resposta: – A nossa história não poderá ser destruída. A evolução espiritual nos oportuniza substituirmos valores em função das novas aquisições morais. É sabido que os traumas psicológicos causados pelas religiões sem a correspondente reli-

[4] Solicitamos a sua criação em 2003, conforme consta no livro *O Evangelho e a Lei de Deus*, do mesmo autor, 3ª edição, em 2012, **EDITORA DO CONHECIMENTO**.

giosidade foram profundos e o espírito terreno vem arrastando, através dos Milênios, Eras e Ciclos Planetários, os infernais horrores pregados pelos representantes do Deus de Amor e Justiça.

Dado que o culto à ignorância fez parte da história religiosa da Terra, o inquestionável momento de transição planetária merece a reflexão de todos.

Vejamos:

> — Ao aproveitar o momento benfazejo e, significativamente, vital para as grandes e substanciais mudanças de valores, o ser humano deve colocar o Evangelho do Nazareno Mestre na pauta da sua existência para se tornar, a princípio, instrumento útil à vida dos seus semelhantes, praticando a caridade cristã para posteriormente se tornar colaborador da família universal...
> — O ser almado,[5] sem medo do inferno criado pela humana teologia satânica,[6] tem na Era de Aquário possibilidade de dar grandes voos em direção à sua libertação íntima e substituir os registros dantescos de Eras mortas e, assim, singrar os espaços siderais sem sair da Terra. Isso porque ***somos o que pensamos..., somos o que aspiramos a ser..., somos o que amamos...***
> — É de boa acolhida relembrar que os espíritos superiores orientadores da humanidade respeitam a vontade humana. Em assim sendo, para que seja meritória a libertação, a nossa catarse precisa ser realizada por esforço próprio.

Embora a Lei de Deus não permita retrocesso na evolução da consciência, existem humanos que parecem sofrer de "atrofia espiritual", tal o desinteresse em investir no eterno ***vir a ser***. Assim, diante do manancial de ensinamentos libertadores trazidos ao plano terrestre pelos emissários celestes, aquele que insistir em ignorar a Legislação Divina deve ser considerado um lesa-evolução, pois não teve coragem para, libertando-se do seu passado infernal, se lançar à aquisição de novos ensinamentos e ter condições para ensinar lições de libertação íntima aos seus semelhantes. Fica claro, a respeito da higiênica necessidade dos espíritos ainda refratários ao polimento espiritual, que eles sejam exilados para os mundos inferiores à evolução da Terra.

Com o discernimento que boa parcela dos espíritos terrenos já adquiriu, é possível que cada ser humano faça a sua catarse,

[5] No texto tem o mesmo sentido de encarnado.
[6] Satanás, diabo, lúcifer e outras tantas figuras grotescas foram criadas pelas religiões sem religiosidade, pois nunca existiram.

a sua libertação religiosa, para que possa abandonar o culto aos deuses de pau e pedra... Aos deuses da vingança, do temor, do horror e da morte... Aos deuses dos castigos santificados. Consequentemente, viverá mais alegre, mais feliz e, intimamente, mais livre. Entretanto, vale ressaltar que é preciso coragem para desarquivar as travas psicoemocionais gravadas no seu inconsciente profundo.

Pergunta 42: - Como descobrirmos se os nossos semelhantes já se desvincularam emocionalmente das suas infantis maneiras de cultuar a Divindade Suprema?

Resposta: – Em vez de ficarmos preocupados com a conduta alheia, diante da Lei de Ação e Reação é mais sensato nos preocuparmos com as nossas próprias mudanças de valores, tendo em vista o que consta em Mateus 16:24-28: ***A cada um segundo as suas obras.***

Façamos uma autoavaliação nos interrogando:

— Com a Terra adentrando Aquário — Era da Força da Alma, da Força Superior —, eu continuo cultuando os deuses de pau e pedra... Os deuses que fizeram parte da minha incipiência espiritual?...

— Estou, verdadeiramente, consciente da Onisciência, da Onipresença e da Onipotência de Deus em mim, a ponto de desfazer da minha mente os **símbolos** que serviram, em Eras recuadas, de culto à Divindade a fim de poder reunir condições para identificar e sentir os **simbolizados**?...[7]

— Vez que já concebo que na Obra de Deus não há acaso, por que então reclamo dos embates da vida e me revolto até mesmo com a Divindade Suprema?...

— Tenho conduta compatível para quem já sabe que, inexorável e fatalmente, ***toda ação gera reação***?...

— Já sou portador da ***Túnica Nupcial*** portando uma esfera áurica policromática, a qual identifica um cristão-crístico?...

— A minha conduta expressa que sou portador do bom uso dos meus ***olhos***, dos meus ***ouvidos*** e da minha ***boca***?...

— Ao verbalizar, o som da minha voz transporta acalanto, mansuetude, benevolência, ternura, assim como o magnetismo que causa claridade poética na consciência dos meus ouvintes, projetando-os para as planuras celestiais da essencialidade divina?

[7] A Cruz Cristã, por exemplo, é um símbolo do Cristianismo. Devemos, então, nos empenhar para alcançar a frequência do **simbolizado** — Jesus de Nazaré.

— Em síntese, para nos desvincularmos emocionalmente das nossas infantis maneiras de cultuarmos a Divindade, será preciso que despertemos o nosso Deus Interior, a nossa Força Superior, convictos de que somos portadores dos Atributos Divinos. Assim, sem a nossa conscientização de que somos partes integradas ao Deus Supremo, não teremos força-energia para conquistar a nossa real felicidade, razão pela qual continuaremos procurando nos Deuses externos Aquele que sempre se encontra latente na nossa própria essência — o nosso Deus Interno e Eterno.

❁ ❁ ❁

Adventos Crísticos

É parte do programa de renovação do Cristianismo, de agora em diante e de maneira natural, consciente e convicta, a convivência da sociedade com os espíritos ascensionados e também com aqueles que foram considerados deuses e semideuses, tendo em vista que esses espíritos nunca estiveram afastados dos encarnados, mas sim concebidos como seres mitológicos, quando na verdade, por pertencerem às hierarquias dos Planos Superiores e trabalhando incessantemente para manter a vida do Planeta Terra, não se dedicaram às questões puramente humanas, levando-se em conta que outros espíritos, apenas evoluídos, têm capacidade para cuidar das demandas sociais.

O livro *Os Novos Rumos do Cristianismo*[8] traça um perfil do homem do Terceiro Milênio, englobando os quatro pilares da sociedade e atendendo as exigências evolutivas compatíveis para com a Era da Força Mental. Por se tratar de uma obra universalista, sem barreiras de nenhuma natureza, procura desfazer os bloqueios psicológicos da criatura humana para que celebre a vida, vivendo sublimes emoções ao conviver com as Consciências Ascensionadas.

Shiva, por exemplo, integrado por ressonância ao Cristo — a Fonte Mantenedora da Vida Planetária Terrena — e por ser *energia livre* em razão da sua evolução espiritual, encontra-se no *crepitar da chama, no verdejar da folhagem, no espocar da onda e na essência do ar, aqui e acolá, preenchendo os vácuos*

[8] Livro do mesmo autor, 1ª edição, em 2016, **EDITORA DO CONHECIMENTO**.

para tornar os espaços habitados.[9] Entidade dessa magnitude não deve ser tão somente estampada ou esculpida para as reverências que, na concepção da humanidade terrena, não têm função na Obra do Criador. E, no entanto, ele está integrado, por ressonância, ao Cristo-Vida... Ao Cristo-Amor.

Em Aquário conceberemos sem bloqueios psicológicos que Shiva e milhões de outros Espíritos Ascensionados, como, por exemplo, Minerva,[10] desempenham tarefas vitais na Obra do Cristo Terráqueo.

❁ ❁ ❁

Com a finalidade de notificar aos terrenos a pluralidade dos mundos habitado, em nome das Sagradas Fileiras o ascensionado Shiva[11] anunciou que os extraterrenos colocarão na Terra uma placa com a insígnia:

THUNDER BIRD

Posteriormente lhe perguntei sobre a placa e ele escreveu:[12]

> A placa indelével a que te referes ainda não pode ser visualizada pelos olhos desarmados de visão astral. Todavia, a superposição em dimensão outra que não a vivenciada pela humanidade não será impedimento, em um futuro quase próximo, à sua perfeita leitura e compreensão. O código usado, no idioma atual de melhor penetração terrena, permitirá a muitos interessados conhecer-lhe o real significado. Posteriormente, se permitido, mais te será passado.
>
> Shiva
> O Zenith[13] é contigo!

[9] Mensagem ditada pelo próprio Shiva. Psicografia de Terezinha Teixeira Pereira de Carvalho.
[10] Era a mentora espiritual do rei Salomão. (Detalhes no livro ***Adventos Crísticos***, do mesmo autor.)
[11] O rei Salomão foi médium do ascensionado Shiva.
[12] Psicografia de Terezinha Teixeira Pereira de Carvalho. Mais detalhes sobre a placa veja no livro ***Adventos Crísticos***, do mesmo autor, **EDITORA DO CONHECIMENTO**.
[13] Zênite se refere ao apogeu, ao ponto culminante. (N.R.)

Capítulo 8

A ascese do espírito eterno e imortal

Pergunta 43: - Em meio a uma sociedade tão heterogênea como ainda é a terrena, qual o tipo de milagre que devemos esperar que nos aconteça para que possamos ascender espiritualmente?

Resposta: – É imprescindível, pela motivação interior, mantermos bem acesa a nossa **Chama Crística** para que permaneçamos conscientemente vinculados à refulgente luz do Cristo Solar. Tal vínculo, quando acelerado por nossa **vontade**, abre canais de abrangência infinita, os quais nos facultam uma ligação mais plena com os espíritos superiores e mais íntimos de Deus.

Como não há milagre na Obra do Pai, mas cientificismo cósmico, criemos um estado psicológico que possa diminuir a nossa distância moral do Supremo Criador. Para tal, precisamos adquirir e vivenciar os ensinamentos libertadores contidos, em essência, no Evangelho do Nazareno Mestre, para assim, dilatarmos a nossa consciência e entrarmos na frequência do Cristo terráqueo, amparados por Jesus, o nosso Elo Divino.

Almejarmos milagre é querermos que outros façam o que nos compete realizar por esforço próprio, tendo em vista que o milagre da vida está inserido em todas as vidas criadas pelo Autor da Vida — **Deus**.

Pergunta 44: - Existe a possibilidade de alguém ascender fazendo parte de uma humanidade tão desequilibrada como a terrena ou a ascensão humana somente será possível quando a sociedade estiver mais harmonizada com as Leis da Criação?

Resposta: – É do conhecimento popular que o máximo que o crítico conseguirá é se tornar um **líder**, mas nunca um **guia**. Vez que *é pelo fruto que se conhece a árvore que o gerou* (Mateus 12:31-37), as pessoas mais lúcidas quanto às Leis da Evolução Espiritual e que pretendem conduzir a sociedade devem se colocar na vanguarda para, com o seu magnetismo aglutinador de consciências superiores, vivenciar a mensagem evangélica do Nazareno Mestre sob a luz do Sol, tendo conduta de alma harmonizada com as Leis de Deus e, assim, ter condições morais para *conduzir ovelhas ao redil do Senhor.*

Quem pretende ser guia da humanidade, precisa:

> — Nomear o magnânimo Anjo Jesus de Nazaré como seu guia e seguir os Seus ensinamentos, a Sua vivência luminosa, já que Ele — o Arauto da Divindade a Serviço do Cristo Terráqueo — foi o mais perfeito intérprete dos ditames das Leis Divinas...
> — Ter em mente que os espíritos símiles a Jesus vivem de mãos dadas a Ele, todos empenhados na mesma causa — a implantação da nova ordem moral por nome **Adventos Crísticos** —, o novo pão para a humanidade...
> — Tornar-se *também Caminho, também Verdade e também Vida*, pois Ele, que era **Guia**, não criticou a sociedade.

Para que aconteça a nossa ascese espiritual, precisaremos, logicamente, refinar os nossos sentimentos para que a nossa mente entre em frequências sutilizadas e alcance a faixa vibracional do Cristo-Amor.

Atualmente, já somos capazes de consolidar em nossa alma que a segunda vinda do Cristo será pelas vias internas do coração do ser humano... Também já temos evolução para reconhecer o valor sagrado do autoamor e assim, como consequência lógica, sentir a salutar e sagrada necessidade de *amarmos a Deus sobre todas as coisas* para termos condições reais de *amarmos aos nossos semelhantes como a nós mesmos.*

Pergunta 45: - Qual o primeiro passo para o espírito encarnado começar a trabalhar a sua ascensão?

Resposta: – Antes de conceber que é eterno e imortal, não há possibilidade de o espírito direcionar, com segurança e sem oscilação, a sua trajetória evolutiva ascensional, tendo em vista que o tempo de cada encarnação é muito curto, o que leva bom percentual da sociedade a ficar mais preocupada com a morte do que com a vida. A maioria evolui apenas obedecendo aos impulsos naturais da Criação, que ocorrem em função do dinamismo de todo o Universo, mas a ascese só acontece após a aquisição da ***sacralidade dos olhos, dos ouvidos e da boca***. Por conseguinte, surge no ser humano a imperiosa necessidade de admitir a eternidade e a imortalidade da sua essência espiritual, consciente de que a ascensão é por esforço próprio.

Para trabalhar a ascensão:

> — As doutrinas espiritualistas demonstraram, através dos tempos, que Deus primeiro nos oportuniza ao crescimento interior pelo **Amor**, enviando ao Plano Material os Instrutores Espirituais para nos ensinarem lições de libertação íntima. Quem não se graduou, poderá ascender pela **Dor** se compreendida, aproveitando o excelente momento do atual Juízo Final repleto de convulsões generalizadas que propiciam magníficas transformações íntimas...
>
> — A dor conseguiu, em todas as épocas de transição planetária, hipersensibilizar o espírito humano terreno e atualmente é a nossa vez. Aproveitemos esta sagrada e última oportunidade para, na Terra, elevarmos o padrão vibratório da nossa alma à frequência do Cristo-Amor. Do contrário, seremos mais uma vez exilados para outros mundos, com possibilidade de só retornarmos à Terra, no mínimo, daqui a 6.666 anos terrenos, assim mesmo se estivermos em condições compatíveis...
>
> — Mesmo sendo inquestionável a Infinita Bondade de Deus, a Sua Justiça não será anulada. Por conseguinte, aceitemos a ação da Lei da Evolução para nos disciplinar, principalmente que ela foi legislada por Deus — o Supremo Legislador. Reclamar da dor é ignorar ou querer negar a Perfeição de Deus.

É de bom senso que aproveitemos todas as oportunidades para dinamizar o nosso Cristo-Amor. Para tal, declamemos a poesia de cunho universalista — o Evangelho —, trazido ao nosso atual mundo pelo Poeta do Amor — Jesus de Nazaré —, tendo em mente que o Evangelho é o Estro[1] Cósmico... É a Poesia da Criação que causa nos espíritos encarnados e desencarnados o alento divino.

[1] Inspiração ou entusiasmo poético ou artístico. Riqueza de imaginação. Fonte: Dicionário *on line* Wikipédia.

Pergunta 46: - Por que devemos associar a ascese com a imortalidade da alma?

Resposta: – Na Terra, o espírito encarnado, enquanto não se conscientiza da eternidade e da imortalidade, vive acabrunhado, principalmente a partir dos seus 49 anos de idade, quando começa a sua decrepitude de maneira mais acelerada.

Vencida a fóbica realidade da morte, o ser humano se mantém altivo, vibrante e portador de um clima psicológico que mantém a sua vitalidade psicoemocional-somática.

A partir do momento evolutivo em que o homem-espécie concebe que a morte não interrompe a vida:

> — Torna-se mais agradável, mais afetuoso e portador de campo áurico suave por não mais carregar o magnetismo opressivo do medo, como se a morte fosse o ponto final da vida...
>
> — Em vez de perder precioso tempo buscando alterar as leis imutáveis do Criador, empenha-se em assimilar os conhecimentos libertadores procurando "subir" aos Céus e não mais ficar, angustiado e inerte, de braços cruzados, aguardando que o Céu desça à Terra...
>
> — Dedica-se na sagrada condição de Cristo-criatura para alcançar a frequência do Cristo-Criador. Como tal evento só acontece pelas vias do coração, deve *amar a Deus sobre todas as coisas* para ter condição de *amar ao próximo como a si mesmo*, tornando-se *também o Caminho, também a Verdade e também a Vida.*

O humano terráqueo, com as asas da imaginação, pode viajar pelo universo estelar à procura do Cristo-Amor para, por fim, encontrá-Lo no seu próprio coração.

Pergunta 47: - De que maneira o Brasil, diante de uma sociedade em que os povos têm diferentes culturas, hábitos, idiomas, tradições, etnias, religiões, conseguirá uma homogeneidade para dar sequência à vida na Era de Aquário?

Resposta: – É preciso dilatar a nossa visão para vermos além do agora e imaginarmos como será a vida da humanidade após a decantação apocalíptica.

Por ser da Lei de Deus que a **Tempestade** antecede a **Bonança**, atentemos para o papel sagrado da Tempestade:

> — Apesar do momento tempestuoso pelo qual estamos passando e, em maiores proporções, passaremos durante a atual

transição planetária, *à dor cabe a última palavra*, tendo em vista a sacrossanta tarefa que desempenha na Obra do Criador. Também considerando que "a dor consome a dor", vez que o ser humano ao compreendê-la passa a ter ações cujas reações são magníficas para o seu crescimento interior, o caráter negativo da dor, como se fosse "punição divina", deixará de existir na concepção humana...

— Vez que a *dor-resgate* desaparece com a evolução espiritual, a criatura espiritualmente mais refinada abraça a sua dor e a tem como força-energia de transformação íntima, reconhecendo que na Perfeição do Plano Divino, acima da **Bondade** de Deus, que perdoa sempre, está a Sua **Justiça**, que exige que se *pague ceitil por ceitil*...

— A Lei de Causa e Efeito, quando representada na reação da ação humana pela dor, respeita a sagrada liberdade do indivíduo, mas não desiste de executar o seu papel disciplinador, enquanto ele não pautar a sua vida de acordo com os princípios ético-morais condizentes com a sua evolução espiritual.

A dor, paciente e convicta no desempenho da sua tarefa, transforma a mais insensível e recalcitrante criatura de maneira que ela passe a ter ações que não contraiam carma negativo. Assim, a sociedade se tornará, gradualmente, mais homogênea sem a presença da avassaladora dor para norteá-la ao rumo na continuação da vida na Era de Aquário... Na Era da Força Superior... Na Era do Eu Crístico em ação luminosa.

Também é preciso considerar que o espírito, quando inexperiente de Deus, normalmente com corpo perispiritual pejado de energias herdadas da sua ancestralidade animal, necessita da dor para acender com mais intensidade a sua **Chama Interior** e dar novas e luminosas diretrizes à vida existencial.

Assim, como na *ação está a natureza da reação*, a ordem está intrínseca à desordem, tendo em vista que na Criação *nada se perde* e não existe o acaso. Por mais caótica que seja uma sociedade, ela caminha, impulsionada pela dor, para a aquisição da homogeneidade, obedecendo ao eterno transformismo. Podemos, então, concluir que o espírito rebelde ou recalcitrante, quando atinge o apogeu da sua desordem, depara-se com o vazio existencial e, na condição de *Filho Pródigo*, começa a sua *Reversão*, o seu retorno ao Pai pelo caminho percorrido para colocar em ordem o que destruiu.

Ao se considerarem os diversos níveis evolutivos de uma sociedade humana, os integrantes de cada nível ao sustentarem as suas verdades, por mais esdrúxulas que sejam quando comparadas com outros níveis superiores, devem ser respeitados. Querer ensinar aos integrantes do primeiro nível os ensinamentos que fazem parte do sétimo nível, por exemplo, é ***atirar pérolas aos porcos***, considerando que, além de eles não terem evolução espiritual, se o corpo biológico for formado por genética rudimentar com predominância da herança animal, não possui células gliais[2] em qualidade, quantidade e em condições evolutivas para captarem lições de nível superior.

Pergunta 48: - Numa sociedade em que a maioria, por falta de evolução espiritual, ainda não possui recursos íntimos para, naturalmente, entrar nos planos energéticos da emotividade divina, qual o papel que o Brasil desempenhará para motivá-la a aspirar sentir o Cristo e integrar-se à pulsação cósmica?

Resposta: – Em sendo perfeita a Lei da Evolução Espiritual, o ser humano, mesmo gabaritado, na condição de porta-voz do Brasil poderá ensinar aos seus semelhantes lições de libertação do plano transitório. Mas, se porventura esses semelhantes ainda estiverem com fortes resquícios do animal que foram, não terão condições para absorver tais conceitos em razão da inconsciência animal. Evidentemente, não é suficiente a mônada já pertencer ao reino hominal, mas ter evolução espiritual e biológica para assimilar ensinamentos que transcendam a sua existencialidade.

Para que o Brasil possa motivar a sociedade ao crescimento transcendente é preciso que:

> — Os seus representantes tenham bom grau de polimento moral, dado que ele, o ***Brasil***, está predestinado a ser o ***Coração do Mundo, Pátria do Evangelho***. Também deve cuidar de maneira divinal do seu protetorado sem se deter nas condições externas dos povos, mas se empenhar para aguçar a emotividade espi-

[2] As principais funções das células da glia são cercar os neurônios e mantê-los no seu lugar, fornecer nutrientes e oxigênio para os neurônios, isolar um neurônio do outro, destruir patógenos e remover neurônios mortos. Mantêm a homeostase, formam mielina e participam na transmissão de sinais no sistema nervoso. Fonte: Wikipédia. Aconselhamos um estudo criterioso do capítulo "A Epífise", do livro ***Missionários da Luz***, de André Luiz, psicografia de Chico Xavier, 9ª edição, Federação Espírita Brasileira.

ritual de todos, elevando as suas frequências para que sintam o "Imponderável" e, dessa forma, "enfraqueçam" os elos energéticos que as prendem ao plano material, o qual é fortemente aguçador dos conflitos sociais...

— Os discursos dos seus porta-vozes sejam diplomaticamente bem elaborados, visando sempre exaltar as emoções superiores que os indivíduos componentes dos povos já despertaram dos seus âmagos. Em nenhuma situação devem se deter no lado escuro da personalidade humana...

— O porta-voz do Brasil conscientize os representantes das suas nações quanto ao desapego de tudo que existe no plano material, considerando que o mundo concreto é passageiro e ilusório... Também deve induzi-lo a aspirar que sinta com o seu Cristo Interno o Cristo-Pai — a Fonte Inesgotável da Seiva Vital terrena — e, assim, melhorar a sensibilidade psíquica para ampliar a sua intimidade com Deus.

Dessa forma, a psicosfera do Globo bombardeada por pensamentos elevados será magnificamente saneada, não permitindo que os desencarnados de pouca graduação moral interfiram na vida mental dos encarnados portadores de boa vontade e iluminados pela luz do Evangelho de Jesus — o Nazareno Mestre.

É dever sagrado do Brasil conduzir a sociedade planetária a centralizar as suas aspirações superiores tendo como modelos os anjos das dimensões paradisíacas para que, assim, alcancem a frequência de estesia, o sentimento da beleza celeste.

Os representantes do Brasil, portadores do binômio razão-sentimento, se forem humildes e simpáticos por natureza, na ocasião dos seus discursos espiritualizantes elevarão as frequências mentais dos seus ouvintes, causando-lhes motivação íntima para sentirem as sutilíssimas vibrações além da forma e, também, despertar neles o Atributo Divino da **Vontade,** a fim de que, desarmados, entendam e abracem a proposta dos **Adventos Crísticos**.

❁ ❁ ❁

Adventos Crísticos

Os espíritos, encarnados e desencarnados, que no ciclo passado[3] fizeram parte da Terra e consequentemente acompanha-

[3] Cada ciclo dura 12 x 2.160 = 25.920 anos terrenos.

ram a transição planetária que acontece a cada 25.920 anos, quando a Terra sofreu inclinação de eixo em relação ao Sol de aproximadamente 23 graus, trazem na memória subjetiva os trágicos eventos vividos, não como castigo divino, mas para que se cumprisse o que é intrínseco nas Leis da Criação de mundos, ao periodicamente sofrerem alterações de eixos, inclinando e verticalizando, e, assim, cumprir o seu programa previamente estabelecido.[4]

Entre os sete Arcanjos — Miguel, Gabriel, Rafael, Jofiel, Uriel, Samuel e Ezequiel — mais intrínsecos à Substância da Terra, Miguel, nesta fase de transição da Escola Primária para a Secundária, desempenha elevadíssimo papel envolvendo os dois planos da vida — físico e metafísico —, e que no concreto procura acalentar as mentes dos desprovidos da eterna fé no momento de suas dores apocalípticas.

Miguel Arcanjo, além de contribuir para clarear as consciências dos religiosos sem religiosidade no plano dos encarnados, é um diplomata sideral atuando também no astral inferior para amenizar as batalhas que são ainda mais acirradas, quando comparadas às lutas entre os encarnados na superfície da Terra, tendo em vista a existência de espíritos altamente técnicos, mas sem intenções nobres, que lutam no baixo astral para não se verem destronados das suas senzalas psíquicas e serem conduzidos aos mundos inferiores à Terra para continuarem peregrinando rumo à evolução e ascensão.

São Miguel, em Aquário, deixará de ser um Arcanjo cultuado por nós a distância ou contemplado nos altares estáticos das religiões.

Em função da inviolável Lei da Criação:

> — O Arcanjo Miguel também está trabalhando arduamente entre os corporificados no sentido de auxiliar os portadores de biologia mais evoluída a despertarem, com mais facilidade, os seus Cristos Internos para, atraídos conscientemente pelo Empuxo do Cristo-Amor, implantarem a justiça social no planeta Terra. Evidentemente que Ele é auxiliado por outros espíritos evoluídos e, também, pelos ascensionados...

[4] Segundo Ramatís, no livro ***Mensagens do Astral***, 5ª edição, psicografia de Hercílio Maes, **EDITORA DO CONHECIMENTO**, o Cristo que criou a Terra estabeleceu que ela sofreria sete alterações de eixo em relação ao Sol. Estamos vivenciando a quinta, faltando, portanto, apenas duas.

— Para que haja uma distribuição mais equitativa dos produtos que mantêm a vida biológica e que garanta a digna sobrevivência dos povos que compõem a sociedade terrestre, necessário se faz a evangelização de todos, embora cada qual no seu nível, em função da evolução espiritual associada à evolução biológica...

— Mesmo já sendo humanos, milhões de indivíduos terrenos atingiram a graduação hominal há pouco tempo, razão pela qual respondem melhor aos impulsos selváticos da ancestralidade animal do que ao "fototropismo" causado pelo Cristo-Luz. Esses espíritos, na sequência do tempo, obedecendo às reencarnações compulsórias, atingirão a graduação evolutiva de civilizados. Na fase em que ainda se encontram, as suas mais relevantes aspirações são de adquirir poder e domínio. É uma fase muito estressante na escala da evolução, porque a pessoa conhece o que é certo e errado... Já percebe que ***toda ação gera reação***, mas poderá dar vazão com muito mais facilidade à aquisição de bens alheios. Por isso é possível que viva atordoada devido ao silencioso e antivital ***sentimento de culpa***. Assim, conhecer o que é certo e praticar o que errado é antivital.

Certamente que os espíritos evoluídos e os ascensionados não exigirão conduta ilibada daqueles de menor patrimônio moral, considerando ser a genética desses predominantemente animal, razão pela qual dificulta entrar em ressonância com o Cristo-Pai... Com o Cristo-Luz... Com o Cristo-Amor.

O espírito evoluído, no entanto, desprendido dos bens transitórios, espiritualista por sua natureza e não por convenção, é portador de bom humor, alegria de viver, simpatia e, sobretudo, de voz misericordiosa.

Assim, São Miguel, o Arcanjo que cuida das demandas sociais, entra em ação bem antes que os guerreiros acionem a sua índole inferior e entrem em guerras internas, com possibilidade de exteriorizarem as suas inferioridades morais e provocarem as guerras externas de abrangência planetária.

Capítulo 9
A moral e a ética no Terceiro Milênio

Pergunta 49: - É da moral cristã o ser humano amar a Deus sobre todas as coisas e da ética cristã amar ao próximo como a si mesmo. Na proposta dos **Adventos Crísticos***, de que maneira o Brasil trabalhará esses itens, considerando que a maioria da sociedade ainda não assimilou tais princípios que são universais?*

Resposta: – Sabemos que pela Pedagogia Sideral quem não aprender e vivenciar as Leis de Deus pelo amor terá que aprendê-las pela dor. Assim, não será o Brasil ou qualquer outra nação que acionará as hecatombes generalizadas em toda a extensão planetária, mas as forças da Natureza.

Nos últimos dois milênios, a mensagem evangélica do Sublime Peregrino — Jesus de Nazaré — realizou maravilhas, conscientizando milhões de criaturas de boa vontade a respeito dos próximos eventos referentes à assepsia da humanidade terrena. Atualmente, não ignoramos que as *trombetas já soaram* no espaço sideral, notificando que é chegado o momento histórico de o **orbe** terráqueo **sofrer** os impactos apocalípticos para a limpeza da sua psicosfera e a *separação do joio do trigo* nos dois planos, além das naturais mudanças geofísicas. Embora o momento seja impactante para os encarnados e desencarnados terrenos de pouca evolução, é profilático tanto para a sua habitação quanto para os seus habitantes... Para aqueles que, por mérito, continuarem reencarnando na Terra.

Estejamos convictos de que com os eventos apocalípticos toda a sociedade ficará mais sensível ao convite dos Céus e, simultaneamente, mais solidária, facilitando, assim, o desempenho do Brasil no sentido de levar os povos a fraternalmente se abraçarem.

Pergunta 50: - Após a limpeza energética e espiritual da Terra, o ser humano será moralmente melhor? E o seu **religare** *será mais fácil?*

Resposta: – Os encarnados, como também os desencarnados, usufruirão de melhores condições em todos os aspectos. Ressaltemos que apenas os espíritos recalcitrantes, aqueles sem possibilidade de reajuste, tendo em vista o exíguo tempo que resta para o início dos grandes acontecimentos geofísicos, serão exilados da Terra. Também é bom que seja frisado para deixar bem fixado o entendimento de que os Espíritos Superiores, responsáveis pela coordenação da evolução do conjunto planetário, farão o que for permitido pela Lei do Criador para reerguer o maior número possível de decaídos.

Por exemplo:

> — Diante da dor, disciplinadora e equânime, a alma direciona as suas aspirações para o Alto, acelerando a sua frequência mental em busca de um alento em Deus. Assim, a dor realiza prodígios, e o ser humano amplia progressivamente a sua capacidade de amar, razão pela qual todos os males terminarem no coração de maneira mais notória...
>
> — Na primeira vinda do Cristo-Jesus, nem todos conseguiram recebê-Lo pelo Amor e com o coração em festa. Justifica-se assim a razão de a Sua segunda vinda ser pela dor. Como a única porta aberta da alma para o Cristo-Amor penetrá-la é a do coração, após a dor desempenhar o seu sagrado papel em nós, compreenderemos, então, que estaremos aptos para recebê-Lo pelo coração purificado. Atentemos para a sacralidade da dor na condição de cirurgiã, abrindo espaço em nosso coração para o Cristo-Amor se alojar...
>
> — Com a moral em expansão, a ética é ampliada e se tornará tão natural quanto o nascer e o pôr do Sol.

Podemos deduzir que não basta que a pessoa almeje um mundo melhor para que lhe seja ofertado, pois, mesmo diante da infinita **Bondade de Deus**, sem esforço próprio não há mérito. Quem aspira continuar na Terra precisa fazer por onde, já que assim funciona a **Justiça de Deus**. Também tenha a certeza de que, após a limpeza apocalíptica, o *religare* será acelerado.

Pergunta 51: - Em sendo Deus Onipresente, em que consiste o **religare***?*

Resposta: – Não é preciso que ninguém se "desloque" no espaço sideral para se religar ao Criador, mas é imprescindível que se conscientize da Sua Onisciência, Onipresença e Onipotência em si.

Quem não conseguiu evoluir pelo amor, durante a dolorosa transição planetária que já estamos vivendo, poderá despertar do seu universo íntimo pela dor uma excelente cota de amor.

Reflitamos:

> — Em virtude das elevadas dores e dos sofrimentos que passaremos com a verticalização do eixo da Terra em relação ao Sol, se compreendermos a razão da dor, entraremos em um nível vibracional superior, aguçando os nossos crísticos sentimentos para que, com **os nossos divinos sentidos,** adquiramos a misericórdia do *ver, ouvir e falar...*
>
> — Com a misericórdia em ação, o nosso ***religare*** é facilitado porque surge do nosso universo íntimo a natural vontade de, fraternalmente, nos irmanarmos...
>
> — Os corações que não foram abertos pelo amor para transformar em vivência evangélica a mensagem do Nazareno Mestre serão abertos pela dor durante a cirurgia apocalíptica.

Salientamos a perfeição da Lei de Deus observando o ponto e o contraponto da dor, que, por um lado, causa desarmonia e sofrimento e, por outro, eleva a vibração da alma para se religar conscientemente ao Supremo Criador. Podemos então deduzir e reafirmar que a segunda vinda do Cristo-Amor será identificada pelas emanações amorosas do nosso Eu Divino, tendo como via única o coração, na certeza de que, diante da dor, despertaremos a Fagulha de Deus de que somos possuidores... Despertaremos o nosso Cristo-Amor.

Pergunta 52: - Após o momento profético de Juízo Final pelo qual a Terra está passando, como será a vida relacional da sociedade planetária? Os conflitos internacionais continuarão a existir?

Resposta: – É do conhecimento de todos que após a **Tempestade** vem a **Bonança**. Assim, com propósitos nobres e ações divinizadas, durante o período tempestuoso pelo qual passaremos com acentuadas dificuldades, procuremos colocar em prática o que consta no Evangelho do Nazareno Mestre: *O reino de*

Deus está no homem.

Vez que a **Bondade** de Deus não anula a Sua **Justiça**, os espíritos que permanecerem na Terra e logicamente mais conscientes do propósito sagrado do Artífice da Vida:

> — Compreenderão que as dores geradas pelo seu carma negativo são **efeitos** de **causas** pretéritas e, naturalmente, abraçarão o seu holocausto apocalíptico com dignidade cristã... Com semblante rosado — a cor do amor — e com aura branca demonstrando a sua paz interior, mesmo convivendo com a tempestade...
> — Com entusiasmo poético, riqueza de imaginação e paisagens na tela mental com a policromia do Universo Estelar, tais espíritos terão o Evangelho do Mestre Jesus como Estro Cósmico para orientar a vida sob a inspiração divina, convictos da Onipresença de Deus...
> — Portadores de maturidade espiritual e desenvolvimento psiconervoso estarão aptos a incrementar uma pacífica, pois evangélica, revolução socioeconômica em benefício do conjunto planetário, tendo em vista que as duas leis fundamentais para o espírito evoluir e ascender — a de Ação e Reação e a da Reencarnação — já foram a essa altura aprendidas e apreendidas por todos. Na Terra, sem os espíritos conflituosos, as desarmonias sociais deixarão de existir.

Como tudo no Universo de Deus evolui, a massa planetária terrena, obedecendo a essa Constante Universal, também evolui, tornando-se, paulatinamente, mais radioativa em função da sua idade, justificando que, *no final de cada ciclo* planetário de 25.920 anos terrenos, o *joio* enquanto existir é separado do *trigo* e conduzido aos mundos mais adequados à sua evolução. Sem nenhum castigo divino, tal separação configura o exílio de os espíritos não qualificados para o novo ciclo terráqueo irem para outros mundos compatíveis com as suas necessidades e aspirações.

É processo natural que, quando *os tempos são chegados*, quem não se qualificou, acompanhando a evolução da massa planetária e dos ensinamentos libertadores de ações e atitudes primárias, não terão condições para continuar matriculados ou se matriculando na Escola-Terra, porque a evolução espiritual do aluno tem que estar de acordo com a evolução da sua Escola na condição de "corpo" do Cristo Terráqueo.

Não é aconselhável que o ser humano — uma Centelha de Deus — enquanto estiver na condição evolutiva de um troglodita resida em um palácio de cristal.

Sem conflitos, nacionais ou internacionais, é certo que a vida relacional da sociedade planetária seguirá o que consta no Evangelho cristão: *Não façais ao próximo o que não queres que te façam*. É evidente que o homem-espécie, compreendendo a Lei de Ação e Reação e a Lei da Reencarnação, sentirá a divinal vontade de declamar e vivenciar o Poema Cósmico contido, em essência, no Evangelho do Nazareno Mestre e se nutrir com a Seiva da Vida Universal — o AMOR.

Pergunta 53: - O eterno vir a ser é intrínseco à Lei da Evolução e, no signo de Peixes, a Terra encerrou mais uma Era e mais um Ciclo Planetário. Em termos ético-morais, como será escrita a história da vida terráquea em Aquário?

Resposta: – Mesmo sendo sagrado o livre-arbítrio, com a separação do *homem-animal*[1] do *animal-homem*, ou seja, sem o **joio** reencarnando na Terra, o avanço espiritual será magnificamente acelerado, tendo em vista que os refratários ao eterno transformismo serão exilados para outros mundos.

É evidente que durante os primeiros três séculos do Terceiro Milênio, período de ajustes e acomodações da massa planetária... Também da transformação dos cinco continentes e dos cinco oceanos em apenas três ou, mais especificamente, da união dos cinco continentes, formando apenas três, e dos cinco oceanos, formando também apenas três em razão da verticalização do eixo da Terra em relação ao Sol, a humanidade passará por instantes de alta tensão como uma parte do momento histórico da Terra.

Assim, mesmo com a **tempestade** gerada pelas hecatombes geofísicas:

— Os espíritos que permanecerem na Terra serão, logicamente, os mais evoluídos e, portanto, portadores de acentuado dinamismo mental, razão pela qual poderão penetrar em campos

[1] Atualmente, na maioria dos seres humanos predomina o animal-homem. ... "E quando a referência se faz homem animal / animal homem, tem-se por objetivo demonstrar o que de "animal" possui o homem e o que de "homem" está contido no animal, no que tange especificamente à harmonia associada à "sintonia amorizada" e consubstanciada numa relação cariciosa de confiança, fidelidade e respeito"...(Sagradas Fileiras.)

energéticos mais sutis, facultando-lhes sentir melhor o "imponderável", o que lhes facultará viver harmonizados, conforme temos falado...

— Além da nova dinâmica mental, a psicosfera estará aliviada da sua grande carga tóxica, a qual será absorvida pelo "planeta higienizador" que cruzará o céu da Terra, facilitando que os encarnados e desencarnados *fortes e capazes* vençam os obstáculos com galhardia, mesmo em plena tempestade apocalíptica...[2]

— O indivíduo, impulsionado pela dor-efeito, quando compreende que ela é reação de ação pretérita e que ele foi gerador do seu carma negativo, se torna mais útil para a sua própria vida e para a dos seus semelhantes.

Como contraponto da **Tempestade** surge a **Bonança** escrevendo a sua página no livro da história da humanidade:

— Ao desfrutar da **Bonança**, o espírito terráqueo vislumbrará, com mais profundidade, o espaço sideral, sendo então motivado a sair das rotineiras reencarnações que, além de repetitivas e moralmente infrutíferas para a maioria da sociedade, são acompanhadas de desarmonias e dores...

— Os pensamentos dos seres humanos sob os auspícios da **Bonança** serão universalistas, porque o foco motivador da vida será alcançar os Céus, o que os desvinculará da acirrada luta para possuir os valores efêmeros da Terra...

— Os encarnados, espiritualmente mais lúcidos, se sentirão impulsionados, por processo natural, a contribuir com o polimento do conjunto planetário de maneira evangélica sem distinção de nenhuma natureza. Apenas se tornarão úteis à conscientização dos de boa vontade, ensinando-lhes os mecanismos das Leis do Criador.

Dado que o ser humano, quando portador do conhecimento sobre a vida além da vida, passa a ser progressivamente mais comedido nas ações, as reações perderão a energia-força causadora de desalentos, tornando as existências mais agradáveis e cada vez mais expressivas e motivadoras.

Com o progresso espiritual, o ser encarnado passa a medir as consequências das suas ações, pois compreende que as reações não são punitivas, mas sim disciplinadoras, razão pela qual se esforça para não empreender tarefas fúteis com perdas

[2] Assunto amplamente detalhado no livro *O Fim dos Tempos e os Discos Voadores*, do mesmo autor, 3ª edição, em 2012, **EDITORA DO CONHECIMENTO**.

substanciais de tempo e de energia enquanto estiver dedicando-se a tarefas inúteis para quem deseja graduar-se à frequência do **Cristo-Bonança**.

Pergunta 54: - Por que a moral e a ética serão mais refinadas no Terceiro Milênio?

Resposta: – Em sendo uma Constante Universal, o humano de qualquer latitude cósmica, à medida que evolui, refina os seus divinos sentidos, o que lhe faculta, entre tantas e magníficas benesses, a saúde psicofísica.

Percebe-se, em especial, a sacralidade da voz das pessoas emocionalmente equilibradas que ao falarem mantêm a vitalidade fisiológica do seu corpo somático e produzem efeitos salutares na consciência dos seus ouvintes em face do quimismo divino regurgitado do seu íntimo em função da palavra com o som e a emanação da sacralidade.

O homem-espécie quando portador da voz misericordiosa:

— É dotado de tornar os seus discursos agradáveis... Seu semblante é atraente, visto que emoldurado com aura policromática gerada pela alegria de viver e servir... Seus gestos expressam beleza com as cores da vida, e a sua harmonia íntima identifica que é portador da ética condutora...

— Demonstra pela sua natural maneira de ser que vive em equilíbrio emotivo, o que lhe permite se sintonizar com os planos espirituais superiores e sentir os anjos das esferas edênicas...

— Quando feminina e evangelizada, estando à frente da administração pública, de um modo geral, ela direciona seu foco primordial ao bem-estar social, tendo em vista que os seus sentimentos nobres se sobrepõem à razão e às necessidades pessoais. Ela se recorda, intuitivamente, das duras provas que viveram em suas vidas causadas pelas imposições dos seres masculinos desprovidos da eterna **Fé**.

Aguardemos mais um pouco para que, após a decantação apocalíptica, as excelsas almas femininas, portadoras de beleza moral, de maneira gradual e segura, possam assumir o comando da sociedade planetária. Com tal evento, conseguirão ensinar aos seres masculinos qual deve ser o roteiro sagrado para se viver honestamente, seguindo os princípios ético-morais ensinados e vividos pelo *Sol Divino* — o Nazareno Mestre.

✿ ✿ ✿

Adventos Crísticos

Suavemente estamos configurando **O Cristianismo Renovado**,[3] de forma que o ser humano possa ser desbloqueado do seu passado religioso, pois a sociedade terrena sem a catarse religiosa continuará cultuando os deuses de pau e pedra.

São Rafael, o Arcanjo do *conhecimento e da cura divina*, na proposta dos **Adventos Crísticos**, encontra-se empenhado nesta difícil e dolorosa fase de transição planetária para os menos evoluídos, em dar seu auxílio no despertar do Eu Crístico do ser humano.

O Arcanjo Rafael:

> — Na condição de Instrutor Espiritual a serviço do Cristo criador da Terra, entre tantas luminosas e magníficas tarefas que desempenha na proposta dos **Adventos Crísticos**, tem a sacrossanta missão de ensinar para libertar, de forma que as criaturas, conscientemente, abandonem as ações que geram reações acompanhadas por dores... Ele induz o ser humano a vivenciar a mensagem evangélica do Cordeiro Divino — Jesus de Nazaré...
>
> — Mobiliza o espírito encarnado para que se qualifique, urgente e meritoriamente, e adquira condições evolutivas para continuar reencarnando na Terra. Também auxilia na desinibição dos que, por qualquer razão, se encontram sem ação para com os Haveres dos Céus e, assim, não conseguem exteriorizar o amor que revitaliza a saúde da alma e do corpo...
>
> — Dinamiza as aspirações transcendentes, as quais provocam no ser almado a vontade evangélica de seguir os princípios ético-morais vividos e ensinados pelo Meigo Nazareno Mestre — o Instrutor Espiritual da Humanidade.

Quando se atribui ao Arcanjo Rafael o *Dom Divino da Cura*, devemos ter em mente que se trata da cura da alma, vez que a doença do corpo é **efeito**, cuja **causa** está na alma, no espírito. Certo é que, se a **ação** for boa, a **reação** será agradável e luminosa. Por assim ser, é de bom alvitre repetir para fixar que: *A cada um segundo as suas obras.*

Embora não pareça, fica claro que o livre-arbítrio é limita-

---

[3] *O Cristianismo Renovado* é também um dos livros do mesmo autor, 1ª edição, em 2014, **EDITORA DO CONHECIMENTO**.

díssimo, observando que, quando o ser humano quer avançar no erro, as Leis Reguladoras do Universo impedem com a dor a sua dantesca investida. O máximo que a Lei de Regência Universal lhe permite ***é praticar violações e erros úteis para a sua dolorosa experiência***.[4] Caso não existisse a dor, ele destruiria o Universo usando do seu livre-arbítrio. Em assim sendo, ***a dor é a maior economia na Criação do Universo*** e lhe cabe a última palavra, segundo o inesquecível Pietro Ubaldi.

[4] Pietro Ubaldi, em *A Nova Civilização do Terceiro Milênio*, 4ª edição, da Fraternidade Francisco de Assis, 1992.

Capítulo 10
As leis da vida

Pergunta 55: - Visto que o Nazareno Mestre colocou nas mãos do Brasil o sagrado compromisso de orientar a sociedade planetária sobre as leis fundamentais da vida, como se processará tal evento em uma sociedade tão heterogênea como ainda é a terrena?

Resposta: – Em sendo Deus Perfeito, a veracidade do prenúncio é inquestionável, visto que o Porta-Voz do Cristo foi Jesus a anunciar tal evento, e o médium que psicografou o livro *Brasil, Coração do Mundo, Pátria do Evangelho* foi o convicto e seguro Chico Xavier, faltando, no entanto, ação dos brasileiros... Daqueles que se permitem o autoincêndio com o fogo sagrado da convicção da Onipotência de Deus em si para nutrir a humanidade com a Seiva da Vida — o AMOR.

O momento é propício para chamar a sociedade à razão, observando que nos quatro cantos da Terra já se ouvem as vozes trovejantes das profecias anunciadas há milênios e que entrariam em ação improrrogável neste momento de transição planetária.

Pergunta 56: - Qual a causa para os espíritos terrenos serem levados à razão exatamente no momento das grandes transformações da massa planetária e dos exacerbados conflitos sociais?

Resposta: – É próprio da Pedagogia Sideral que os habitantes dos mundos provisórios procurem se ajustar às novas frequências dos orbes onde estiverem reencarnando para que, nos momentos de Juízo Final, estejam qualificados para o próximo Curso Espiritual e, assim, não serem exilados para outras moradas do Universo, naturalmente com evolução inferior ao mundo em que estiver atuando.

É Constante Universal e obedece ao eterno transformismo, que os habitantes sejam impulsionados a evoluir com o seu mundo, se pretenderem permanecer, por mérito, reencarnando nele.

Assim, pode-se concluir que:

— Deus, com a Sua Infinita Bondade, enquanto a Terra percorria o signo de Peixes, enviou os Seus Emissários Celestes para que orientassem os espíritos terrestres, alertando-os sobre a necessidade de transformarem a mensagem do Nazareno Mestre — ***a síntese de todas as verdades*** — em vivência à luz do Sol...

— Os profetas anunciaram que em Aquário, em virtude da idade da Terra e por processo natural, a **Infinita Bondade** de Deus encaminharia os ***lobos*** para os mundos que melhor atendessem ao seu grau evolutivo e que, em razão da Sua **Infinita Justiça**, os ***cordeiros*** permaneceriam reencarnando no nosso atual planeta...

— O ser humano, intuitivamente, já sente que, por causa da crescente e elevadíssima frequência[1] da massa terráquea, nos próximos instantes aumentará mais ainda em função principalmente da desintegração atômica natural no seu interior oco. O material radioativo dali atingirá frequências desintegradoras com maior abrangência, causando o rompimento de parte das linhas de força que sustentam a coesão molecular da massa planetária em vários pontos do planeta, culminando com imensos afundamentos na crosta terrestre[2] e substancial saída de **neutrinos** do seu interior oco.

---

[1] Em 1952, o físico alemão Winfried Otto Schumann "constatou" que a Terra é cercada por um campo eletromagnético poderoso que se forma entre o solo e a parte inferior da ionosfera, que fica cerca de 100km acima de nós. Esse campo (magnético) possui uma (frequência) de ressonância, mais ou menos constante, da ordem de 7,83 ciclos por segundo (hz). Funciona como uma espécie de marca-passo, responsável pelo equilíbrio da biosfera, condição comum de todas as formas de vida. ***Por milhares de anos, a Terra "pulsou" nessa frequência, e a vida se desenvolveu em relativo equilíbrio. Porém, a partir do ano de 1980 houve um aumento nessa frequência de 7,83hz para 11hz, ou seja, aproximadamente 40%. Mas, após 1990, esse acréscimo ainda foi maior, passando dos "normais 7,83hz para 13hz; um incremento impensável, até então, de quase 65%. Com isso, poderíamos afirmar que o "batimento cardíaco" do planeta acelerou.*** Segundo cálculos científicos, essa aceleração na frequência da "ressonância Shumann" teria reduzido o "antigo" período útil diário de 24 horas para 16 horas. Fonte: Wikipédia.

[2] A crosta terrestre é a menor e a mais externa entre as camadas da Terra. É nela que se realizam as transformações do relevo e onde se expressam morfologicamente todos os processos internos e externos que ocasionam a sua formação e transformação. Fonte: Wikipédia.

A causa para que grande percentual dos espíritos terrenos seja levada à razão exatamente no momento das grandes transformações da massa planetária está vinculada também à idade da Terra e ao seu momento histórico. Além dos fenômenos naturais, não podemos negar a inquestionável participação do ser humano para o planeta se encontrar em processo de desvitalização.

Consideremos "normais" os crescentes conflitos da sociedade neste momento de mudança de ciclo, já que, por causa da enorme quantidade de espíritos desarmonizados que habitam o Astral Inferior em torno da Terra, os seus campos energéticos estão em estado infernal, e os encarnados, desatentos à Lei da Afinidade, sofrendo fortíssima obsessão devido ao contato vibracional com grande número de alienados desencarnados, principalmente nos ambientes que abrigam seres humanos desprovidos de vivência evangélica.

Pergunta 57: - Ao estar o Brasil predestinado a ser o Coração do Mundo, Pátria do Evangelho, por que o Anjo Ismael, instrutor espiritual da nação brasileira, não escolhe os seus governantes a fim de que tal prenúncio seja realmente realizado?

Resposta: – É notória a pouca evolução espiritual da maioria dos humanos que compõem a sociedade terrena. Certo é que, mesmo estando a nação brasileira com tão grande responsabilidade, os líderes espirituais que coordenam e norteiam[3] a **Predestinação Espiritual do Brasil**[4] não devem interferir de maneira tão direta, pois reconhecem que *cada povo tem o governo que merece.*

Em um mundo no qual a **biologia** se sobrepõe à **ideologia** da maioria dos seus habitantes, os seres humanos mais evoluídos e conscientes quanto ao sentido sagrado da vida corpórea seriam "crucificados" se assumissem a vanguarda da administração dos países, pelo menos por enquanto.

Os espíritos mais lúcidos e que, intuitivamente, sentem que já participaram de outros momentos de transição planetária na Terra ou em outros mundos:

---

[3] A coordenação e norteamento dos **Adventos Crísticos** na Terra estão sob o comando do ascensionado Apolônio de Tiana.

[4] Título do livro do mesmo autor, 1ª edição, em 2011, **EDITORA DO CONHECIMENTO.**

— Sabem que nos instantes seletivos em que, por processo natural, os *lobos* são separados dos *cordeiros*, os seres humanos, portadores de certa abertura intelectiva, mas sem patrimônio moral em nível elevado, usam da astúcia em grande escala. Mesmo assim, os *lobos*, em razão da pouca evolução espiritual, não devem ser julgados pelos mais evoluídos e sim compreendidos, tendo em vista que, nessa fase evolutiva, predomina no seu universo íntimo a ancestralidade. Justifica-se, dessa forma, a **biologia**, pejada de energias densas, se sobrepor à **ideologia** de grande parte da humanidade deste orbe...

— Não ignoram que os indivíduos mais evoluídos, portadores de biologia mais requintada, ***não usam do escudo para se defender, muito menos ainda da lança para atacar***. Daí não ser conveniente colocar à frente das nações aqueles que valorizam mais as ***aquisições celestes*** para governar os povos que matam e morrem para conquistar os ***tesouros terrestres***...[5]

— Têm conhecimento de que, após a transição planetária em que a Terra está sendo promovida à condição de Escola Secundária, sem os espíritos ávidos pelo **ter transitório** em detrimento do **ser eterno**, os mais conscientes e lúcidos serão reconhecidos e aclamados para administrar o planeta e orientar a sua sociedade. Logo, estarão à frente das nações aqueles que, verdadeiramente, conhecem as Leis da Reencarnação e de Causa e Efeito, além de estarem conscientes quanto à eternidade e à imortalidade.

Obviamente que os valores ético-morais das sociedades dependem, também, da evolução biológica, razão pela qual os espíritos ligeiramente mais evoluídos, por serem menos instintivos e não ostentarem de maneira tão acentuada as energias da agressividade, se sentirem "impotentes" para governar uma nação cuja maioria dos seus habitantes é de evolução primária, naturalmente portadores de elevada carga energética herdada da genética animal.

Pergunta 58: - Para conscientizar os povos quanto às leis da vida, em que consistirá a tarefa do Brasil?

Resposta: – Grande parte dos humanos ainda ignora as leis universais, o que alimenta as lutas empreendidas pelos espíritos que representam as forças contrárias ao eterno ***vir a ser***, ou seja, aqueles míopes que emperram a evolução nos mundos primá-

[5] Não temos dúvida no que respeita às exceções.

rios. No entanto, tenhamos em mente que os efeitos astrológicos e astronômicos no percurso de Aquário auxiliarão maravilhosamente aqueles que continuarem fazendo a história da Terra.

Logicamente, os que permanecerem na Terra por se tratar de espíritos mais harmonizados com as Leis da Criação:

— Terão, como tendência natural, o estímulo à ***união sem fusão*** de todos os homens, formando uma grande unidade, de maneira que todos, sem perderem as suas individualidades, se dediquem à mesma causa, isto é, à conquista da paz interior para, assim, eliminar a guerra exterior...

— Vez que são mais espiritualizados, viverão em paz na ***diversidade*** sem comungar com a ***separatividade***. Eles conseguirão, com facilidade, se adaptar ao moderno e inusitado momento histórico da sociedade terrena, pois compreenderão que a evolução do mundo como um todo propiciará ao homem-espécie por meio da ciência vislumbrar um universo psicofísico antes "imponderável"...

— Participarão, de maneira mais abrangente e eficaz, do dinamismo da criação do universo material, pois é tendência natural e lógica o ser humano interagir com a Fonte Criadora e, gradativamente, penetrar no Universo Essencial, o que lhe facultará identificar o Empuxo Divino para voos mais Altos.

Por conseguinte, somente depois que os espíritos vandálicos deixarem a Terra é que o Brasil conscientizará os povos a respeito das leis da vida de maneira mais eficaz e mais abrangente.

Consideremos então que:

— O espírito graduado para permanecer na Terra deve agradecer àqueles de pouca evolução que se colocaram a serviço do ***mal*** e que, naturalmente, auxiliaram em sua meritória melhora através da convivência com as forças contrárias, embora complementares. O ***mal*** também tem o seu valor na Obra do Criador... É bom relembrar que ***o escândalo é necessário, mas ai daquele que o faça...***

— Aquele de pouca evolução está desenvolvendo, em suas ações, habilidades para, futuramente, ser capaz de inverter as polaridades e se dedicar à construção do ***bem***. É da Lei do Criador que o espírito precisa atingir o auge da astúcia para iniciar conscientemente os primeiros passos rumo à honestidade plena...

— É do conhecimento de todos que ***a dor anula a dor***, tendo em vista que o espírito, no vaivém reencarnatório, diante das dificuldades, aprende *a amar a Deus sobre todas as coisas* e passa *a amar ao próximo como a si mesmo*.

O ser humano, quando se encontrar nos campos das grandes batalhas, vivendo e convivendo com as forças opostas ao eterno transformismo, não deve reclamar, mas agradecer... Agradecer pelo elevadíssimo papel que o *mal* desempenha, embora a princípio, analisado sob esse ângulo, pareça que tem ação contrária à evolução. Por ser perfeita a Lei de Deus, o *mal* é, temporariamente, um excelente acionador das forças latentes na essência espiritual de todos os almados seres ao acreditar que a vitória será sempre do *bem*, vez que não existe *mal* eterno.

É necessário avaliar os aspectos gerais das situações para que se possa compreender o magnífico papel desempenhado pelo *mal* na Obra de Deus, pois é sabido que o indivíduo que se tornou "santo" precisou de um "demônio" para o seu Eu Crístico aguçar os seus divinos sentidos e, por esforço pessoal, acionar a sua Força Superior, o seu Cristo Interno e ascensionar, pois assim determina a Lei da Evolução. Vejamos o *mal*, no contexto da vida, como um colaborador para transformar espíritos *simples e ignorantes* em evoluídos, ascensionados, angelicais, arcangélicos e além. Vez que é da Lei de Deus *que toda ação gera reação*, a reação é negativa para quem pratica a ação, mas a ação negativa do *mal* se torna positiva para quem a recebe, desde que seja com gratidão e vibrações com ondas de compreensão e amor.

Pergunta 59: - Ah, meu Deus!... A tarefa do Brasil será muito árdua para esclarecer a sociedade planetária que o mal está a serviço do bem. Como entendermos que o mal está realizando maravilhas se a única coisa que ele sabe fazer é destruir?

Resposta: – A Essência de todos nós é imaculada, visto fazermos parte da Criação de Deus. No entanto, as existências dependem do bom ou mau uso dos nossos divinos sentidos, isto é, *ver, ouvir e falar*. O bom uso é identificado quando usado com misericórdia.

Analisemos os aspectos positivos causados pelo *mal*:

— Por ser intrínseco à **mônada** o sentido sagrado de preservação da vida, com a ação do *mal*, ela busca em seu mundo íntimo força-energia de que carece para superá-lo. Nesse mergulho, dinamiza as suas potencialidades divinas, o que lhe permite descobrir mais Deus em si...

— O *mal*, que é transitório, tem a sua energia-força limitadíssima e que dura um ínfimo de tempo quando comparado com a eternidade. Deduz-se que, quanto mais *mal* o ser *mau* praticar, mais rápido o *mal* se autodestruirá.[6] Em sequência, tornar-se-á um indivíduo do *bem* após ter recebido, com elegância, as reações das suas ações. Certo é que, ao receber o retorno com placidez, estará em condições evolutivas para começar a praticar o *bem*. Consideremos, então, que o *mal* não é integralmente *mal*, tendo em vista que ele desempenha, no primeiro momento, a nobre função de estimulador das forças latentes nos seres humanos...

— Pela lógica, concebe-se que o espírito, mesmo quando dedicado à prática temporária do *mal*, está evoluindo, considerando que precisará desenvolver novas habilidades para desempenhar as suas tarefas satisfatoriamente, dado que na Criação não pode haver estagnação eterna.

Assim, além de o espírito *mau* ser esplendorosamente útil para alavancar o *bem* latente em outrem, ele se autotransforma, ficando responsável pelo seu autotriunfo, obedecendo ao eterno transformismo do plano sagrado da Criação.

Em sendo Deus a Perfeição Suprema, admitamos que haja algum objetivo para a existência do *mal*, considerando que, embora tenha aparentemente apenas função destrutiva, ele desempenha também a nobre tarefa de transformação íntima dos humanos.

Pergunta 60: - Visto que cada planeta do nosso Sistema Solar está sob a batuta do Cristo que o criou, por que se diz que as vidas terráqueas dependem da Energia-Luz do Sol?

Resposta: – A evolução espiritual, que é eterna, logicamente não tem ponto final. Naturalmente que, como acontece com as hierarquias dos Anjos com infinitos subplanos, quando o espírito atinge a graduação de um Arcanjo ou Cristo, continua evoluindo e galgando os infinitos subplanos da hierarquia dos

[6] Entendamos que o sentido no texto é metafórico para não parecer que estamos fazendo apologia do *mal*.

Cristos. Assim, se fosse possível concebermos um ponto final para a evolução, esse ponto seria **Deus**.

Para ilustrar, admitamos, teoricamente, as hierarquias dos CRISTOS em sua ordem "**crescente**" para, por evolução se "chegar" a **Deus**:

Planetários
Solares
Constelatórios
Galácticos
Hemisféricos
Cósmicos e, finalmente,
Deus

Pelo descrito, em sendo **Deus** o Artífice da Vida, um Cristo Cósmico é quem está, por evolução, mais "próximo" Dele. Mesmo assim, só Deus é o Supremo Criador da Vida. Embora um Cristo Cósmico açambarque todo o Universo Criado, Ele não é a Fonte Geradora da Vida, e sim um intermediário entre o Pensamento Criador — **Deus** — e os bilhões de bilhões de Engenheiros Siderais criadores de mundo. O mesmo acontece em escala **decrescente** com os Cristos Cósmicos, Hemisféricos, Galácticos, Constelatórios, Solares e Planetários.

Assim, o Cristo Solar do nosso Sistema, mais experiente de **Deus** em relação aos Cristos Planetários que transladam à sua volta, é quem provê as necessidades energéticas dos mundos que rodopiam sob a sua batuta. Certo é que o Cristo Terráqueo, por exemplo, recebe as energias do Cristo Solar e as decodifica para alimentar as vidas da Terra de acordo com as suas realidades receptivas, em função do reino a que provisoriamente pertencerem.

Em sendo Cristo sinônimo de Amor Universal, só podemos identificá-Lo na Criação através do nosso Cristo Interno, tendo em vista que *somente entre semelhantes é possível a comunicação,* ou seja, é o Cristo-criatura que, pelas vias internas do coração, identifica o Cristo-Criador nos universos físicos e metafísicos.

Ao particularizar para a realidade do espírito terreno, é a partir da graduação evolutiva em que se sente impulsionado a evoluir para ascender que:

— Surge nele a vontade indômita da **Reversão**, isto é, iniciar, conscientemente, o seu retorno ao Pai-Criador na condição de *Filho Pródigo* que ele é, atendendo ao Empuxo Crístico causado pelo Cristo Planetário da Terra. Ao sentir esse impulso interior, a alma, mesmo portadora de livre-arbítrio, se entrega sem resistência, livre e solta à atração da Luz do Cristo. É um Empuxo entre o Cristo-Criador e a essência do Cristo-criatura sem passar pela sua racionalidade...

— O espírito, quando por evolução consegue registrar que está sendo atraído pela Luz do Cristo-Amor, gradualmente perde os vínculos que o atrelam aos reinos inferiores, principalmente do reino animal, o mais próximo, e assim vai se distanciando vibratoriamente da sua ancestralidade. Progressivamente, sentindo a Essência do Cristo-Vida, surge nele a sagrada vontade consciente de ascender e de se integrar à pulsação do Amor Universal...

— Ao conceber que caminha no espaço sideral acompanhando o movimento elíptico do corpo celeste em que ele está situado provisoriamente, a sua maior aspiração é passar a sentir o Cristo criador do seu mundo. No caso específico da Terra, o que mais ele deseja é adquirir mérito para identificar a Luz Resplandecente do Cristo Terráqueo tendo como Modelo e Guia Jesus — o *Sol Divino*.

Observa-se, assim, que *as leis da vida*, por serem Constantes Universais, merecem ser assimiladas, o quanto antes, por todos os espíritos espalhados pelas *muitas moradas do Pai* que pretendem sair da rota reencarnatória compulsória e se integrar às diáfanas[7] correntes de pensamentos das consciências que formam a Sacra Ordem Espiritual orientadora do Planeta Terra.

Os Cristos criadores dos planetas do nosso Sistema Solar, por exemplo, estão sob a regência do Cristo Solar. A massa do Sol — o "corpo" do Cristo Solar —, por ser mais antiga, com sua natural desintegração atômica que ocorre do seu núcleo para a periferia, gera Luz-Energia que serve, entre outras maravilhas, de Fonte de Alimento Sagrado para prover as vidas existentes nos corpos celestes que transladam[8] à sua volta.

[7] Que deixam passar pouca luz; translúcida. No texto tem o sentido de pureza, suavidade.

[8] A translação da Terra é o movimento que a Terra realiza ao redor do Sol a uma distância aproximada de 149.597.870.700 metros. Uma **translação** completa ao redor do Sol leva 1 ano sideral ou 365,256363 dias solares a uma velocidade orbital média de 29,78 km/s. Fonte: Wikipédia.

Justifica-se dessa maneira o motivo de se dizer que, no geral, as vidas terráqueas dependem da Energia-Luz do Sol e que:

> — Os espíritos humanos que compõem o conjunto dos encarnados e desencarnados da Terra, ou de qualquer reduto no espaço sideral, ao se graduarem à ***misericórdia do ver, ouvir e falar,*** passam a desfrutar das divinais emanações provenientes dos campos energéticos gerados pelos espíritos portadores das virtudes celestiais, pois tais espíritos almados entram nas frequências identificadoras das elevadíssimas Consciências Ascensionadas.
>
> — Os Cristos Planetários do nosso Sistema navegam dentro da Esfera Áurica do Cristo Solar. Por assim ser, quem sente o Cristo planetário terreno pelas vias internas do coração, sente, na verdade, o Alento Divino advindo da Corte dos Cristos integrados, por ressonância, aos Cristos de todo o Universo, em razão de Cristo ser um estado permanente de Amor Universal...
>
> — O Nazareno Mestre, nosso eterno modelo, que naquele encarne vivia sintonizado com o Cristo-Pai criador da Terra, serviu de Prisma Angelical recepcionando a Luz Crística e A exteriorizando silenciosamente pelo ***Seu Sagrado Coração.*** Jesus era a "janela viva" pela qual o Cristo-Pai Se tornava visível e audível para os encarnados, segundo Ramatís, através de Hercílio Maes.

Fica claro que, em sendo o coração o ponto final de todos os nossos males, é de bom senso a pessoa se amar para ter condições de também amar ao próximo, consciente de que tal atitude faz parte da Ciência Cósmica... Pela lógica, cada espírito encarnado, por esforço pessoal, deve acionar o seu Cristo Interno, o seu Cristo-Amor para, por ressonância, entrar na frequência do Cristo Terráqueo — Fonte Inesgotável do Amor — que vive integrado ao Rosário dos Cristos Planetários, Solares, Constelatórios, Galácticos, Hemisféricos e Cósmicos.

❃ ❃ ❃

Adventos Crísticos

Em todas as épocas coube ao Arcanjo Gabriel anunciar, antecipando-Se no tempo, os próximos Eventos referentes à Terra e à sua humanidade. Nos Eventos e Adventos anteriores, Ele envolveu localidades ou povos... Nos **Adventos Crísticos**, por terem efeito globalizador, Ele açambarca todos os povos dos cinco continentes.

Deduzamos o trabalho de Gabriel — o Arcanjo da Anunciação — Se fazendo presente nos quadrantes deste planeta, fornecendo material didático para a libertação individual e coletiva de milhões de espíritos encarnados que já são capazes de dar um salto qualitativo na existência e saírem da frequência do apocalipse para não serem atraídos pelo "planeta higienizador", em função dos pesos específicos dos seus perispíritos.

Nesta fase em que as *ervas daninhas* estão sendo retiradas da Terra, o planeta ficará praticamente "desértico", o que é natural, mas em melhores condições para novos plantios, que serão, certamente, mais adequados a uma Escola Espiritual de nível **Secundário**. Em assim sendo, consideremos esta fase difícil que já estamos vivendo como uma salutar adubação para a Terra *produzir frutos em abundância* na Era de Aquário.

Dado que é da própria Criação a preservação da vida, os espíritos meritoriamente qualificados para darem sequência à vida na Terra encontrarão força-energia para reconstruir o mundo, tal é a Perfeição de Deus, vez que *nada se perde, pois tudo se transforma*. Assim, do "deserto" terreno, após a limpeza apocalíptica, surgirá a civilização do Terceiro Milênio, formada pelos espíritos vencedores de si mesmos e em condições para melhor vivenciar o Evangelho do Nazareno Mestre. Observemos a magnífica Lei da Criação: após a devastadora destruição apocalíptica, Deus encontra meios para a renovação da vida; com a dor e o sofrimento, o espírito desperta o seu Deus Interno, a Sua Força Superior, o seu Cristo Interno, e a vida continua exuberante e bela.

Com a leveza da pluma, vamos delineando a vida neste milênio. Até mesmo já é possível formatarmos mentalmente em que consiste a renovação do Cristianismo.

O Arcanjo Gabriel e a sua luminosa corte de consciências ascensionadas atuam na filigrana do espírito, levando-o a compreender que, na Criação, destruição e reconstrução são Constantes Universais para que haja renovação. Assim são também o reencarne e o desencarne para que nos tornemos pessoas universalistas e evangelizadas em toda a integralidade.

❁ ❁ ❁

Agora, para auxiliar no despertar do meu Cristo Interno, na minha Força Superior, vou imaginar Maria, a Santíssima Mãe da humanidade, falando sobre as esplendorosas Mansões Celestiais... À medida que fala, Ela me induz ao silencioso mergulho... Eu mergulho na minha essência espiritual... Mergulho para ouvir a voz do meu Deus, do meu Criador, tendo o Arcanjo Gabriel como Seu porta-voz... Tendo o Arcanjo Gabriel como Espirito-Médium de Deus... É Deus que fala através de Gabriel e me diz:

Filho!...
Essência da Minha essência...
Voz da Minha voz...
Amor do Meu amor...
Vida da Minha vida...
EU SOU o calor do sol da manhã a vivificar a natureza...
EU SOU a energia que impulsiona o desabrochar das flores para exalar o perfume que nelas Sou...
EU SOU a Fonte Eterna da Vida a desdobrar-Me em miríades de outras vidas na imensidão do Cosmo que Sou...
EU SOU o êxtase que te invade o coração para manifestares o divino que Sou em ti...
EU SOU o sorriso da criança que dá os primeiros passos no mundo da forma...
EU SOU a ternura do longevo que aprendeu A Arte de Interpretar a Vida...
EU SOU a carícia materna a inundar o teu coração com o amor de mãe que Sou...
EU SOU o calor do primeiro raio de sol da primavera a florir e colorir o teu planeta...
EU SOU a beleza da melodia que ouves advinda do recôndito Eu do Universo que Sou...
EU SOU a eterna harmonia do Todo Criado...
EU SOU espírito, Sou energia e Sou matéria...
EU SOU a bondade que perdoa e a justiça que disciplina...
EU SOU a nebulosa que nasce e o sol que se desintegra...

EU SOU a Lei que rege o Universo e o Universo que Sou...
EU SOU a força da vida a conduzir os Meus filhos a evoluírem, ascenderem e transcenderem...
EU SOU o cântico que a Criação entoa ao Criador de todos os Mundos...
EU SOU tudo e Sou o Todo...
EU SOU teu Pai...
EU SOU tua Mãe...
EU SOU Amor...
EU SOU Bondade e Sou Justiça...
EU SOU a Vida...
EU SOU DEUS.[9]

[9] Extraído do livro *A Arte de Interpretar a Vida*, do mesmo autor, 3ª edição, em 2012, **EDITORA DO CONHECIMENTO.**

Capítulo 11
O Sermão da Montanha e as Leis de Deus

Pergunta 61: - Poucos seres humanos tiveram êxito quando se propuseram a representar Jesus divulgando a Sua mensagem por meio da vivência. Qual a causa de tanta dificuldade para se vivenciar o Evangelho?

Resposta: – Nas Escolas Primárias, o ideal é a sociedade amealhar, com a razão, o conhecimento científico e, simultaneamente, o progresso moral para, usando a razão e o sentimento, manter o equilíbrio. No conjunto espiritual terreno, a maioria é de evolução moral primária, ainda adorando os deuses de pau e pedra e, também, dando vazão à agressividade para defender os seus deuses.

A mensagem do Nazareno Mestre, por transcender a evolução do naipe, da categoria dessa maioria que ainda se encontra em um grau evolutivo tão inexpressivo a ponto de transformar o Sagrado Relicário de Luz — o Evangelho — em mercadoria para negociatas, ainda não pode ser assimilada por todos os integrantes da sociedade. Observemos que são diversas as causas que dificultam a vivência evangélica.

Dentre elas:

— A história religiosa do homem terreno adorando fetiche e cultuando os deuses do ódio, da vingança, da miséria, da guerra, da morte, do castigo divino, do horror e do temor, foi uma fase dantesca para a maioria da sociedade. Mesmo agora, por causa da nossa pouca evolução espiritual, temos dificuldades para vislumbrar o eternamente novo, provocando grandes lutas com nossos próprios adversários íntimos. Isso ocorre porque muitos ainda não conseguiram se perdoar. Séculos e milênios se passaram, mas ainda continuam arrastando as suas malfadadas reencarnações sem o autoperdão...

— O espírito quando aturdido, consciente ou inconscientemente, em razão do seu passado, lhe faltam recursos morais para vencer a elevadíssima força que o atrela às suas milenares e desastrosas experiências. À medida que ele, por evolução, vence o tempo e o espaço, com maior facilidade vislumbra um futuro luminoso e, então, consegue entrar em acordo fraternal e amoroso com o seu passado. Na verdade ele se conscientiza de que na Criação existem o positivo e o negativo que, embora contrários, são complementares, vez que na Natureza não há acaso... Mesmo sendo a palavra evangélica atemporal, embora eternamente futurista, o ser humano de poucos conhecimentos libertadores é míope para com os valores além do plano objetivo, concreto e atual. Para ele, por sua escassa evolução espiritual, o Evangelho é utópico, por achar que é uma mensagem para ser vivida pelos santos, quando, na verdade, os ensinamentos evangélicos precisam ser vivenciados por todos os seres humanos para que possamos nos graduar à santificação na carne.

Pergunta 62: - Por que nem mesmo os homens paramentados que se colocaram à frente do Cristianismo conseguiram vivenciar os ensinamentos do Sublime Anjo Planetário — Jesus de Nazaré?

Resposta: – Em nenhuma época ou situação, as capas externas identificaram o conteúdo moral de quem as vestiu. O ser humano para abdicar dos louros do plano material sem as lágrimas do sofrimento precisará ter evolução espiritual e biológica a ponto de não ter elos energéticos presos aos tesouros terrestres, os quais sinalizam a nossa emocionante relação com os mundos tangível ou intangível. Assim, avaliando a nossa relação com os dois planos, é possível concluirmos o nosso grau de evolução espiritual.

Façamos uma autoanálise:

— Vivo em equilíbrio, harmonizado comigo mesmo de conformidade com os conhecimentos adquiridos, ou o meu histórico ancestral não me permite dar saltos quânticos em direção ao amanhã para que eu me liberte do passado e, assim, não seja tombado pelo sentimento de culpa?...

— É da Lei da Evolução que a **ética** demonstra pela relação

social a possibilidade de identificar a **moral**, isto é, o nível de integração da criatura ao Criador. Assim, na relação que mantenho com o Criador, a minha ética se expande ou se encontra engessada, mesmo com a oportunidade de conviver com milhões de criaturas, filhas do mesmo Deus?... Como é a minha relação com os meus semelhantes no cotidiano?... Sou capaz de me relacionar amigavelmente com muitas pessoas?... Quando o resultado apresenta um percentual muito pequeno, devo mudar meu comportamento com os Cristos-criaturas para melhorar a minha realidade com o Cristo-Criador?...
— É suficiente que eu tenha conduta distinta, educada e dócil ou use paramentos para ser distinguido ou aplaudido pela sociedade, vez que tão somente o que é exteriorizado por mim não identifica princípios ético-morais cristãos?

Para verdadeiramente vivenciar o Evangelho, que nos autointerroguemos:

— Por processo natural, já consegui substituir a força pela justiça?...
— Os poderes terrestres sufocam as minhas aspirações de amealhar os poderes celestes?...
— Já pratico os ensinamentos libertadores adquiridos intelectualmente?...
— Vez que a honestidade para cada nível evolutivo é uma graduação espiritual atingida após o último grau da astúcia, em qual situação me encontro?...
— Pela maneira como vivo, ajo e reajo, como falo, ouço e vejo, já posso me intitular uma pessoa misericordiosa?...
— Ao refletir sobre a qualidade dos meus pensamentos e atitudes, posso me considerar um vencedor das minhas inferioridades morais?...
— Em João, 8:1-11 consta: ***Atire a primeira pedra aquele que não tem pecado.*** Por não ser ético criticar ou julgar a vida alheia, já possuo autoridade moral para ***atirar a primeira pedra?***

Pergunta 63: - Por que devemos acreditar que o Nazareno Mestre sintetizou as Leis de Deus no Sermão da Montanha?
Resposta: – Ao acatarmos que o bem-aventurado é "aquele que desfruta, nesta vida ou após a morte biológica, das bem-aventuranças divinas" ou é "aquele que tem as glórias dos Céus", conforme a visão do Catolicismo, será preciso para que tal acon-

teça que a criatura paute a vida sem infringir, sem desrespeitar as Leis do Criador. Em assim sendo, ao seguirmos o Sermão da Montanha, estaremos no prumo, direcionando o rumo que nos dá acesso ao mundo celestial.

As bem-aventuranças estão descritas em Mateus 5:3-11 e são parte do Sermão da Montanha. Observemos que Jesus mostra como é possível ser feliz, revelando como deve ser o caráter daqueles que buscam o Reino de Deus.

Pronunciemos as bem-aventuranças com voz clara, tom mantrânico e com a vibração da sacralidade:

> — Bem-aventurados são os humildes,[1] porque deles é o Reino dos Céus;
> — Bem-aventurados são os que choram, porque serão consolados;
> — Bem-aventurados são os mansos, porque possuirão a terra;
> — Bem-aventurados são os que têm fome e sede de justiça, porque serão saciados;
> — Bem-aventurados são os misericordiosos, porque alcançarão a misericórdia;
> — Bem-aventurados são os puros de coração, porque verão a Deus;
> — Bem-aventurados são os pacificadores, porque serão chamados filhos de Deus;
> — Bem-aventurados são os perseguidos por causa da justiça, porque deles é o Reino dos Céus;
> — Bem-aventurados sereis quando vos caluniarem, vos perseguirem e disserem falsamente todo o mal contra vós por causa de mim. Alegrai-vos e exultai, porque será grande a vossa recompensa nos céus, pois assim perseguiram os profetas que vieram antes de vós.[2]

Ao aceitarmos as bem-aventuranças como roteiro para quem almeja alcançar o Reino de Deus, passamos a entender melhor a razão de os espíritos não graduados para reencarnar na Terra em Aquário serem amparados pela Infinita Bondade de Deus e, consequentemente, exilados para os mundos inferiores à Terra... Mundos mais adequados às suas momentâneas aspi-

[1] Na *Bíblia* católica consta: Bem-aventurados os **pobres de espírito**, pois deles é o Reino dos Céus; e também no livro *O Evangelho Segundo o Espiritismo*, de Allan Kardec, publicado pela FEB. Evidentemente que tal afirmação procede, considerando que ninguém será um bem-aventurado enquanto for um "pobre de espírito".

[2] Esta bem-aventurança merece certo cuidado, pois o indivíduo não será bem-aventurado tão somente porque foi *insultado*, *perseguido*, caluniado etc. Pela *Lei de Ação e Reação*, ele deve avaliar se já adquiriu o sagrado silêncio verbal e mental para não reagir às acusações, o que lhe geraria, então, carma negativo.

rações... Mundos onde, amparados pelo mesmo Deus de Amor e Justiça, continuarão reencarnando para adquirir novos conhecimentos libertadores e se graduarem às bem-aventuranças.

Os Prepostos de Deus que coordenam as reencarnações em nosso atual orbe oportunizaram os milhões de milhões de espíritos que poderiam se graduar para continuar na Terra em Aquário, mas nem todos arbitraram por mudanças substanciais a ponto de se qualificarem para a Era do novo momento histórico da Terra e de sua humanidade.

É evidente que, pela Lei da Evolução, espíritos recalcitrantes e de conduta **Primária** não sejam matriculados nos Educandários de nível **Secundário**, motivo pelo qual bilhões deixarão a Terra durante a transição planetária terrena. É a Infinita Bondade de Deus em ação, permitindo a cada um que, de acordo com a sua evolução e o seu estado psicológico, possa acelerar o processo do *religare*.

De maneira gradual, para que seja segura, estamos nos preparando psicologicamente para enfrentar o Juízo Final com galhardia e elegância cristã, conscientes de que o atual estado apocalíptico da Terra foi gerado, em parte,[3] por imensa cota de energias deletérias provenientes da nossa milenar conduta. Por sentirmos intuitivamente e de maneira gradual que caminhamos célere e ativamente para os momentos mais impactantes da assepsia terrena, aceitemos a ação profilática com semblante agradável para que mereçamos uma vaga reencarnatória na nossa magnífica morada atual — o planeta Terra.

Pergunta 64: - De que maneira colocarmos em prática, sem revolta nem revide, o ensinamento que consta em Lucas, 6:29-30: ...Ao que te ferir numa face, oferece-lhe também a outra... E ao que te tirar a capa, não impeças de levar também a túnica. Dá a todo o que te pedir; e, ao que tomar o que é teu, não lho reclames.

Resposta: – Depois de assimiladas as Leis de Deus, cuja essência doutrinária se encontra sintetizada em o ***Sermão da Montanha*** do Nazareno Mestre, a convivência com as diferenças

---

[3] Dizemos *em parte* porque, além das mudanças provocadas pelo ser humano, as forças da Natureza, simultaneamente, já estão em ação, ajustando a massa planetária terrena. (N.A.)

evolutivas ou de quaisquer outras naturezas se torna mais fácil.

Vejamos:

— A mensagem evangélica leva o ser humano convicto e portador de intenções nobres, a não reagir às imposições dos desprovidos da eterna fé... Também a não criar polêmicas infundadas, nem a se defender de acusações, seguindo os ensinamentos e o exemplo Dele — o Sublime Mestre...

— Quem está a serviço da vida, está protegido pelo Autor da Vida — **Deus** —, justificando, dessa forma, o fato de que os espíritos superiores que representaram o Nazareno Mestre ***não usaram do escudo para se defender, muito menos ainda da lança para atacar...*** Assunto já falado repetidas vezes.

— O homem-espécie, sabedor da ***Lei de Ação e Reação***, usa da **inteligência** para superar a **astúcia** e, depois, se graduar à **honestidade**.

Na mesma proporção em que o espírito evolui, distancia-se vibratoriamente da frequência identificada pelo Plano Material, tendo, como consequência, a "perda" dos elos energéticos da posse pelos bens transitórios pertencentes ao plano da temporária existencialidade. Por passar a ter como principal foco psicoemocional a conquista dos Céus, não se revolta com aqueles que dele tiram os tesouros da Terra, nem revida as agressões de qualquer procedência, preferindo usar o método dos sábios que diz: ***...Não criar resistência ao maligno***, conforme consta em Mateus, 5:38-39.

> ... Mas buscai primeiro o reino de Deus e a sua justiça, e todas essas coisas vos serão acrescentadas.

Pergunta 65: - Disse Mahatma Gandhi: "Se todos os livros da humanidade perecessem e só sobrasse o Sermão da Montanha, nada estaria perdido." O que consta de tão especial nesse Sermão?

Resposta: – O Sermão proferido pelo Pedagogo Sideral a Serviço de Deus na Terra — Jesus de Nazaré — na verdade sintetiza as Leis da Criação.

Por exemplo, vamos refletir sobre o conteúdo ético-moral das bem-aventuranças:

— O espírito humano, mesmo enclausurado em um corpo biológico, ao se apoiar na ***letra*** da mensagem evangélica se conseguir, por evolução espiritual, transcendê-la e identificar a *mensagem da letra*, não separará mais a sabedoria do sentimento crístico, por se sentir magnificamente motivado para alcançar a frequência do Cristo-Bonança, o que lhe facultará viver e conviver com as diferenças sem perder o seu equilíbrio espiritual. Ora, ele ao sentir o Cristo-Amor está a caminho da plenitude. Logicamente, mesmo portador de livre-arbítrio, não arbitrará para viver fora da Lei, uma vez que Dela não desconhece...

— O indivíduo, ao conceber o sentido sagrado da palavra **AMOR**, entra no exercício consciente de sua universalização... Ao acionar de seu universo íntimo tal sentimento, brota-lhe a **Vontade** na condição de Divino Atributo de Deus em si para ter condições de amar ao Criador e às criaturas de maneira irrestrita, cuja visão passa a ser de amplitude cósmica...

— Por ser Constante Universal, à medida que o homem-espécie vivencia a mensagem evangélica, na mesma proporção se integra conscientemente a Deus, representado pelo Cristo-Criador do seu temporário[4] mundo de atuação.

Fica transparente que o Evangelho-Essência é a síntese das Leis de Deus... É a síntese de todas as verdades, o que nos permite associar a Ciência com a **Fé** que tem o sentido universalista de fidelidade às Leis do Criador. Dessa forma, embora a Ciência e a Religião busquem o mesmo Deus por caminhos diferentes, estão obedecendo às Leis Imponderáveis do Supremo Legislador e convergindo para o mesmo ponto, interligadas por invisíveis linhas de força que as mantêm unidas para expressar harmonia na mais lídima, legítima e luminosa fraternidade.

Os humanos representantes dos pilares Ciência e Religião, quando portadores de visão ampla, procuram alento divino nos poderes das Superconsciências Diretoras da Vida Universal sem ficarem presos às particularidades que as individualidades possam ter. O mais importante para eles é que, mesmo distintos pelas preferências, se mantenham centrados nos Céus alimentados pelo sentimento nobre da irmanação e entrelaçados pela emotividade expressa pelo afeto fraterno.

❁ ❁ ❁

[4] Os mundos são temporários porque os universos criados duram apenas 4.320.000.000 de anos terrenos, tempo para a integração e desintegração dos corpos celestes, acontecimento conhecido também por Grande Plano para os ocidentais ou Manvantara para os orientais.

Adventos Crísticos

O Cristo Criador da Terra, embora onipresente no mundo da sua Criação, tem os seus Prepostos atuando nas infinitas atividades de sustentação da vida planetária.

Os Arcanjos, mesmo sendo espíritos livres no Universo, logicamente sem carma para resgatar, quando escolhem ou são nomeados para atuar em benefício de determinado mundo, fazem-no por Amor Incondicional.

O Arcanjo Uriel, por exemplo, um dos zeladores da humanidade terrena, atua no sentido sagrado de despertar no homem-espécie os Atributos Divinos latentes e, assim, possibilitar que ele, por esforço pessoal, se trabalhe para expandir conscientemente as suas potencialidades íntimas.

Os **Adventos Crísticos**, pela lógica, vão caracterizando os espíritos que, por mérito, formarão a civilização da Era de Aquário, estando corporificados ou nos planos dos incorpóreos.

Pela lógica universal, é possível deduzir que:

> — Os Arcanjos, espíritos coparticipantes da Criação, trabalham incessantemente na transformação e evolução dos mundos onde atuam. A Terra, durante os próximos 2.160 anos terrenos, percorrendo Aquário, forjará uma nova biologia atendendo ao determinismo solicitado para essa Nova Era, razão pela qual os portadores de perispíritos incompatíveis à nova genética terrena não reencarnarão na Terra, pelo menos durante a atual ***revolução do Sistema Solar visitante*** que consumirá 6.666 anos terrenos,[5] quando novamente cruzará o nosso Sistema Solar...
>
> — A Infinita Bondade de Deus não anula a Sua Infinita Justiça... Com a Sua Infinita Bondade, Ele perdoa eternamente, oportunizando os espíritos para novos investimentos por meio das sucessivas reencarnações. Aqueles que fazem parte de determinado mundo, quando no final de cada Ciclo Planetário não estiverem qualificados para continuar reencarnando naquele orbe, serão transferidos para outros, evidentemente inferiores, de acordo com as suas condições perispirituais, selecionados, naturalmente, pelo peso específico...
>
> — As novas gerações terrenas formadas por criaturas de peris-

[5] Segundo Ramatís, no livro ***Mensagens do Astral***, 5ª edição, psicografia de Hercílio Maes, **EDITORA DO CONHECIMENTO**. No texto, Revolução tem o sentido de uma volta completa do Sistema Solar visitante que cruzará o nosso Sistema, o que acontece a cada 6.666 anos terrenos.

píritos mais sutilizados, ou seja, com menor carga energética da ancestralidade animal, em associação à evolução espiritual, formatarão novas diretrizes para conduzir cada existência. Por conseguinte, portadores de visão mais dilatada despertarão a vontade indômita da reforma íntima.

Muitos poderão se esforçar tentando adquirir novos valores ético-morais, mas caso não haja o simultâneo polimento biológico ficarão tão somente com discursos das conveniências puramente humanas. Isso porque o trabalho realizado pelo cérebro, por mais magnífico que seja no seu aspecto exterior, enquanto não for transformado em vivência com eflúvios do coração, não haverá transformação na *persona*, vez que a idiossincrasia responderá com muito mais facilidade e vigor às emanações da ancestralidade animal do que às manifestações da imaculada essência do Cristo-Amor latente em todos os filhos de Deus.

Vale ressaltar que quem quiser seguir os ensinamentos do Nazareno Mestre no sentido de não *julgar* nem *criticar* a vida alheia deve, antes, reconhecer que os maiores conflitos da sociedade planetária são gerados pelos espíritos de pouca evolução ético-moral, cuja **biologia** se sobrepõe à sua **ideologia**.

Observemos ainda que quanto mais o espírito evolui, mais trabalha na Obra do Criador e que os Anjos, eternas sentinelas a serviço da vida, por serem amparados pelo Autor da Vida — **Deus** —, visam fazer aflorar ao consciente dos encarnados o sentido sagrado da existência para que se empenhem em sua transformação íntima e reúnam condições de açambarcar os demais seres humanos em um raio de maior amplitude.

Já é possível perceber que o ser angelical sutilmente trabalha no seu ensurdecedor silêncio, auxiliando os espíritos de menor patrimônio moral no sentido de que direcionem as suas divinas aspirações ao Supremo Arquiteto do Universo — **Deus**.

❁ ❁ ❁

Somos o que pensamos. Tudo o que somos surge com nossos pensamentos. Com nossos pensamentos fazemos o nosso mundo. (Buda.)

Capítulo 12
As relações sociais à luz da imortalidade

Pergunta 66: - Como serão as relações sociais na Terra a partir do momento em que o ser humano conceber, verdadeiramente, que a morte não interrompe a vida?

Resposta: – Na consciência da maioria dos espíritos que compõem uma Escola Primária é natural que ainda predominem os avassaladores resquícios dos seus estados selváticos. Justifica-se, pela lógica, a razão de a mensagem evangélica proposta pelo Nazareno Mestre ser muito utópica para aqueles que têm mentalidade imediatista. Nesse estágio evolutivo prevalece no humano a força bruta do instinto animal, ficando a condução fraternal das relações sociais por conta dos mais experientes de Deus... Daqueles que conhecem, verdadeiramente, as Leis da Reencarnação e de Causa e Efeito.

Ao conceber a inquestionável imortalidade da alma, o ser humano:

— Torna-se espontaneamente um voluntário a serviço dos seus semelhantes menos credenciados... Nasce de seu íntimo a vontade de ensinar a arte sagrada de viver em harmonia com as Leis do Criador... Consegue ser mais tolerante para com as fraquezas alheias...

— Mesmo que não possua muita experiência de Deus, consegue não ser tão rigoroso na condução da vida por reconhecer que a existência é passageira. Para uma melhor avaliação quanto ao ***religare*** consciente, é suficiente associar a pouca evolução espiritual também à genética, e, assim, perceberá que aqueles que são espiritualmente "verdes" não têm como responder ao Chamado Divino causado pelos ensinamentos evangélicos. Por assim ser, ***...À criança dá-se leite e ao adulto, alimento sólido***, segundo Paulo de Tarso.

— Tem **fé**, no sentido sagrado de fidelidade às Leis de Deus, tornando-se operante na Seara do Senhor, vez que não é suficiente alguém anunciar que é bom e honesto e permanecer inerte, abraçado com a preguiça. É sempre de boa acolhida relembrar que *não existe fé sem obras construtivas*, segundo Tiago... *Assim como o corpo sem alma é morto, assim também a fé sem obra é morta*. (Epístola de São Tiago.)

Pergunta 67: - Para convencer a sociedade de que a morte não interrompe a vida, será que agora os espíritos vão se materializar para chamar a atenção de que a vida continua?

Resposta: – Os artifícios usados pela Espiritualidade Superior produzindo efeitos físicos foram adequados para cada época em função da nossa infantilidade espiritual, mas não têm nutrientes para a sociedade atual. No momento, o foco de todos deve ser *espiritualizar a matéria e não materializar o espírito*, segundo Pietro Ubaldi.

Após milenares experiências no vaivém reencarnatório, considerando a atual evolução espiritual terrena, perdeu o sentido materializar espíritos. Os Guias da Humanidade preferem ensinar para libertar o espírito da matéria, "materializando" no seu íntimo uma só vontade psíquica de maneira que, em cada reencarne, ele fique centrado nas suas aspirações nobres e na ampliação da sua moral. É Lei Universal.

Pergunta 68: - Como caracterizar uma pessoa em condições de conduzir a sociedade à ponderação para que todos vivam em paz, mesmo convivendo com as diferenças?

Resposta: – As avaliações com base nas tarefas que as pessoas realizam externamente não serão, necessariamente, o bastante para a obtenção de dados satisfatórios, tendo em vista que *o que o homem realiza nem sempre realiza o homem*. É preciso, então, averiguar também os estados psicoemocionais.

Vejamos:

— Pela Lei da Evolução Espiritual é sabido que a guerra externa é a manifestação da guerra interna do homem. Não é coerente haver um guerreiro que pretenda liderar o pilar social com o intuito evangélico de, fraternalmente, unir os homens aos homens. Isso porque, em razão da falta de autoridade **moral**, ele não terá magnetismo aglutinador das consciências superiores para, pela **ética** vivida, servir de modelo na condução da parte da sociedade mais polida, mais mansa, mais evangelizada...

— O humano, ainda que intelectualmente bem formado, ao demonstrar a sua luta feroz pelo **Ter** em detrimento do **Ser,** manifesta a predominância, no seu íntimo, da força-energia do instinto animal. Se for do pilar científico se dedicando à fabricação de armas da morte, apesar de ser portador de cérebro capaz de criar engenhos, não tem evolução espiritual para unir os homens aos homens...

— Aquele que tem como escudo o pilar religioso, mas que vive comercializando o patrimônio sagrado da humanidade — o Evangelho do Nazareno Mestre —, não possui a voz do acalanto, da ponderação, para conduzir almas ao ***Redil do Senhor***. Da mesma maneira não tem condições aquele que se mantém envolvido em conflitos íntimos, atordoado pelo remorso, porque vive da mentira, enganando os seus semelhantes em nome da Espiritualidade Superior... Também não terá méritos para conduzir a sociedade aquele que for representar o pilar artístico, contaminando negativamente a juventude.

A fim de caracterizar um ser humano em condições de conduzir a sociedade à ponderação, de forma que todos vivam em paz, mesmo convivendo com as diferenças, é necessário que ele tenha exemplificado na vivência que é portador da **Fé** no sentido divino, amplo e irrestrito de fidelidade às Leis do Supremo Legislador — **Deus**. Em tais condições ele será o Evangelho vivo.

Pergunta 69: - O que pode mudar no homem-espécie quando ele concebe o eterno vir a ser?

Resposta: – Percebe-se que não só existem milhões de conflitos no conjunto social cuja alavanca propulsora é a aquisição de bens perecíveis, como também uma enorme parcela de seres humanos que, mesmo inconscientemente, tem o "prazer" de aniquilar os seus semelhantes ou o de criar engenhos para o extermínio dos filhos de Deus, principalmente em virtude do espírito de vingança resquicial trazido de outras vidas.

O homem-espécie, a partir do instante em que se torna consciente de que *a morte não interrompe a vida*, passa a amortecer o impulso da vingança e de outras atitudes e ações antivitais, a fim de ir despertando da sua latência a Fagulha do Deus-Vida.

Ao saber realmente da sua imortalidade, o ser humano:

— Não tem vícios, pois sabe que ***toda ação gera reação*** e, em razão de ser grato pela oportunidade de mais uma reencarnação, se esforça para aproveitá-la da maneira mais divinal possível...
— Não reclama dos embates da vida por reconhecer que ***ninguém consegue ensinar uma experiência que não viveu***, segundo Pietro Ubaldi...
— Zela pelo seu corpo na condição de santuário sagrado da sua alma, mas sem idolatria...
— Esforça-se para não infringir as Leis do Criador...
— Começa a investir no seu ***religare*** consciente para, paulatinamente, abdicar da astúcia e adquirir a honestidade o quanto antes...
— Passa a ter como seu ideal as aquisições eternas dos ***planos celestes*** e não mais a supremacia relativa do ***plano terrestre***... Dedica-se a alcançar os ensinamentos que lhe propiciem não ser atraído pela elevadíssima força do Plano Material que o inibe, dificultando atender ao Empuxo Divino.

Os encarnados, após conceberem, verdadeiramente, a imortalidade e a eternidade da alma, as suas expressões corporais e verbais, demonstram que ela caminha para se tornar uma rocha moral, ***amando a Deus sobre todas as coisas*** e em condições de ***amar ao próximo como a si mesma.***

Pergunta 70:- Em que sentido as relações sociais à luz do Evangelho mudarão a conduta dos povos?

Resposta: – Os seres humanos, em geral, não se dedicam ao conhecimento sobre as Leis da Reencarnação e de Causa e Efeito. No entanto, a partir do momento em que concebem essas duas leis fundamentais da Criação, mudam a forma de conduzir a sua existência, principalmente por terem consciência de que a morte não é o ponto final da vida e que o efeito se vê refletido pela sua causa, ou seja, ***colhe-se o que se planta, vez que o efeito acompanha a causa.***

Avaliemos o que muda nas relações sociais quando as pessoas reconhecem, plenamente, que são imortais e eternas:

— As suas milenares experiências mais facilmente afloram do inconsciente ao consciente e elas, quando percebem que o rumo não é condizente com o seu grau de evolução espiritual, substituem o foco em cada reencarnação, visando sempre ao eterno evoluir para ascender. Aquilo que era imprescindível em vidas outras passa a ser secundário... Os elos que as prendiam ao plano do **ter temporário** se desfazem e os vínculos ao plano do **ser eterno** são gerados... Também o que antes era "imponderável" lhe passa a ser ponderável...

— Dedicadas às aquisições dos bens morais, passam a viver a ética cristã nas suas relações sociais...

— Ao reduzirem a avidez pelo poder e pelo domínio, deixando de envilecer[1] e, naturalmente, estreitando laços de afeto e da boa convivência com as diferenças individuais, nacionais e planetárias, elas vão se tornando, na verdade, seres universalistas.

Para que os seres humanos consigam dar sentido evangélico às relações sociais é preciso que admitam que são eternos e mantenham a convicção de que *toda ação gera reação*, princípio consagrado na Lei de Causa e Efeito. Com tais verdades interiorizadas, abrem mão das lutas causadoras de conflitos sociais e passam a ter atividades criadoras de benesses em prol da sociedade. Como consequência, saem da faixa vibracional das competições que expressam egoísmo e entram nos campos luminosos do altruísmo.

Pergunta 71: - O cerne, o ponto mais importante dos **Adventos Crísticos**, *é renovar o Cristianismo. Para tal, precisará apresentar à sociedade a verdadeira palavra pregada por Jesus há 2.000 anos e contida em A Arca do Desconhecido.*[2] *O povo brasileiro já está mental e emocionalmente equipado para desempenhar uma tarefa desse nível, desse teor?*

Resposta: – A princípio, a maior preocupação do espírito que está encarnado e vivendo no Brasil é *amortizar os seus divinos sentidos*[3] e entrar no exercício da fraternidade para ter condições de, placidamente, conviver com as diversidades, tendo em vista que a sociedade planetária, por estar em processo de decantação apocalíptica, ainda se encontra muito hetero-

[1] Fazer ficar vil ou desprezível; perder a honra ou o primor. Fonte: Wikipédia.

[2] Na sagrada *Arca*, no arquivo Akásico da Terra, está o verdadeiro Evangelho proferido por Jesus. Assunto bem detalhado no livro *Adventos Crísticos*, do mesmo autor, 4ª edição, em 2017. Akasha é uma palavra sânscrita que significa céu, espaço ou éter; é a substância energética da qual toda a vida (alma) está formada. **Akáshico** é um plano da consciência cósmica que atua como **arquivo**, abrangendo tudo que ocorreu, ocorre e ocorrerá no Universo. Fonte: Wikipédia.

[3] *Olhos, ouvidos e boca*. Daí a necessidade de exercitarmos a misericórdia do *ver, ouvir e falar*.

gênea em termos evolutivo-espirituais. É uma fase complexa, considerando que bilhões de espíritos estão sendo **alocados** nos planos dos desencarnados para que sejam exilados da Terra, o que causa acirrados conflitos no astral inferior.

Quem já se encontra consciente do seu papel:

— Deve trabalhar sempre no sentido de adquirir crescente dinamismo psíquico para sem titubear atender ao momento histórico da Terra, ou seja, à sua transição planetária.
Não deverá se autopunir nem apontar os erros cometidos pela sociedade, mas procurar apresentar meios que facultem aos seus semelhantes a aquisição de novos e eternos valores ético-morais, considerando que o passado, por mais dadivoso que tenha sido, já passou, e a Eternidade aguarda a todos, uma vez que Ela os espreita ferreamente...
— É ético que valorizemos nos nossos semelhantes as virtudes já despertadas, mas sem exagero, por se tratar de processo natural e comum a todos na escalada evolutiva. Não fará bem nem é misericordioso exaltar virtudes que, por enquanto, não afloraram no consciente deles, as quais ainda não são suas aquisições, para que não vivam da mentira, alimentando fantasias e incorporando a vaidade e sua irmã gêmea, a soberba. Quem verdadeiramente possui virtudes, não necessita de reconhecimentos externos pelo que apresenta como realidade.

Em sendo lei universal que na Obra de Deus não há acaso, os espíritos mais conscientes entre os encarnados neste torrão pátrio, tendo como Orientador Espiritual o Anjo Ismael e milhões de outros que reencarnarão no percurso de Aquário, transformarão o ***Brasil em Luz do Mundo***. O êxito dependerá, evidentemente, do empenho de todos formando uma Corrente Protetora entre os corporificados e os desencarnados lúcidos, aqueles que integram as Sagradas Fileiras. Todos confiantes nos poderes Celestes para realizar a sacrossanta tarefa de qualificar o ***Brasil*** para se tornar o ***Coração do Mundo, Pátria do Evangelho.***

Os ensinamentos libertadores que o Brasil vem fornecendo ao mundo durante décadas por intermédio principalmente de Chico Xavier, Hercílio Maes, Pietro Ubaldi, Divaldo Pereira Franco e outros são inquestionáveis. A gigantesca obra literária brasileira de cunho espiritualista, editada em vários idiomas para esclarecer a humanidade de que a morte não interrompe a vida, é sem precedente. Daí a certeza de que, com toda essa preparação antecipada que a Espiritualidade Superior elaborou para ser executada no Terceiro Milênio, as relações sociais já não serão mais conflitantes, pois a sociedade estará vivendo sob a luz da imortalidade do espírito eterno.

❁ ❁ ❁

Adventos Crísticos

Vez que somos o que pensamos, pensar no belo e conceber o lado positivo e luminoso da vida é sabedoria.

Para auxiliarmos como trazer ao consciente o nosso Cristo Interno, criemos uma elipse do tamanho da nossa imaginação e vislumbremos:

— Deus no centro da elipse...
— A elipse contendo cem bilhões de galáxias...
— Em cada galáxia duzentos e cinquenta bilhões de estrelas...
— O nosso universo imaginário contendo milhões de quasares...
— Em nossa elipse concebamos milhões de constelações...
— Milhões de sóis colorindo as constelações...
— Milhões de planetas rodopiando em torno dos sóis.

Com esse colossal panorama mental, ao imaginarmos o esplendoroso Universo Criado e o Seu Criador, surge em nossa alma a afirmação: "Tem que haver uma Causa Magnífica para Deus nos ter criado ***simples e ignorantes*** para por esforço pessoal nos graduarmos à plenitude do Amor!... Tem que haver um sagrado motivo para a Suprema Consciência — **DEUS** — arquitetar os Universos físico e metafísico e alocar neles as partes não apartadas de Si!..."

Vamos aproveitar o nosso devaneio e nos imaginarmos em uma "espaçonave" conduzida pelo Arcanjo Ezequiel para um passeio pelo Cosmo a fim de contemplarmos a magnificente Obra dos Engenheiros Siderais, os criadores e administradores de mundos. A finalidade é despertarmos os Atributos de Deus latentes em nosso inconsciente profundo e trazê-los ao nosso consciente para que nos tornemos mais operantes na Obra de Deus.

Capítulo 13
A mediunidade intelectual

Pergunta 72: - Por que a mediunidade do Terceiro Milênio será psicointelectiva?

Resposta: – No Universo de Deus, toda a criação obedece ao eterno transformismo. Assim também é a mediunidade. Em outras épocas houve, em grande escala, o médium inconsciente, mas, nos dias atuais, a incorporação, por exemplo, ocorre de modo mais suave, pois, na Era do Mentalismo, a mediunidade sensória será gradualmente substituída pela psíquica, processo natural, por causa do nível de esclarecimento adquirido pela sociedade sobre o fenômeno mediúnico.

Nos séculos e milênios mais recuados, os ensinamentos referentes à mediunidade podem ter sido considerados utópicos. Com a mediunidade de efeitos físicos do Avatar indiano Sai Baba e as magníficas obras mediúnicas de Allan Kardec, Chico Xavier, Divaldo Pereira Franco, Hercílio Maes, além de outros, as possíveis dúvidas foram sanadas. No atual estágio evolutivo da sociedade, a mediunidade, além de ser do domínio científico, com a presença das "crianças índigo",[1] se tornou assunto corriqueiro.

Caberá ao Brasil, o país mais espiritualista do mundo:

— Esclarecer a sociedade a respeito da mediunidade de efeitos psíquicos como fenômeno natural em função da evolução do médium e da biologia terrena, pois, já que tudo evolui na Criação, também a mediunidade e a biologia...

— Ensinar que, à medida que o espírito evolui, ele, na mesma proporção, alcança planos mais luminosos, mais motivadores à transcendência. Ao reencarnar, a sua mente solicita contatos

[1] Termo utilizado para descrever crianças que a pseudociência, chamada de parapsicologia, acredita serem especiais. Fonte: Wikipédia.

mais sutis com os superiores planos espirituais, com espíritos de níveis mais compatíveis com as suas experiências de quando estavam do outro lado da vida. Justifica-se dessa forma o desconforto ou até a rejeição de o médium não aceitar trabalhar "incorporado" com espíritos do Astral Inferior...

— Fazer com que os integrantes dos quatro pilares da humanidade compreendam as razões que levam o médium mais evoluído, mais sensível, a não se sentir atraído pelos trabalhos espirituais que envolvam desencarnados de pouca evolução, preferindo ajudar os espíritos menores com palavras motivadoras e de libertação íntima. É notório que, normalmente, o sensitivo quando de pouca evolução espiritual ou biológica não tem condições para se comunicar com as consciências superiores, o que só acontece em condições específicas e especiais, razão pela qual deve se motivar para melhorar a sua frequência mental, se evangelizar para assim, por mérito, passar a conviver com espíritos do Astral Superior.

A existência de médiuns, cujas mensagens recebidas se referem a assuntos corriqueiros, é justificada por se tratar também de mente sem dinamismo.

Pergunta 73: - É indubitável o número de indivíduos que, orientados pela mediunidade de efeitos sensórios, despertaram e deram novo sentido à vida. Esse tipo de mediunidade deixará de existir na Terra?

Resposta: – Vez que a mediunidade evolui com a evolução do médium, mesmo que ele tenha encarnado com a mediunidade física, poderá se melhorar psíquica e biologicamente, estudar, acelerar a sua mente, entrar em outras faixas vibracionais, desfazer o condicionamento anímico e, com a mesma entidade, realizar maravilhas sem precisar, necessariamente, descaracterizar a sua fisionomia, evidentemente sem *rictus*[2] ou movimentos corpóreos excêntricos,[3] o que ainda é muito comum à maioria dos médiuns. O mais importante será sempre o teor da mensagem.

Com o aumento da sensibilidade em função da evolução do médium, a sua mente vai se distanciando emocionalmente dos

[2] Contração dos músculos faciais dando à face o aspecto de riso forçado. Fonte: Wikipédia. No texto tem o sentido de o médium não precisar forçar uma mudança de semblante nem artificializar uma entonação na voz.

[3] Aquele que se desvia ou se afasta do centro. No sentido figurado, excêntrico significa tudo aquilo que é extravagante, esdrúxulo, esquisito, ou seja, fora do comum.

choques anímicos e entrando em contato com as faixas vibracionais mais elevadas, que são aquelas em que os desencarnados são mais sutilizados e, naturalmente, com ligações mediúnicas fisicamente menos intensas. Dessa forma, a ligação interplanos se torna, progressivamente, mais suave e motivadora. Para que a ligação aconteça com segurança, o médium deverá procurar conhecer o fenômeno mediúnico e se evangelizar. Ressaltemos que o ***Livro dos Médiuns***, de Allan Kardec, é excelente para nos esclarecer sobre a mediunidade com Jesus.

A mediunidade, antes caracterizada pela manifestação física, será na Era do Mentalismo paulatinamente transformada em psíquica, de manifestações intelectivas entre as filigranas dos encarnados e dos desencarnados. Pela logicidade, devido à evolução espiritual dos médiuns, as comunicações mediúnicas tendem a exigir do sensitivo o silêncio interno e externo para que, assim, a comunicação revele a suavidade de um fenômeno "telepático", evidentemente sem acontecimentos hiperbólicos, o que se refletirá na necessidade de o médium estudar, procurar sua harmonia interior e elaborar dinâmica mental para que a mensagem transporte o magnetismo da espontaneidade e garanta a veracidade sem confundir comunicações anímicas como se passadas pelos guias desencarnados, assim como evitando também a mistificação.

Pergunta 74: - Qual a relação entre a mediunidade intelectiva e o Evangelho?

Resposta: – O Evangelho do Mestre Jesus é a síntese das Leis de Deus. Pela lógica, o médium evangelizado, aquele que pauta e conduz a sua vida seguindo os princípios ético-morais cristãos, tem possibilidade de ser honesto nas suas relações sociais e mais ainda quando representando a Divindade.

Escreveu Emmanuel por intermédio de Chico Xavier que ***...é preferível rejeitar 99 verdades a aceitar uma só mentira na Doutrina Espírita.***

O médium evangelizado:

— Certamente será mais fiel aos pensamentos dos espíritos comunicantes...

— Não será um mistificador, anunciando que se comunica com espíritos renomados quando suas mensagens não têm conteúdo doutrinário, científico, filosófico ou de alguma fonte de natureza superior...

— Com a progressiva reforma íntima a sua mediunidade também evolui, visto que ele se torna moral e eticamente melhor, além de mais consciente do seu papel diante das Leis do Criador.

Visto que a mediunidade intelectiva não anula a participação consciente do médium, um cristão espiritualista evangelizado sabe que precisa manter certo grau de dinamismo mental, pois, se ficar estático, com o tempo entrará no descrédito, haja vista que a sociedade espera novos e mais saborosos frutos da sua semeadura. Renovar sempre é a palavra de ordem.

O ser humano não desconhece que direito e dever devem andar de mãos dadas, mantendo-se atento ao que consta no Evangelho cristão: ***A quem mais for dado, mais será cobrado.*** Por conseguinte, ao gozar da oportunidade de intermediar a vontade da Divindade e as necessidades dos homens, é preciso ser honesto com a causa abraçada.

O médium deve *orar e vigiar* constantemente para conservar magnificamente acesa a sua **Chama Crística**... Também não trilhar por caminhos sombrios nem tortuosos para não se desvincular emocionalmente do seu programa reencarnatório, tendo como consequência não conseguir cumprir a função espiritual que a vida lhe confiara.

Pergunta 75: - Para os médiuns do Terceiro Milênio, quais serão as transformações das comunicações interplanos com a mediunidade intelectual à luz do Evangelho?

Resposta: – Não podemos restringir a mediunidade intelectiva tão somente ao grau de escolaridade do médium na atual encarnação, visto sabermos que os conhecimentos superiores, quando vivenciados, são armazenados no subconsciente ou no inconsciente profundo e levados como sabedoria para a eternidade. Justifica-se, então, o fato de as pessoas com pouco ou nenhuma graduação escolar atual agirem magnificamente bem em determinada existência, seguindo os princípios ético-morais evangélicos trazidos de suas vidas.

A sabedoria contida na mensagem do Nazareno Mestre, na condição de síntese das verdades eternas, foi oferecida ao homem para que ele:

— Por esforço pessoal e fazendo bom uso do livre-arbítrio, construísse o seu destino, sabendo que *toda ação gera reação*... Que na Criação existem o ponto e o contraponto, visto ser o Universo criado bipolar, deixando esse homem livre para escolher a polaridade positiva ou negativa a seu bel-prazer, consciente de que elas são forças contrárias e complementares...

— Recebesse, por meio dos Seus emissários celestes, ensinamentos libertadores das reencarnações compulsórias, a fim de que, ao descobrir que é um ser cósmico, eterno e imortal, ainda que em alfabetização espiritual na Escola-Terra, começasse a trabalhar com dedicação e entusiasmo o seu aperfeiçoamento espiritual, a sua ascese...

— Mesmo livre para escolher a semeadura, buscasse sua própria evangelização para receber com elegância as reações das suas ações. Ora, vez que as consequências são inevitáveis, pois estão implícitas nas ações, os frutos da colheita identificarão a qualidade da semeadura e a moral do semeador.

Certo é que a mediunidade psíquica à luz do Evangelho:

— Exigirá do medianeiro o estudo doutrinário com finalidade educativa para facilitar as comunicações mediúnicas...

— Não será praticada por médiuns mistificadores, levando em conta que estes no momento oportuno serão exilados da Terra por falta de gabarito para continuar reencarnando neste planeta até que tenham condições morais para desempenhar tarefas relevantes...

— Será ferramenta para o médium honesto, identificado pela capacidade de servir desinteressadamente, contar, meritoriamente, com a assistência dos benfeitores espirituais... Daqueles que servem seguindo o lado altruístico da vida.

Assim, para os médiuns do Terceiro Milênio, naturalmente mais esclarecidos, evangelizados e com a consequente mediunidade psíquica, as manifestações interplanos serão gradativamente mais sutis, harmônicas e prazerosas.

Outro fator importantíssimo diz respeito aos espíritos que se comunicam mediunicamente de maneira esquisita, os quais, em virtude da falta de evangelização, serão exilados da psicosfera da Terra. Como consequência, esse tipo de comunicação deixará de existir no orbe terráqueo.

Pergunta 76: - Qual deve ser o cerne para o desenvolvi-

mento do médium do Terceiro Milênio, tendo em vista que a mediunidade sensória está sendo substituída pela psíquica?

Resposta: – É de bom senso relembrar que a mediunidade psíquica, por ser processo natural em função da evolução do espírito encarnado, é parte da Criação em todo o Cosmo. Logicamente, não é particularidade da Terra, mas uma Constante Universal.

O médium terráqueo que se encontra nesse estado psíquico está obedecendo ao impulso interior do que é intrínseco à sua alma em estado latente. Para ilustrar, atentemos para os médiuns psíquicos que vêm encarnando na Terra nas últimas cinco décadas, apelidados por "crianças índigo". A mediunidade dessas crianças é imperceptível aos sentidos físicos dos seus observadores, tal a suavidade das ligações interplanos, além dos seus próprios armazéns.

Ao sensitivo cabe-lhe, então, estudar a literatura espiritualista para entender o fenômeno da mediunidade psíquica.

O médium do Terceiro Milênio:

> — Mesmo convivendo com as diferenças devocionais, deve dinamizar seu psiquismo visando alcançar faixas vibracionais superiores, aspirando se sintonizar com a Mente Divina e, assim, ter condições reais de ser um intermediário entre a Vontade Celeste e as necessidades terrestres, transmitindo forças e energias que possam servir de nutrição mental e alento divino aos seus semelhantes, sem se deter nas questões menores, tão próprias dos integrantes das sociedades desprovidos da eterna Fé...
>
> — Na condição de diamantífera antena receptora das Altas Esferas Espirituais, é sensato procurar manter a mente iluminada pelo garbo de ser um retransmissor das edênicas e paradisíacas belezas...
>
> — Procurar projetar, mentalmente, os seus convivas para que plasmem a majestosa beleza policrômica do Universo Estelar e contemplem a deslumbrante e fulgurante paisagem da Arquitetura Celeste criada pelos Engenheiros Siderais, a fim de realizarem a Cosmoterapia mental.

Percebe-se que a mediunidade intelectual à luz do Evangelho exige dos encarnados estudos, desenvolvimento biológico, mental e espiritual, além de abertura emotiva para que possam conviver com as Consciências Cósmicas e, assim, despertarem seus Atributos Divinos e se graduarem à religiosidade de acordo com o patamar, com o nível de sua evolução.

Fica claro que o médium com a sua mediunidade psíquica, se evangelizado, não precisará de movimentos excêntricos, mas de elos "invisíveis" para se ligar à mente do espírito comunicante.

❁ ❁ ❁

Adventos Crísticos

Os coordenadores da implantação dos **Adventos Crísticos**, integrantes das Sagradas Fileiras, solicitam que nos aproximemos emocionalmente dos espíritos angélicos e arcangélicos, considerando que, em sendo Deus Onipresente, por que os Seus representantes estariam separados dos encarnados?

O Arcanjo Samuel, na proposta do Cristianismo Renovado, trabalha incansavelmente no sentido sagrado de auxiliar o ser humano a despertar seu sentimento de gratidão ao Criador... Plasmemos a resplandecente aura do Arcanjo e Seu divino e belíssimo séquito em nossa tela mental, empenhados em ampliar a expansão da nossa consciência para que melhor sintamos o Cristo Terráqueo.

Só em plasmarmos a lindíssima figura de um Anjo, as ondas-pensamentos que geramos recebem uma cota extra de energia e aumentam a frequência da nossa mente, razão pela qual nos sentimos mais "leves" em função da nossa esfera áurica se tornar mais rarefeita e com cores claras, belas e motivadoras. Bem diferente é quando estamos recolhidos ao nosso universo de tensões, inibições, medos da vida e da morte, angústias, insatisfações com a vida, deixando o nosso campo áurico pejado de energias densas e com matizes escuros, pegajosos e de odores desagradáveis, pois gerados por nossas desarmonias íntimas.

O ser humano, com a assimilação dos **Adventos Crísticos**, facilmente assumirá uma conduta luminosa, evangélica e direcionando conscientemente *Os Novos Rumos do Cristianismo*,[4] de forma que a sociedade atual, formada pelos componentes nas suas individualidades, abra suas comportas blindadas, faça um esforço criador e permita-se a formação de um *novo homem* capaz de disciplinar suas forças brutas herdadas da ancestralidade animal e, assim, tornar-se um *homem novo*, um

[4] Título de um dos livros do mesmo autor, 1ª edição, em 2016, **EDITORA DO CONHECIMENTO**.

homem evangelizado.

Tenhamos em mente que, sem uma nova biologia, a humanidade continuará escrava dos impulsos ancestrais. Assim, mais uma vez podemos concluir a respeito da premente necessidade de os espíritos não qualificados para a Era do Mentalismo, da Força do Espírito, serem exilados, pela Bondade de Deus, para outros mundos inferiores mais adequados e apropriados às suas raquíticas aspirações.

Os **Adventos Crísticos** vão diagnosticando as patologias da sociedade terrena para entendermos que na Legislação Divina não há castigos nem punições, visto que o contraponto da **Bondade** de Deus que perdoa eternamente é a Sua **Justiça** disciplinadora de consciências. Em assim sendo, atentemos para o milenar provérbio: "Deus não impõe, apenas dispõe" por meio de Suas leis com o fito de corrigir trajetórias e aparar arestas do humano ser.

Capítulo 14
O dom sagrado de amar

Pergunta 77: - O ser humano foi criado, em essência, à imagem e semelhança de Deus e, consequentemente, é portador dos Seus Divinos Atributos. Por que a maioria da sociedade terrena ainda não despertou da sua latência o dom sagrado de amar de maneira incondicional?

Resposta: – Enquanto, por falta de evolução espiritual, o homem-espécie não conceber a Onipresença de Deus, vamos considerar tal atitude como normal, já que ninguém consegue amar ao desconhecido. Ao identificar o Criador em todos os seres vivos, ele passa a ter certeza de que não existe vida sem Deus nem Deus sem vida.

O Cristo terráqueo é uma Consciência Arcangélica onipresente na Terra, além de sagrado alimento vital de todos os seres terrenos. Assim, em sendo Cristo sinônimo de Amor Universal, o ser humano, portador do seu Cristo Interno, O sente essencialmente pelo coração, caracterizando a identificação do Cristo-Criador pelo Cristo-criatura. Em assim sendo, o indivíduo quanto mais ama, mais amplia a sua aura esférica de contato com o Cristo-Amor e, assim, se revitaliza.

Pergunta 78: - Em sendo Cristo sinônimo de Amor Universal, onde, então, entra o conceito que se tem de Deus?

Resposta: – Assim como a alma *vê* com os olhos, *ouve* com os ouvidos e *fala* com a boca, Deus, Onipresente em tudo e no Todo, é o Princípio Incriado, a Causa sem Causa, o Todo Absoluto, que Se faz sentir por meio dos Seus Prepostos, razão pela qual o Deus-Vida assumir o seu segundo aspecto de Deus-Amor representado pelos Cristos.

Vamos admitir que o ser humano identifique o Deus-Vida primordialmente com a mente enquanto o Cristo-Amor é identificado por ele essencialmente com o coração. Por assim ser, cada ato de amor é o Cristo-criatura abdicando da razão para melhor sentir e representar o Cristo-Amor. Em síntese, podemos garantir que amar é a ciência cósmica da alma e que a nossa capacidade de amar cresce na mesma proporção em que despertamos mais Deus em nós... Em que despertamos mais e mais o nosso Cristo Interno.

Pergunta 79: - De que maneira devemos adorar a Deus de agora em diante?

Resposta: – Pela razão de já estarmos percorrendo Aquário, a Era da Força Superior, do despertar do Deus Interior, procuremos substituir as condutas que fizeram parte da nossa infância espiritual, quando **adorar a Deus** era um ato externo no qual humanizamos a Divindade Suprema à *nossa imagem e semelhança*. Com a nossa atual evolução, devemos procurar senti-**Lo** através do nosso Deus interno, atendendo à Lei dos Afins, mas sabendo que é o **Deus-criatura** que deve entrar em sintonia com o Onipresente **Deus-Criador**. De que adiantará a adoração sem a ação renovadora correspondente? O que acrescentará à nossa alma adorarmos os símbolos dos homens "santos" se não alcançarmos a frequência da santidade dos simbolizados? Em que mudará, por exemplo, o simples adorar ao Jesus-imagem, se não vivenciarmos os Seus ensinamentos de Amor e Verdade?

Nos exercícios de conscientização do nosso Deus interior, devemos:

— Assimilar e vivenciar as Leis do Criador sintetizadas pelo Nazareno Mestre no Sermão da Montanha para que se tornem realidade em nós...

— Compreender que as conquistas luminosas do espírito eterno e imortal são perenes e que, evidentemente, o universo externo não tem força nem energia para desfazê-las. É assim que o encarnado se conscientiza de que é uma Fagulha de Deus...

— Refletir sobre a necessidade de penetrarmos mentalmente nos campos da abstração, tendo a certeza de que, um pouco mais adiante na escala da evolução, conceberemos Deus tão somente contemplando a Sua Criação ou dominando as Suas leis universais, dado que a Criação-existência, por mais bela que seja, é sempre a manifestação externa de Deus-Essência. Em assim sendo, nós, Deuses-criaturas, devemos mergulhar no Universo do Deus-Criador para identificá-**Lo** nos planos "Imponderáveis", onde não podemos avaliá-Lo... Apenas senti-Lo para posteriormente nos integrarmos à pulsação DELE.

Pergunta 80: - É notório o estado de desarmonia em que vivem os povos com suas eternas disputas de poder e domínio. Qual a estratégia que o Brasil utilizará para conscientizar os seres humanos de que são portadores do dom sagrado de amar?

Resposta: – É preciso visualizar a humanidade após os eventos apocalípticos conforme temos falado, sabendo que a dor desempenha excelente papel na harmonização humana. A dor, por provocar a elevação de frequência na pessoa quando, intuitivamente, busca um alento em Deus, promove a sua sintonia com planos mais rarefeitos e auxilia na identificação do Nazareno Mestre — Instrutor Espiritual da Humanidade — sem distinção de nenhuma natureza.

Assim, Jesus, na Sua sublime condição de orientador da sociedade, será:

— Progressivamente sentido, já que as mentes dos encarnados estarão mais aceleradas e mais sensíveis em função das avassaladoras necessidades de cunho geral durante a transição planetária.
— Identificado em Sua essência divina, de angelical beleza e sem nenhuma possibilidade de rejeição. E nós, imaculadas Fagulhas de Deus,[1] estaremos sintonizados com a Sua Essência angelical...
— Concebido por nós como um Grande Foco, um Divino Sol a alimentar as nobres aspirações da humanidade, de forma que todos os humanos se evangelizem plenamente para tornar os Seus ensinamentos intrínsecos, ligados às suas ações e atitudes.

É óbvio e inquestionável que ensinar o ser humano sobre *a vida depois da vida* também é parte da sacrossanta tarefa do Brasil, advindo, logicamente, a libertação das consciências atreladas ao poder e ao domínio.

[1] A Essência de Deus em nós é imaculada. Os nossos erros advêm do uso dos nossos sentidos, principalmente pela falta de misericórdia do *ver*, *ouvir e falar*.

Uma vez que a aspiração fundamental do homem-espécie no Terceiro Milênio passará a ser sentir o Cristo tendo Jesus como modelo e guia, ele conseguirá identificá-**Lo** pela reverberação[2] de cada ato de amor que praticar. Dessa forma, sentir-se-á, paulatinamente, mais motivado para amar os tesouros celestes em detrimento dos terrestres, desvinculando-se emocionalmente da exacerbada luta pelo poder, condição tão própria dos espíritos ainda incipientes, principiantes.

Pergunta 81: - O Brasil conseguirá impor uma mudança de conduta a uma humanidade com mais de sete bilhões de espíritos encarnados, sendo a maioria de pouca evolução?

Resposta: – Impor é tirar a liberdade da escolha. Já que nem Deus impõe, só dispõe, tal é a perfeição de Suas leis, caberá ao Brasil ensinar e exemplificar para libertar os desprovidos da eterna Fé, de modo que adquiram conhecimentos libertadores e se graduem à autocondução seguindo os princípios éticos, morais e cristãos.

Nas mesmas proporções que formos substituindo o "senhor morto" pelo Jesus vivo, emergirão do nosso interior mais luz e mais essência do Cristo-Amor que somos. Com o nosso Cristo Interno sintonizado com o Cristo Planetário, o qual, por Sua vez, vive permanentemente sincronizado com os Cristos do Universo, a nossa capacidade de realizações na frequência do Amor Incondicional vivido por Jesus se tornará imensurável, pois teremos entrado em cadeia com o Rosário Crístico das Consciências Arcangélicas do Universo.

Deduzimos, então, que Deus por ser Perfeito não impõe, apenas convida o ser humano a mudar seus valores. Para tal, fornece-lhe meios e aguarda que arbitre de acordo com as suas aspirações e capacidade de discernimento, o melhor para a sua caminhada em prol da sua mudança interior e, consequentemente, da sua relação social.

O Brasil na condição de protagonista da renovação do Cristianismo deve:

[2] **Reverberação** é um efeito físico gerado por ondas sonoras quando estas são refletidas de forma reiterativa. Na prática, o que ouvimos é a persistência de um som logo após ser extinta a emissão por sua fonte sonora e que ocorre em um ambiente fechado ou parcialmente fechado. Fonte: Wikipédia.

— Produzir efeitos especiais na alma terrena a fim de que, por esforço pessoal, ela faça emergir progressivamente do seu universo íntimo a sua própria luminosidade, dando novo sentido à vida na Era do Mentalismo...

— Esclarecer a sociedade que, por ter sido o Nazareno Mestre o prolongamento do Cristo Terráqueo e que, no plano dos encarnados, foi o Seu mais perfeito Porta-Voz, devem todos os portadores de boa vontade, representando o Brasil, tornar-se porta-vozes de Jesus — o Guia da humanidade...

— Ressuscitar o "senhor morto" da infantil credulidade religiosa e reintegrá-Lo Vivo ao ritmo da vida planetária para que toda a humanidade possa senti-Lo e, assim, se motivar para se graduar à religiosidade. Para tal, necessário é desfazer as paisagens inibidoras da evolução eterna, a fim de ter condições morais para representar Jesus portando a voz e o semblante de quem fala do Arauto do Cristo-Vida, evidentemente sem aparência triste, melancólica, com o semblante da morte.

Podemos antever que é papel sagrado do Brasil conduzir os cristãos espalhados pela Terra para que substituam o Jesus histórico que as conveniências religiosas colocaram nas planuras celestiais sem função junto aos encarnados, por Aquele que É parte inconteste das atividades luminosas dos quatro pilares da sociedade terrena — nosso Mestre Amado.

Pergunta 82: - Em sendo Deus perfeito e nos ter criado também perfeitos à Sua imagem e semelhança, por que temos que despertar do nosso íntimo a capacidade de amar se somos filhos Dele?

Resposta: – A Essência foi criada pela Suprema Perfeição, mas as existências dependem de cada qual escolher seu caminho a percorrer para se graduar à autocondução com discernimento e sabedoria.

Quando Deus nos criou ***simples e ignorantes*** e portadores de livre-arbítrio, deu-nos a oportunidade de escolha, deixando por nossa conta a trajetória a ser percorrida para adquirirmos experiências. Se nos criasse experientes, evoluídos ou ascensionados, sem direito a opções, seríamos autômatos. E, logicamente, perguntaríamos: qual a finalidade da Criação?

O Universo Criado só existe em virtude da bipolaridade, ou seja, da existência do positivo e do negativo, que, embora sejam contrários, são complementares e responsáveis pelo seu movimento harmônico.

Em razão da nossa pouca experiência com Deus:

> — Ainda não temos evolução espiritual para compreender a dinâmica universal do ***amar a Deus sobre todas as coisas*** para termos condições de ***amar ao próximo como a nós mesmos.*** Justifica-se, dessa forma, encontrarmos dificuldade para entender o sentido sagrado da necessidade de despertarmos do nosso íntimo a capacidade de amar...
> — Percebemos que o livre-arbítrio é muito restrito, já que, diante de qualquer escolha que fizermos, o determinismo da vontade de Deus será preponderante, assegurando que todos os espíritos retornem conscientemente ao Criador na condição de ***Filhos Pródigos...***
> — As vontades individuais, por causa da progressiva evolução espiritual, se dilatarão e serão "substituídas" naturalmente pelas vontades coletivas que, com a expansão da consciência, se graduarão à divina vontade universal, cujo ponto final é se integrar à vontade de Deus.

Assim, o livre-arbítrio serve para escolhermos a trajetória iluminada ou sombria, mas, em ambos os casos, com a evolução espiritual, tende a ceder ao determinismo da Lei do Divino Legislador e, sem perder a sua individualidade, se integrar por ressonância à Totalidade — **Deus.**

Precisamos compreender que despertar do nosso íntimo a capacidade de amar é o objetivo sagrado das sucessivas reencarnações, o qual devido ser processo naturalíssimo está intrínseco à nossa gênese, à nossa origem.

Pergunta 83: - Uma vez que desde a nossa gênese fomos criados dotados do dom sagrado de amar, atualmente, no estágio evolutivo hominal em que nos encontramos, qual o exercício a ser feito para trazer ao consciente tal "registro" que se encontra latente em nossa essência espiritual?

Resposta: – A capacidade de amar, de maneira consciente ou inconscientemente, está intrínseca à Criação em todos os reinos, mas, no hominal, a mônada tem consciência e o consequente livre-arbítrio. Em assim sendo, sabendo que ***toda ação gera reação***, sejamos consequentes nas nossas ações e atitudes, visto que o espírito ao adquirir livre-arbítrio passa a ter responsabilidade.

Graduada ao reino humano e à medida que dilatar sua consciência, a mônada:

— Vai ficando embevecida, encantada, ao contemplar a magnífica beleza da Criação, surgindo-lhe a sagrada vontade de equacionar as leis do Universo material. Após milênios no vaivém reencarnatório desenvolvendo sua parte cognitiva,[3] passa a **amar** as suas próprias criações elaboradas com a sua parte intelectiva.
— Também perde, em um estágio evolutivo mais avançado, os elos que a prendem ao mundo concreto e, gradualmente, surgem nela as crísticas emoções em função de sua capacidade de elaborar condições que possam beneficiar seus semelhantes. Nesse grau evolutivo deixa de ter o prazer pessoal e passa a se empenhar na elaboração do bem-estar coletivo. O ser humano nesse nível passa a usufruir da crescente felicidade sem saber a fonte que o felicita. Acontece que a felicidade é gerada principalmente pelas energias da GRATIDÃO por aqueles beneficiados com o empenho de outrem...
— Vez que é eterna a evolução da consciência, o esforço ascensional dela quando na sua condição hominal lhe causa progressivas modificações íntimas, as quais alteram positivamente a produção dos neurotransmissores, como, por exemplo, a *serotonina,* que é capaz de melhorar o humor, as emoções superiores, o afeto e, sobretudo, a capacidade de exteriorizar amor.

Mesmo sem nossas elucubrações mentais... Sem reflexões demoradas, deduz-se que o exercício que deve ser feito para trazer ao consciente o "registro" que se encontra latente em nossa essência espiritual a respeito do **dom sagrado de amar**, não é possível ser padronizado, pois grande percentual da sociedade terrena ainda é de pouca evolução, vez que, para a maioria, a principal motivação em cada vida é a aquisição de bens materiais em detrimento dos espirituais. Devemos considerar um processo bem natural para tais níveis evolutivos, visto ser da Lei da Evolução que ***ninguém consegue amar ao desconhecido.***

❁ ❁ ❁

Adventos Crísticos

Com as reflexões que vamos realizando durante a leitura

[3] Percepção, aprendizado, conhecimento, compreensão. Fonte: Wikipédia

de ***Brasil, a Luz do Mundo***, sem nos prendermos, o que é lógico, aos torrões pátrios, vez que são todos provisórios e nós somos espíritos universais, eternos e imortais, temporariamente estagiando em um ponto do Universo chamado Planeta Terra, as Superconsciências Espirituais da Divina Ordem, integrantes das Sagradas Fileiras e responsáveis pela implantação dos **Adventos Crísticos**, aguardam que, por esforço individual, consigamos despertar e ampliar os nossos Atributos Divinos para nos tornarmos mais plenos e conscientes do nosso Deus Interior.

Vez que ***somos o que pensamos***, imaginemos que estamos sendo instruídos pelo Arcanjo Jofiel, acompanhado por uma corte de espíritos ascensionados, no sentido divino de nos incentivar a ampliar a nossa percepção transcendente, quando Ele nos fala:

> — Tudo criado, do átomo à galáxia, tende naturalmente à Unidade-Síntese — **DEUS**. Em assim sendo, não comunguemos com a separatividade entre os seres humanos nem entre as nações para não perdermos precioso tempo e, finalmente, retornarmos ao Criador de mãos dadas com todos os integrantes da humanidade, considerando que todo **Efeito** retorna à **Causa** — **DEUS** —, e que ninguém adentra os Pórticos Celestiais enquanto comungar com a separatividade entre as criaturas. Observemos ainda que a palavra Universo é formada por **Uno** (Deus) + **Verso** (Criação).[4] Concluímos que, logicamente, somos partes não apartadas do Onipresente...
>
> — Os espíritos que compõem as humanidades em todos os quadrantes do Universo foram criados ***simples e ignorantes*** para que, através das sucessivas reencarnações nas ***muitas moradas do Pai*** espalhadas pelo espaço sideral, adquirissem experiências e retornassem à sua Origem. Por ser Constante Universal, ao atingirem certo grau evolutivo, intuitivamente e de maneira gradual e ininterrupta, vez que, já conscientes dos Estatutos da Vida, esses espíritos começam, na condição de ***Filhos Pródigos,*** a sua **REVERSÃO**, o retorno consciente ao Criador...
>
> — Fica claro que todas as Fagulhas de Vida (Verso = Criação) retornam a Deus (Uno = Criador). Assim, sempre que possível, criemos crísticos devaneios de sublime beleza para auxiliar no despertar do nosso Cristo Interno, convictos de que só em plasmarmos as paisagens edênicas aceleramos o nosso retorno à nossa Divina Origem — **Deus**.

[4] Segundo Huberto Rhoden.

Tenhamos em mente que os excelsos campos áuricos dos coparticipantes da Criação no Universo de Deus, na condição de Arcanjos, portadores da florescência de excepcional beleza a pontilhar os espaços cósmicos, em contato psicoenergético conosco, auxiliam no despertar dos Atributos Divinos da nossa alma.

Vez que os grandes embates da sociedade são causados em razão da ignorância quanto à vida depois da vida, esses apontamentos de maneira bem natural e serena vão direcionando o ser humano no sentido de compreender que a renovação da sociedade acontecerá nas mesmas proporções da renovação dos indivíduos que a compõem.

Assim, em supremo esforço, procuremos disciplinar as nossas aspirações enquanto seres existenciais. Desse esforço advirá a nossa espontânea maneira de ser, muito mais plena de amor para com o Criador e as criaturas. Dessa forma, estaremos implantando na nossa alma a solidariedade, diminuindo as desigualdades sociais e nos tornando mais **felizes** por causa das emanações energéticas com a vibração da **gratidão** que receberemos daqueles que serão beneficiados por nós. Em outras palavras: a felicidade real e verdadeira que sentimos é gerada pelas pessoas portadoras da **gratidão** quando recebem uma dádiva de Deus entregue pelo homem-espécie.

❁ ❁ ❁

Minha oração ao Cristo, Senhor Nosso e Irmão Maior!...

Grande Luz do Universo!...
Foco gerador de todas as coisas!...
Vida que desprende vidas em sucessões infinitas nos caminhos da Eternidade!...
Escuta, por piedade, a voz que fala pela Tua Graça,
Que canta pela Tua bondade
E vibra pelo Teu querer.
Quero interagir Contigo.
Aprender a falar espontaneamente do Amor que És.
Mas ajuda-me a acordar do sono milenar em que vivo.
Ativa em meu âmago a beleza da alegria,
A grandeza da bondade,

O esplendor da livre renúncia,
O encanto da humildade.
Senhor, ajuda-me a ouvir-Te no ensurdecedor silêncio de
Tua criação...
A reconhecer-Te em tudo e em todos pela Onisciência que És...
A alimentar-me da certeza de que o Nazareno Mestre
É o Elo Divino que me liga a Ti...
A entrar em ressonância com a sublime essência doutrinária
Dos que integram as Sagradas Fileiras, meus Superiores
Confrades...
A sentir-me banhado pela Luz Divina do Sagrado Coração
de Maria...
Permita-me, ainda, continuar sob as asas angelicais
Do meu Velho Mestre e Dileto Amigo – Pai Joaquim
de Aruanda –,
Que, dos esplendores dos Céus, alimenta-me a esperança,
Incentivando-me a buscar-Te sempre.
Agradeço-Te, Cristo-Pai,
Não por ter Silvestre como meu guia,
Mas a alegria de ser por Ele guiado.
Agradeço o calor de Tua Presença,
Cujos raios benfeitores beijam o solo deste planeta...
A profusão de luzes que desperta consciências...
A harmonia do Teu cântico que me conduz ao silêncio...
A paz do Teu Amor que me leva à convicção de divulgar
O Teu Evangelho de Esperança e Paz.
Ajuda, Cristo-Amor,
O mais humílimo servo da Tua Criação
A despertar nas criaturas o amor e a emotividade crística...
A conduzir o Teu Advento,
Alimentando os homens da Terra com a equidade do Teu Amor.
Paz para a Humanidade!
E que seja feita a vontade de Deus!

Capítulo 15
A Lei da Impermanência

Pergunta 84: - Mesmo Jesus tendo desencarnado há 2.000 anos, ainda assim o Brasil conseguirá reativá-Lo da memória latente do ser humano, a ponto de Ele ser inserido nas aspirações de uma sociedade tão desarmonizada como a nossa?

Resposta: – O corpo de Jesus realmente deixou de existir há 2.000 anos, mas a Sua Essência Espiritual é imortal e eterna... A Sua iluminada mensagem continua ecoando pelos quatro cantos da psicosfera terrestre e bom percentual dela já foi transformado em vivência por milhões de espíritos encarnados e desencarnados.

As trombetas anunciaram que os novos *tempos já chegaram* e, com eles, também o aumento da sensibilidade espiritual para reconhecermos o Jesus vivo e atuante na vida de toda a humanidade, o que será concebido por todos como um acontecimento tão natural quanto o batimento do nosso coração.

Em virtude de o Sublime Peregrino viver permanentemente sincronizado com o Cristo-Amor, durante a Era de Aquário o Brasil vivenciará os ensinamentos evangélicos e, assim, estimulará a sociedade planetária a se sintonizar com o Nazareno Mestre de maneira que Ele seja concebido pelos mais sensíveis e em melhores condições de identificá-Lo como um *sagrado mantra*, isto é, a palavra recitada ou cantada referindo-se a Ele — o Nazareno Mestre — que tenha o tom e a emoção da religiosidade.

Ao pronunciarmos o mantra formado pela cabala sétima dupla e perfeita — **Nazareno Mestre**[1] — com o garbo que deve

[1] Observemos como nos preenchemos quando pronunciamos com o tom da sacralidade os nomes **Jesus** e **Nazareno Mestre**. Nazareno Mestre, por ter 14 letras, forma cabala dupla (7 + 7) e perfeita.

ter quem for representar o Porta-Voz do Cristo-Criador, regurgitará do nosso **Cristo Interno** a divina **Vontade** para expressarmos o amor divino. Por conseguinte, vamos concebê-Lo como sagrado ritmo mantrânico de harmonização interior, sintonizado com a frequência da Divindade Criadora do planeta Terra — o Cristo-Pai.

Obviamente que Jesus será introduzido nas aspirações da humanidade e, indubitavelmente, passará a ser sentido pelos humanos na frequência do Amor Universal. Para senti-Lo nessa frequência, aqueles que por enquanto estiverem intimamente desarmonizados, evidentemente sem condições de identificarem as emanações advindas dos planos espirituais da angelitude em que Ele vibra, não serão desamparados, tal é a Perfeição de Deus. Mesmo esses seres desarmonizados devem continuar *orando e vigiando*, convictos de que todos são capazes de senti-Lo. Não nos esqueçamos de que Ele é mais facilmente alcançado pelas vias internas do coração.

Pergunta 85: - O que ocorrerá com aqueles humanos que, fazendo uso do livre-arbítrio, não quiserem se dedicar ao polimento espiritual para atender o momento solicitado pela Lei da Impermanência? E com aqueles que engendraram a morte de Jesus e de Seus representantes nos dois milênios cristãos, razão pela qual ficaram tombados pelo remorso e enroscados ao sentimento de culpa? Como libertá-los dos seus cárceres psíquicos?

Resposta: – Somos parcialmente livres para arbitrar, mas devemos ser responsáveis. Se dependesse tão somente da Infinita Bondade de Deus, poderíamos ficar estagnados para sempre. No entanto, o Criador, que é Perfeito, criou a Lei da Evolução, de maneira que nenhum espírito possa optar por permanecer eternamente amuado, contemplando o nada, no seu vazio, como se fosse possível alguém ficar desamparado da Providência Divina.

É evidente que:

— As decepções ou as frustrações por mais contundentes que sejam servem sempre para novos aprendizados, tendo em vista que no Universo de Deus *nada se perde, pois tudo se transforma...*

— Os grandes desencontros acontecem principalmente quando o espírito está encarnado... Assim, quando novamente oportunizado à corporificação para aprender e ensinar novas lições libertadoras da imanência, deve adquirir ***a misericórdia do ver***, "fechar os olhos" do plano sensorial e abrir os que transcendem à forma, buscando condições de alcançar as frequências dos planos luminosos...

— Ao colocarmos Jesus-Essência nas nossas aspirações espirituais, estaremos desfazendo os nossos nós psíquicos atreladores ao passado e abrindo perspectivas para voos fora do espaço e do tempo, visto que somos eternos. Portanto, aquele que ainda estiver preso a eventos pretéritos precisa procurar, o quanto antes, se ater aos novos plantios ensejados pelo novo momento histórico da Terra, semeando novas sementes em terrenos arados com a convicção de que o Nazareno Mestre permanece vivo na vida dos mais lúcidos, dos mais coerentes.

Assim, com a nova e progressiva frequência da massa planetária terrena, a humanidade vislumbrará, no horizonte, uma nova aurora iluminada pela luz da compreensão quanto ao sentido sagrado da vida e, atendendo ao empuxo causado pela Lei da Evolução, almejará alçar voos direcionados às planuras celestiais.

Pergunta 86: - Qual a força e a energia que o Brasil, representado por seus habitantes, precisará despertar na sociedade planetária para conscientizá-la da Lei da Impermanência, tendo em vista o quanto ainda se ignora sobre a Legislação Divina?

Resposta: – Tal força-energia por ser Constante Universal é intrínseca à Criação e logicamente se encontra latente em todos os espíritos, independentemente do plano em que temporariamente estejam, por serem todos portadores dos Divinos Atributos de Deus.

Reflitamos então:

— O espírito humano, por evolução e sem perder a sua individualidade, sem se fundir à Totalidade, tende a se unir a outros por elos divinos, formando uma grande e potente corrente para proteger e defender as causas relevantes da coletividade planetária. Quando encarnado, dele emerge um impulso da sua alma para o universo exterior... Uma indômita vontade de praticar atos em benefícios dos seus semelhantes...

— O eterno transformismo faz parte do espírito desde a sua gênese. Então, todos, em função da evolução, dão vazão ao impulso da expansão da consciência, razão pela qual a unificação é processo natural, vez que faz parte do Cristo-criatura dar atenção ao empuxo luminoso e amoroso do Cristo-Criador...

— É da Lei da Evolução o divino irromper da profundeza do coração das almas mais evangelizadas as suas forças onipotentes do amor, que latentes nelas embalam com um harmonioso cântico de exaltação ao Autor da Vida para fecundarem a divina unidade na diversidade, sentindo a necessidade de ascender e se integrarem à pulsação do Cristo-Amor.

A pessoa, ao direcionar as suas aspirações para os Céus, a imaculada essência do Cristo existente nela, a leva a dar sentido sagrado à vida e, assim, devido ao nobre propósito, receber do Universo, que conspira a seu favor, a energia e a força para representar o Brasil em condições de esclarecer a humanidade quanto à necessidade de cada um acionar a sua Força Superior e realizar o que é da sua competência como coparticipante na transformação da Terra. Dessa forma, por ser também Constante Universal, ela não ficará estagnada mesmo ignorando a Legislação Divina.

Pergunta 87: - É incontestável que, através dos milênios de história terrena, o pilar social tem sido o menos expressivo, com poucos exemplares humanos se dedicando à solidariedade planetária. De que maneira o Brasil, ao se encontrar atualmente em fase imoral, terá a moral necessária para influenciar os povos e os administradores das nações?

Resposta: – Por causa da nossa pequena evolução espiritual, os conceitos que, nos dias atuais, parecem utópicos, imponderáveis, abstratos etc., brevemente farão parte inconteste da vida terrena, tendo em vista que os espíritos ávidos pelo poder e pelo domínio serão exilados da Terra. Certo é que, daqui a pouco, os registros da história infantil da humanidade serão arquivados nos museus como lembranças da nossa imaturidade espiritual.

Em sendo Constante Universal a evolução física e metafísica do Universo, reflitamos:

— Visto que os espíritos não qualificados para frequentarem uma Escola Secundária serão exilados da Terra, a sociedade sem os avaros, dogmáticos, gananciosos, irascíveis, vingativos, maledicentes, irados, ciumentos, invejosos, feiticeiros, tímidos etc., a vida para os que continuarem neste orbe será magnificamente melhor em todas as nuances...

— Logicamente que, estando a nação brasileira sem tais espíritos encarnados e sem aqueles em cuja biologia ainda lhes é predominante a ancestralidade animal, a vida dos humanos qualificados para permanecerem na Terra será mais suave e mais motivadora para as aquisições ético-morais. Fica claro que, sem os moralmente falidos, pois exilados para mundos inferiores à Terra, os aspectos gerais da humanidade serão melhores. Isso porque a biologia daqueles que continuarem reencarnando neste mundo será menos animalesca...

— Em virtude da eterna evolução, o espírito por processo natural, atendendo ao Empuxo Divino, nunca se dá por satisfeito no plano energético em que estiver estagiando, tal a Perfeição do Criador. Por isso, ao alcançar fases evolutivas mais amplas, impulsionado pela Lei da Evolução, brota-lhe, de imediato, a vontade de galgar patamares eternamente superiores. Assim, após o exílio dos espíritos inferiores o Brasil terá condições reais para influenciar positivamente os governantes do planeta Terra.

Obviamente que os espíritos corruptores e os corruptíveis serão exilados para mundos compatíveis com as suas ignóbeis[2] e vis aspirações, permitindo que o Brasil tenha moral para influenciar positivamente os povos e os administradores das nações.

É da Lei da Evolução que, a partir de certa graduação espiritual, com a biologia em melhores condições, o homem-espécie sentirá natural vontade de novas e eternas aquisições morais, passando a ter conduta eticamente elevada.

Em épocas recuadas, o homem, quando de evolução rudimentar, para defender a sua vida e os seus interesses lutou contra as feras. Atualmente, mesmo em pleno momento seletivo — *separando o joio do trigo* —, os seres humanos ainda lutam entre si. Daqui a alguns instantes, impulsionados pelo desespero apocalíptico, as suas realidades passarão a ser a luta contra as suas inferioridades morais almejando obter qualificação evangélica e, assim, ter condições meritórias para frequentar a Escola Secundária terrena.

É possível garantir que, na mesma proporção em que o espírito adquire os conhecimentos libertadores dos planos densos da materialidade, os conflitos sociais vão gradualmente diminuindo, o que terá reflexo magnificamente positivo no universo social.

[2] Ignóbil: Característica do que é baixo, vil; que infringe as leis da moral.

Pergunta 88: - Dado que Deus nos criou portadores de livre-arbítrio, por que Ele legislou a Lei da Impermanência, a qual rege o Universo Criado sem permitir a estagnação eterna? Não nos parece um contrassenso?

Resposta: – A mônada só adquire livre-arbítrio após atingir, por evolução, o reino hominal. Em sendo essa liberdade de arbitrar uma aquisição natural dessa mônada após milhões de experiências nos reinos menores da Criação, ela precisa desenvolver as suas potencialidades divinas para adquirir a convicção de que é portadora dos Divinos Atributos de Deus.

Embora a Essência Espiritual seja imaculada, fazendo uso dos sentidos no vaivém reencarnatório, o espírito tem ações e reações que infringem as Leis da Evolução, gerando carma negativo, advindo dores e sofrimentos. Mesmo quando o carma é negativo, ele é primoroso para a evolução e ascensão do espírito. Por isso é atribuída à dor a maior economia da Criação no Universo de Deus.

O espírito, por ser dotado de livre-arbítrio, embora possa parecer uma liberdade irrestrita, na verdade não é bem assim, considerando que ***toda ação gera reação***, o que o leva a se tornar seletivo e ir arbitrando por ações e atitudes benfazejas. Daí a evangélica necessidade de se ter responsabilidade, recebendo as reações das nossas ações. Após recebermos milhões de reações negativas, adquirimos experiências e passamos a ser coerentes nas nossas ações, medindo as suas consequências.

Na verdade, o que nos parece contrassenso é:

— A infinita bondade de Deus nos oportunizando ao crescimento, levando-nos à reflexão de que ***tudo nos é lícito, mas nem tudo nos convém***, segundo Paulo de Tarso, e nos notificando de que o peixe é livre, mas não deve sair da água se quiser preservar a sua vida...

— É ter conhecimento de que as reencarnações expiatórias que nos parecem sem sentido servem para corrigir formas mentais incompatíveis para na condição de ***Filhos Pródigos*** retornarmos ao Pai o quanto antes...

— Melhorarmos a nossa frequência vibratória para que ampliemos a nossa esfera áurica e, assim, termos condições para entrarmos em contato consciente com a Mente do Cristo Planetário no Plano do Amor Incondicional.

Caso na Criação não existisse o eterno *vir a ser*, o espírito, usando do seu livre-arbítrio, poderia estagnar diante das dificuldades e dos conflitos, sem experiência para se tornar um bem-aventurado e coparticipante da Obra do Supremo Pai. Certo é que, desde a nossa gênese, Deus já "imprime" o gene[3] da eterna evolução.

❁ ❁ ❁

Adventos Crísticos

No livro intitulado *Adventos Crísticos*, citamos os nomes de alguns espíritos integrantes das Sagradas Fileiras. Entre eles figura o monge Wong, um mestre oriental que, em suas magníficas mensagens psicografadas por Terezinha Teixeira Pereira de Carvalho, solicitou que atentássemos para o sentido sagrado da **unção** realizada nos espíritos que vão reencarnar para desempenhar tarefas vitais.

Mesmo ungidos, enorme parcela desses espíritos ao reencarnarem pode se desvincular emocionalmente da tarefa primordial a ser realizada e passar a aspirar conquistas triviais comuns aos não predestinados.

Com a finalidade de auxiliarmos os predestinados para com a implantação do Cristianismo Renovado, solicitamos que todos reflitam sobre a orientação a seguir ditada por Wong:

> Ao cego é dado apurar a **audição**. Ao surdo, é permitido ativar a **visão**, embora lhe seja vedada ou dificultada a **fala**. Mas ao **ungido** pelo nobilíssimo propósito do Senhor de todos os Mundos será, sempre, possível o alcance do que se pode tomar por transcendente.

Aproveitemos a reflexão passada pelo nobre Monge Wong e nos debrucemos sobre os livros[4] que tratam da implantação dos **Adventos Crísticos** em todo o nosso planeta.

Olhemos para os astros que povoam o firmamento e, per-

[3] Unidade genética presente no cromossomo e que é responsável pela transmissão das características hereditárias nos seres vivos. Fonte: *Minidicionário da Língua Portuguesa*, de Evanildo Bechara. Editora Nova Fronteira, publicado em agosto de 2009. (N.R.)

[4] No início deste livro consta a relação das demais obras do mesmo autor referentes aos **Adventos Crísticos**.

didos na imensidão, absortos na mobilidade de todos os raios, procuremos ouvir a voz sem som do Nazareno Mestre ativando a nossa memória subjetiva para que entremos em ação adventista.

Wong solicita que passemos a render Glórias aos Céus como forma de gratidão a Deus, em virtude de estarmos encarnados e divulgando os novos rumos do Cristianismo...

Nós, discípulos do Velho Mestre, devemos, jubilosos, nos curvar ante a vitória dele que, através dos milênios, vem nos preparando para atualmente estarmos conscientes do nosso papel ante a implantação dos **Adventos Crísticos** nas nossas almas.

Wong, mestre por excelência, nos conduz a refletir sobre as leis da vida criadas pela Perfeição Absoluta — o Autor da Vida —, a fim de nos desarmarmos quanto ao "imponderável" e, corajosamente, com segurança e dinâmica mental, colocarmos sem temores nem evasivas a mensagem evangélica na rotina das nossas vidas, pois o Evangelho é a síntese das Leis de Deus. É de bom senso e de boa acolhida ressaltar que ***não existe proteção superior à honestidade***.

Capítulo 16
O futuro da sociedade terrena

Pergunta 89: - Uma vez que Jesus é o orientador espiritual da humanidade terrena, milhões de indivíduos gostariam de interagir com Ele de maneira sensória, mas lhes falta sensibilidade psíquica para tanto. Então, como sentir o Nazareno Mestre para representá-Lo com garbo, com mais entusiasmo, dinâmica mental e magnetismo aglutinador?

Resposta: – Em razão da nossa pouca evolução espiritual, buscamos o Criador e os Seus representantes por meio da racionalidade, o que é normal enquanto não adquirirmos mais experiência de Deus.

Mesmo amortecidos no plano material precisamos:

— Vislumbrar, com a nossa mente, horizontes além da forma física para que dilatemos a nossa consciência a fim de adquirirmos condições de substituir a linguagem da razão pela do coração, considerando que a razão se identifica melhor com o universo concreto, o que dificulta a alma para alcançar frequências mais elevadas e sentir o pulsar do mais fecundo aspecto da Divindade — o **Amor**...

— Seguir o angelical exemplo de Jesus, que, na condição de encarnado, foi a mais pura manifestação de amor e nos ensinou que Ele *também é o Caminho, também é a Verdade e também é a Vida*, patenteando não ser Unigênito, porque outros Instrutores Espirituais já tinham deixado os seus ensinamentos libertadores, e outros tantos viriam depois Dele para que também realizassem maravilhas. Assim, para sentirmos o Nazareno Mestre, tornemo-nos *também o caminho, também a verdade e também a vida,* seguindo o Seu exemplo...

— Identificar o Criador em todas as Suas manifestações de

Vida, tendo em vista que **Deus é Vida e Vida é Deus**. E, em sendo Cristo sinônimo de Amor Universal, para sentirmos o Seu mais fiel representante na Terra — Jesus de Nazaré —, devemos seguir a trajetória mais segura, a das vias internas do coração.

Sem os bloqueios que a razão questionadora possa elaborar na frequência limitada pelo Universo físico, acessaremos o Nazareno Mestre em cada ato de amor que praticarmos, pois Ele, integrado por ressonância ao Cristo-Amor, tem a Sua Essência Onipresente no planeta Terra.

Pergunta 90: - Por que as vias do coração são o caminho mais rápido para podermos acessar o nosso amado Nazareno Mestre na Sua essencialidade?

Resposta: - A razão constrói magníficas estradas para o coração trafegar. Com a razão identificamos o Universo criado... Com o coração sentimos o Criador do Universo... Enquanto a razão equaciona o **relativo Universo Existencial**, o coração se emociona com o **eterno Universo Essencial**.

Em João 10, 30 consta Jesus ter falado: ***Eu e o Pai somos um, porém Ele é maior do que Eu...*** Assim, para compreender a causa dessas vias do coração serem mais eficientes e podermos alcançar, mais rápido e com mais nitidez, a frequência identificadora do Anjo Jesus, é necessário atentarmos para a Sua permanente sincronia com o Cristo — o Arcangélico Espírito Criador da Terra.

Vejamos então:

— Vez que o Cristo é a manifestação permanente do Amor Universal, quanto mais se ama, mais se compreende a razão da vida. Assim, para o homem sentir o Cristo, tendo Jesus como Elo Divino, é preciso que ele acione o seu Cristo Interno, o seu Cristo-Amor, devido ser da Lei do Criador que ***somente entre semelhantes é possível a comunicação***.[1]

— Os nossos argumentos intelectivos, por mais abrangentes e inusitados, finalmente convergem para o coração — o ponto de chegada das nossas nobres aspirações...

— Em sendo o Evangelho o livro do Amor, quanto mais nos evangelizarmos, mais intensamente sentiremos o Cristo-Amor por meio das angelicais emanações advindas do ***Sagrado Coração de Jesus***.

[1] Pietro Ubaldi, em ***A Grande Síntese***, 11ª edição, da FUNDAPU.

Portadores que somos dos Divinos Atributos de Deus, procuremos despertar o nosso Deus Interior para, em um magnífico e grandioso impulso luminoso, colocarmos o nosso coração a serviço da vida representando Jesus — o Nazareno Mestre —, Aquele que vive sintonizado, por ressonância, com as forças cósmicas do Cristo criador da Terra.

Pergunta 91: - Qual a causa de determinadas pessoas se envaidecerem por gozar de maior conhecimento sobre o universo existencial e de excelente grau de escolaridade sem se deterem em despertar o seu Deus essencial?

Resposta: – A fase evolutiva em que o espírito tem a aspiração de desvendar a Criação utilizando a razão como ferramenta de pesquisa é altamente estressante, embora seja uma etapa maravilhosamente útil à sua evolução e roteiro comum a todos.

Assim, considerando que a Natureza não dá saltos na evolução e que não existe acaso na Obra de Deus, o espírito, nesse período, estará criando sólido alicerce psicológico e fecundando um novo estágio na escala da evolução, durante o qual despertará a capacidade de se amar para, com o tempo, amar a sua própria criação, as suas próprias descobertas, dado que ninguém ama ao desconhecido.

Desse modo, para avaliarmos o grau de amor que nutrimos pelo Deus-Criador, precisamos observar o quanto já amamos ao Deus-criatura sem nos determos na condição intelectiva da encarnação atual, considerando que o Arauto da Divindade e Médium do Cristo — Jesus de Nazaré — naquela encarnação, há dois mil anos, não era letrado e, no entanto, realizou maravilhas usando as emanações crísticas pelas vias amorosas do *Seu Sagrado Coração*.

Pergunta 92: - Qual deve ser a nossa postura quando os chamados intelectuais começarem a questionar?

Resposta: – É fundamental lembrarmos que o Líder do Cristianismo, o Nazareno Mestre, naquele encarne, só fora alfabetizado. Portanto, refletir é imprescindível... O Iluminado André Luiz, através do não intelectual Chico Xavier, no seu livro *Apostilas da Vida*, editado pelo Instituto de Difusão Espírita, referindo-se a ELE, o Amado Mestre, escreveu:

Ele *não* era **Conquistador** e fundou o maior de todos os domínios;
Ele *não* era **Geógrafo** e descortinou os sublimes continentes da imortalidade;
Ele *não* era **Legislador** e iluminou os códigos do mundo;
Ele *não* era **Filósofo** e resolveu os enigmas da alma;
Ele *não* era **Juiz** e ensinou a justiça com misericórdia;
Ele *não* era **Teólogo** e revelou a Fé viva;
Ele *não* era **Sacerdote** e fez o sermão inesquecível;
Ele *não* era **Diplomata** e trouxe a fórmula da paz;
Ele *não* era **Médico** e limpou os leprosos, restaurou a visão dos cegos e levantou paralíticos do corpo e do espírito;
Ele *não* era **Cirurgião** e extirpou a chaga da animalidade primitiva;
Ele *não* era **Sociólogo** e estabeleceu a solidariedade humana;
Ele *não* era **Cientista** e foi o sábio dos sábios;
Ele *não* era **Escritor** e deixou no planeta o melhor dos livros;
Ele *não* era **Advogado** e defendeu a causa da humanidade inteira;
Ele *não* era **Engenheiro** e traçou caminhos imperecíveis;
Ele *não* era **Economista** e ensinou a distribuição dos bens da vida a cada um segundo suas obras;
Ele *não* era **Guerreiro** e continua conquistando as almas há quase vinte séculos;
Ele *não* era **Químico** e transformou a lama das paixões em ouro da espiritualidade Superior;
Ele *não* era **Físico** e edificou o equilíbrio da Terra;
Ele *não* era **Astrônomo** e desvendou os mundos novos da imensidade;
Ele *não* era **Escultor** e modelou corações, convertendo-os em poemas vivos de Bondade e Esperança...

Pergunta 93: - Até agora, a última palavra convincente dirigida à sociedade ficou por conta do Pilar Científico. Vez que a proposta dos **Adventos Crísticos** *está sendo apresentada inicialmente pelo Pilar Religioso, como acontecerá a fusão ciência-religião?*

Resposta: – Os rótulos externos e relativos necessariamente não identificam a essência interna e eterna da Centelha Divina da qual somos portadores.

À medida que os humanos componentes dos quatro pilares da sociedade evoluem espiritualmente, também na mesma proporção vão, fraternalmente, se aproximando. Com a ascensão espiritual acontecem a ***união sem fusão e a distinção sem separação***,[2] visto que as barreiras psicológicas foram diluídas.

Quando o espírito é ascensionado, ainda que atuante em determinado pilar, não encontra dificuldades para lidar com os companheiros dos demais pilares, o que é lógico, tendo em vista que a Lei da Evolução não seria perfeita se permitisse que o espírito ascendesse enquanto estivesse comungando com a separatividade de qualquer natureza. O espírito precisa ser livre se almejar manifestar o amor irrestrito e incondicional.

Já é possível observar que a Ciência e a Religião estão a serviço do mesmo Deus, sendo que a Ciência se dedica em equacionar a Criação, enquanto que a Religião se empenha em sentir o Criador. Tenhamos em mente que os integrantes dos quatro pilares da sociedade brevemente terão Deus como seu ponto final, como ponto definitivo de chegada...

Pergunta 94: - Vez que a síntese de todas as verdades — o Evangelho do Anjo Jesus — foi transformada em mercadoria de compra e venda a preços promocionais, qual será o futuro das religiões na Era do Mentalismo?

Resposta: – Embora ainda sejamos microcriaturas, somos partes não apartadas do Macrocriador e, consequentemente, portadores dos Seus Divinos Atributos — Onisciência, Onipresença e Onipotência.

Os efeitos psicológicos que Aquário causará ao universo dos espíritos terráqueos propiciarão, em especial aos encarnados, a elevação da sua frequência mental, o que lhes facultará entrar em ressonância com os desencarnados que vibram em planos mais próximos das eternas Fontes da Vida.

Em contato mais direto com os subplanos divinos, o espírito:

— Mesmo encarnado, sente intuitivamente vontade de expandir a sua consciência individual para se conectar conscientemente com a Mente Universal — **Deus**...

---

[2] Do livro ***Aruanda***, de Pai João de Aruanda, psicografia de Robson Pinheiro, 1ª edição, em 2004, Editora Casa dos Espíritos.

— Nutrido pela esperança de identificar em si os Divinos Atributos de Deus, nota brotar do seu universo íntimo, brilhante farol que ilumina as suas nobres aspirações, permitindo-lhe, ondeado pela Sua luminosa e policrômica aura, ser impulsionado pelo Cristo-Criador...

— Nesse estado de sacralidade, haurindo uma cota extra de energia-força devido à sua superior frequência psíquica, surge com mais abertura a impetuosa vontade expansionista de se integrar à correnteza da vida universal, vivenciando a mensagem do Sublime Peregrino — Jesus Nazarenus.[3] O espírito, quando encarnado, fica com a percepção transcendente reduzida, mas, mesmo assim, em épocas de transições planetárias, os seus divinos sentidos se tornam mais aguçados, propiciando que, em momentos de ensurdecedor silêncio, tenha pressentimentos proféticos sobre os acontecimentos que estão registrados no Arquivo Akásico da Terra.

Neste momento apocalíptico:

— Os religiosos que mercadejam o ***Indelével Relicário de Luz*** — o Evangelho do Nazareno Mestre — deixarão a Terra e seguirão para planetas inferiores onde venderão as "coisas sagradas" aos seus afins no seu novo mundo. Isso porque, como a Natureza não dá saltos na evolução, para onde cada um for, levará a sua índole, o seu caráter. É salutar relembrar que o **efeito** sempre acompanha a **causa**...

— O ser humano, não importando o reduto do Universo, com as repetidas reencarnações em que experimenta dores e dificuldades as mais variadas, terá a tendência natural de abrir mão dos seus caprichos pueris e se trabalhar para vivenciar a mensagem evangélica, convicto de que os ensinamentos do Nazareno Mestre são libertadores...

— O homem-espécie deixará a Terra, caso seja portador do Evangelho-Letra e não o transforme em Evangelho-Vida. Tenhamos em mente que a abertura intelectiva, sem o vivenciamento ético-moral superior, não garante a nossa permanência na Terra. A garantia está na capacidade vibracional de, ao sentir as emanações do Cristo-Amor, convertê-las em vivência em plena luz do dia. Desfaz-se, assim, a ilusão de que os portadores de certo grau de escolaridade terrena têm vaga incontestável para que continuem reencarnando neste orbe. A seleção é pelo peso específico...[4] Por sintonia vibracional.

[3] Jesus Nazareno, em latim, deu ***Iesus Nazarenus***. O **I** latino tem som de **J** em português. (N.R.)

[4] No texto tem o sentido de identificar a carga tóxica existente no perispírito dos

Sem muito esforço é percebido que o futuro das religiões na Era da Força Mental será luminoso, tendo em vista que os espíritos avaros, mistificadores, astutos e mentirosos estarão reencarnando em mundos compatíveis com as suas ainda pequenas e infantis aspirações.

Pergunta 95: - Sabemos que a evolução espiritual é uma Constante Universal, dado que a Lei do Legislador Supremo não permite estagnação eterna. Assim, quando uma Escola Primária é promovida à Secundária, quais as mudanças mais contundentes em seus alunos, mesmo nos refratários ao crescimento libertador?

Resposta: – É do conhecimento geral que o espírito evolui acompanhando a evolução do mundo onde estiver reencarnando. Ao observar a humanidade terrena como um todo, será percebida a melhora dos quatro pilares (Social, Científico, Artístico e Religioso), sendo o Religioso o mais comprometido diante das Leis da Evolução, vez que é responsável pelo maior impedimento da evolução moral da sociedade, considerando os milênios e milênios de cultos aos deuses da miséria, do horror, do terror, da morte, da vingança, e que, de agora em diante deverá ser o mais empenhado em libertar espíritos dos seus milenares cativeiros psíquicos.

Acontecerá que o *Pilar Religioso* contribuirá com excelente cota para a libertação íntima de encarnados e desencarnados, levando em conta não só o grau de conhecimento já obtido sobre a vida depois da vida, como também sobre o exílio dos astutos que serão transferidos para mundos inferiores na carruagem da *Besta Apocalíptica*, aliviando magnificamente a carga energética de baixo teor da psicosfera da Terra.

Reflitamos:

> — Os espíritos que, por mérito, continuarem reencarnando neste magnífico orbe promoverão o avanço da natureza vibratória das camadas energéticas em torno da Terra e, depois da transição planetária, não gerarão pensamentos dantescos. Com tal atitude, suas esféricas áuricas serão magnetizadas com os eflúvios emitidos pelos espíritos do Raio do Amor e captados por encarnados e desencarnados, permitindo que este planeta

encarnados e desencarnados.

seja banhado, de maneira mais direta e por ressonância, pela Essência do Cristo-Amor...

— Para substituírem a tristeza e a melancolia dos templos religiosos, os encarnados terão que se empenhar no desenvolvimento da mediunidade psíquica para serem capazes de identificar as emotivas emanações das formas de pensamento dos espíritos superiores, razão pela qual passarão a ter o Cristo como ponto central a ser sentido. Dessa forma, será o Cristo-criatura exercitando sentir o Cristo-Criador...

— Os milenares amuletos utilizados pelas religiões sem religiosidade serão substituídos, naturalmente, pela vivência evangélica, de forma que as mais divinais figuras materiais, externas ao homem-espécie e cultuadas pelas religiões, sejam recolhidas aos museus para que o ser humano e a sua religião se fundam em uma unidade. Assim, o símbolo sagrado das religiões do Terceiro Milênio será o próprio homem.

Com as novas e eternas concepções de Deus em função da dilatação da consciência, os alunos terráqueos se tornarão elos crísticos de amor fraterno para que todos vivam sob as dádivas da confraternização exercitando a convivência com os diferentes e almejando a ascensão espiritual.

❁ ❁ ❁

Adventos Crísticos

Não é parte da Proposta Adventista que ela nomeie todos os integrantes das Sagradas Fileiras, tal o imenso número dos seus participantes com milhões de espíritos evoluídos, ascensionados, angelicais e arcangélicos dedicados à sacratíssima causa — renovar o Cristianismo. No entanto, Silvestre, o porta-voz das Sagradas Fileiras, sinalizou a participação de alguns espíritos. É o caso, por exemplo, de Apolônio de Tiana.

> Na hierarquia dos nobres e superiores espíritos, vibram em igual sintonia (nível luz), Johannes[5] e Apolonius, visto que integram a mesma plêiade, antecipada no tempo cronológico (terreno) e avançada

[5] Refere-se a João Evangelista, que, posteriormente, reencarnou com o nome de Francisco de Assis. Silvestre se reportou à época em que Johannes e Apolonius estiveram encarnados, sendo o primeiro um discípulo de Jesus, e o segundo realizou maravilhas em nome do Nazareno Mestre após o Seu desencarne.

> no Cosmo-Luz, voltados que sempre foram para a renovação da Terra e da humanidade a ela inerente. (Silvestre em nome das Sagradas Fileiras.)

Apolônio é o coordenador/norteador dos **Adventos Crísticos**. Consequentemente, deixa de ser, em nossa concepção, tão somente mais um que apenas está nas planuras celestiais, nos planos imponderáveis, sendo cultuado a distância e de maneira estática, quando, na verdade, se encontra ativo, operante e dinamicamente empenhado na coordenação de um Planejamento Sideral voltado para a Terra, sintonizado com os encarnados portadores de boa vontade, norteando a implantação dos Adventos do Cristo-Pai.

A nominação de alguns companheiros desencarnados visa auxiliar os encarnados compromissados e comprometidos no sentido de, motivados pelo amparo de tão nobres consciências, se entusiasmarem pela divina causa do Cristianismo Renovado e se desprenderem das questiúnculas puramente existenciais, as quais devem ser encaradas com naturalidade, principalmente nesta fase de transição planetária.

Ainda não adquirimos a devida evolução espiritual para descrever com palavras o empenho e desempenho da equipe liderada por Apolônio para cobrir a extensão planetária, mas podemos imaginar o júbilo de todos por estarem a serviço do Cristo-Pai, tendo o Nazareno como Grão-Mestre do Cristianismo Renovado.

Escreveu Silvestre em nome das Sagradas Fileiras:

> Apolonius vibra na condição de norteador (coordenador) do programa adventista, neste e no futuro[6] século, amparado por teu[7] Velho Mestre e sob os auspícios do Nazareno Mestre, na radiosidade de Johannes, o Francis, e das Sagradas Fileiras, em razão de ti, e de alguns poucos, sobre a face da Terra, inseridos que estão no sagrado livro dos Adventos da Renovação.

❁ ❁ ❁

[6] Mensagem psicografada por Terezinha Teixeira Pereira de Carvalho em 06/10/1991.
[7] Mensagem dirigida ao autor. O Velho Mestre aqui no Brasil se identifica por Pai Joaquim de Aruanda.

Pedi ao Silvestre notícias de Simão Pedro e, em nome das Sagradas Fileiras, Agostinho escreveu:

Aos de Boa Vontade.

A carcaça do Velho Pesqueiro jazia ao sol de outono, ancorado sobre maciça e saliente formação arenosa em progressivo avanço pelo costal sem fim, de águas límpidas, mansas e rasas.
Sentado no topo do encharcado lenho, cabeça encostada à lateral do harmonioso conjunto, olhos fixados no firmamento..., o outrora, forte e intimorato pescador, senhor das marés e de tantas façanhas..., de poucas letras, mas de muita **FÉ**, sussurrava aos imaginários ouvidos os seus lamentos, angústias, anseios..., em solene confissão..., mais dorida que curiosa..., mais amarga que esperançosa..., mais avassaladora que as físicas tormentas... Então..., fez-se o inimaginável diálogo, apenas assistido pela luminosidade daquela saudável ambiência..., desfeita em naturalíssimo brilho, que prenunciava o arrojo da Divina Doutrina.
Pôs-se, por fim, o homem a questionar:

Mestre, bem sabes que sou frágil, inconsistente para as coisas do Teu Pai... Sou, hoje, capaz de enfrentar, sem desafios, o mar batido, virado ou bravio..., mas totalmente incapaz de alcançar, ou melhor, de reconhecer-LHE o Sagrado Ditado... Então...
— Por que, Senhor, insistes em reservar a este rude atirador de redes que sou tão gigantesca tarefa?!...
— Mestre Amado, como hei de sustentar sobre a cabeça e os ombros a Casa do Teu Pai?!...
— Como, se não tenho sido sensato, nem fiel aos Teus Princípios, pois que me vejo, sempre, às voltas com o difícil sustento de minha família e de meus comunas?!...
— Como, se ainda me envergonho do meu pobre discurso, já que versado não sou?!...
— Como conquistar os adeptos, ou conduzir os pioneiros, se não consigo elevar suas almas à Tua Magnitude, mostrando aos simples que Teu Pai é, também, nosso Pai, ou Deus?!...
— Como aliviar-lhes a dor, ou aplacar-lhes a ira, se irado permaneço em grande parte desta tão inútil

existência..., perdido, sem Teu conselho vivo?!...

— Como farás de mim, um pregador dos Teus Preceitos, se não logrei convencer os mais próximos ou mais diletos parentes, quando exaltando, a meu modo, Tua Palavra?!...

O silêncio projetou-se sobre aquela pequena praia para, em seguida, tecer o belo rendilhar da sonora onda, de suavíssimo sibilar. E, assim, Ele, o Nazareno Mestre, falou:

Se me brindais com tão significativo questionamento, tão bem arranjado em sete pérolas, feita a mais pura e perfeita Cabalah..., então, é justo ou plausível que vos possa fazer ouvir-me em pequeníssimo, mas sintético reconhecer:

Amai a tudo e todos que, porventura, venhais a encontrar... e me haveis de ser divino objeto...

Lembrai nesta valorosa ânsia: — Aos fortes, Deus solicita e aos fracos, ele compreende e ampara...

Capítulo 17
O pensamento criador

Pergunta 96: - Sabemos que o Universo tangível foi criado pelas Consciências Arcangélicas, espíritos que também foram simples e ignorantes. Como concebermos e aceitarmos que nós, ainda tão incipientes, somos portadores dos Atributos Divinos?

Resposta: – Deus é equânime. Pela lógica universal, todos os espíritos são portadores da Sua Onisciência, Onipresença e Onipotência.

O espírito graduado à Consciência Arcangélica tem condições para, por exemplo, criar corpos celestes e não deve ser por nós concebido tão somente pela Sua capacidade de criar o orbe, suster e prover as vidas de todos os reinos do Seu corpo[1], mas, também, pela condição de se "reduzir", humildemente, à expressão imperceptível aos olhos humanos, à essência de uma flor para manifestar vida, cor, perfume e beleza, o que significa que a humildade tem sinônimo de evolução espiritual.

Deduz-se que o mesmo Deus-Pensamento que outorga aos Seus coparticipantes a criação do trovejante Universo material é o mesmo Deus-Vida encontrado em todas as manifestações de vida na vida do Cosmo, já que **não existe Deus sem vida, nem vida sem Deus**.

Assim, o Deus-Pensamento-Onipresente na integração e desintegração do Universo criado está presente por intermédio dos Cristos em um amplexo de Amor. No caso da Terra, o seu Cristo-Criador Se fez presente, visível e audível, usando a sensibilidade mediúnica de médiuns, como Fo-Hi, Aziz, Anfion,

[1] Cada *corpo* celeste criado passa a ser o "corpo" material de quem o criou.

Moisés, Confúcio, Numu, além de outros, sendo Jesus o Médium que, na condição de Cristo-Criatura, com a Sua maviosa, dúlcida e suave voz, quem melhor interpretou o Seu pensamento.

Pergunta 97: - Em que grau evolutivo o espírito encarnado começa a gerar pensamento criador?

Resposta: – Por estarmos no plano da forma, obedecendo ao tempo e ao espaço, não temos recursos intelectivos para estabelecer padrões dessa natureza, visto ficarmos muito limitados e sem uma visão panorâmica abrangente. No entanto, como somos os ***Filhos Pródigos*** que "saíram" de Deus ***simples e ignorantes*** para a aquisição de experiências por meio das sucessivas reencarnações, quando começamos a sentir, por evolução espiritual, "saudade de Deus-Pai", estamos iniciando o nosso retorno consciente ao Pai Criador. Assim, a partir da nossa ***Reversão*** consciente passamos a gerar pensamentos com magnetismo criador em nível bem mais elevado.

Na sequência do tempo:

— Aperfeiçoaremos o nosso pensamento criador... Despertaremos o nosso Cristo-Amor... Expressaremos a nossa força-energia em forma de beleza, ternura, mansuetude, sentimentos nobres, gratidão ao Supremo Criador, sorrisos, afabilidade, compreensão para com as fraquezas alheias etc. Enfim, perceberemos que o progressivo pensamento criador do ser humano é resultante da sua transformação íntima, pois, em essência, ele já o possuía em latência...

— O espírito, enquanto tempestuoso em virtude da sua ancestralidade animal, não tem evolução para alcançar a brandura da **Bonança**, que pela Lei da Evolução só é atingida após passar pela **Tempestade** sem perder a harmonia íntima. Observemos o desempenho sagrado da Justiça Divina, que, usando o bendito cinzel da dor, leva o espírito a trabalhar o seu polimento por esforço próprio, embora impulsionado pelas leis disciplinadoras...

— A fecundação divina do homem-bonança, a ponto de permitir que ele crie pensamentos de cunho moral superior, é conquista pessoal, vez que todos ficam sozinhos diante das Leis do Legislador Supremo para as suas aquisições ético-morais.

Vez que o microcosmo é semelhante ao macrocosmo, procuremos seguir o exemplo da Criação, tendo em vista que a mais potente força-energia a movimentar o Universo harmonicamente se transmuta em suave brisa com o frescor da paz para acariciar o nosso rosto. Busquemos, então, transformar ensinamentos em vivência com as luzes da sabedoria e, assim, nos tornarmos *prudentes como a serpente e mansos como a pomba.*

Fica transparente para os nossos divinos sentidos (olhos, ouvidos e boca) que a Essência de Deus manifestada no mais grandioso e luminoso **quasar** é a mesma Essência a se transformar em luz na desintegração de um átomo.

A evolução espiritual é lenta para que seja segura e, se o nosso pensamento ainda não for criador de paisagens enriquecidas com as cores e a beleza do Criador da Vida, precisamos continuar com o autopolimento, convictos de que, mais à frente, seremos pérolas preciosas refletindo a luz do Cristo para iluminar as consciências que estiverem na retaguarda... Seremos portadores da voz em modulações de ondas na frequência divina da fraternidade.

Quando o espírito encarnado começa a criar pensamentos nobres:

> — Torna-se notória a sua harmonia íntima... É expressivo e intimamente alegre, entoando hinos de louvor e gratidão pela oportunidade da reencarnação...
> — Diante da mais trovejante voz da agressividade humana, ele, que se fez *forte e capaz*, silenciosamente compreende e ampara os *fracos e incapazes...*
> — Recorre ao Evangelho quando se depara com o bombardeio das diversificadas convulsões sociais e relembra o que consta em João, 8:1-11: *Atire a primeira pedra aquele que não tem pecados.*

Por esforço e esmero, na condição de representantes do Meigo Jesus, tornemo-nos *também Caminho, também Verdade e também Vida,* emitindo luz para guiar aqueles que ainda não são portadores da Eterna Fé.

O momento histórico da Terra anuncia que é *chegada a hora* de abrirmos as portas do coração para que possamos ampliar a bondade que acaricia o terrificante vulcão e o amor que inflama a alma para que ela se sinta plena de entusiasmo pela vida, com a vida e pelo Artífice da Vida — **DEUS**.

É da Lei do Criador que, em condições normais, os opostos se atraem. Assim, com lucidez evangélica, permitamos a boa convivência com as diferenças evolutivas, tendo a certeza de que o ponto final de todos os espíritos culminará na unificação em Deus.

Pergunta 98: - Por estar a pátria do Cruzeiro do Sul predestinada a ser a Luz do Mundo, diante de uma humanidade ainda tão heterogênea, cujos principais valores estão voltados para o imediatismo, de que forma o Brasil conseguirá ser a Pátria do Evangelho, o Coração do Mundo, conforme anunciado por Humberto de Campos, psicografia de Chico Xavier?

Resposta: – É do conhecimento da sociedade terrena esta assertiva: ***Quem estiver a serviço da vida, estará protegido pelo Autor da Vida — Deus.*** Em assim sendo, vamos abdicar da visão material por um instante, entrarmos em introspecção e imaginarmos o grandioso empenho que as Superconsciências Espirituais, integrantes das Sagradas Fileiras e responsáveis pela renovação do Cristianismo, estão elaborando e executando para que o ***Brasil*** se torne ***a Luz do Mundo***.

Reflitamos:

— Em uma visão panorâmica, vislumbremos a integração entre Plano-Terra e Plano-Luz e, na condição de encarnados, tentemos alcançar os sagrados objetivos elaborados pela Mente Suprema para que sejam alavancados exatamente nesta fase de transição planetária tendo em vista que com as hecatombes geofísicas e psicossociais estaremos mais sensíveis para sentir as sublimes emanações do Cristo-Pai e ouvir, plenamente, a Voz do Nazareno Mestre nos convidando para que possamos dar sentido sagrado à vida, a fim de termos reais condições de cumprirmos a Predestinação Espiritual do Brasil colocada em nossas mãos...

— Busquemos dar vazão à vontade do pensamento criador, do qual todos somos portadores, para não nos determos nas inexpressivas questiúnculas de uma sociedade que se encontra em momento de Juízo Final... Fase em que a maioria dos seres humanos por falta de evolução espiritual usa a força instintiva para impor a sua grotesca vontade, ainda que desprovida dos conhecimentos libertadores das rotas reencarnatórias compulsórias...

— É evidente que os indivíduos mais lúcidos não precisam alimentar a vontade de ***ver para crer***, mas tão somente sentir a

Luz Refulgente do Cristo Terráqueo, considerando que as verdades palpáveis passam a ser secundárias, pois a nova realidade para a Era da Força Superior é apurar a nossa sensibilidade para a identificação da ligação consciente entre o Cristo-criatura que somos e o Cristo-Criador da Terra.

Convictos, refinemos as nossas aspirações na condição de espíritos imortais e eternos que somos para sentirmos o Criador do nosso atual orbe nos amparando para que transformemos o **Brasil em Luz do Mundo.**

Confiantes, entreguemo-nos nas mãos luminosas de Ismael — o Anjo Instrutor Espiritual do Brasil — e entremos em ação consequente, visto que o tempo urge e esta aurora tende a desvanecer. Não há mais tempo para divagações nem lamentações, pois as Leis de Deus são perfeitas.

Firmes e seguros vamos agir... Vamos abraçar essa Causa Sagrada, convictos de que Jesus está no comando.

Pergunta 99: - Sabemos que a implantação dos **Adventos Crísticos** *obedece a um Planejamento Sideral voltado para a Terra e que a humanidade está vivendo o tenebroso e decisivo período de transição planetária. Seria este o momento mais adequado para um evento desse porte? Não seria mais proveitoso se a proposta do Cristo fosse apresentada à sociedade depois da tempestade apocalíptica?*

Resposta: – Não nos apequenemos diante das forças contrárias representando o *mal*, pois é dever do cristão convicto invocar a Suprema Consciência Terráquea — o Cristo —, tendo em mente a angelical figura do Nazareno Mestre, nosso Modelo e Guia. Mas, também, não queiramos até sugerir a Deus a maneira que Ele deve administrar a Sua Criação.

Em se tratando de um planejamento milenar elaborado pela Sacra Ordem Espiritual responsável pelos Eventos Cósmicos e a serviço de Deus na Terra, podemos concluir que:

— Por ser da Lei da Evolução que não se alcança a **Bonança** antes de se passar pela **Tempestade** com galhardia, devemos vencer a nós mesmos, enfrentando com entusiasmo as nossas dificuldades íntimas e existenciais, pois a Lei da Evolução exige esforço próprio para as conquistas espirituais...

— Ao sentir o Cristo-Bonança, o Cristo-Amor, a pessoa desperta da sua latência a natural vontade de se doar em benefício dos seus semelhantes. Entretanto, como não é possível *ninguém ensinar a experiência que ainda não viveu*, nem doar o que não tem, a Tempestade é acionadora da **Força Superior** ou **Cristo Interno** do ser humano, para que, meritoriamente, tenha condições de se doar e também de doar o que possui sem lágrimas nos olhos... É bom relembrar que milhões de criaturas só despertam as suas forças latentes quando impulsionadas pelas tempestades da vida.

— Tudo já está pronto para a implantação dos **Adventos Crísticos**, tendo Jesus, o Sublime Orientador da humanidade, nomeado:

- Apolônio de Tiana — coordenador e norteador;
- Maria, a Santíssima Mãe — Patronesse;
- Antônio de Pádua — expansionista da proposta adventista;
- Silvestre — porta-voz das Sagradas Fileiras;
- Roboão e Gedeão — apaziguadores das guerras santas;
- Augustus, *olhos de lince* — detonador da consciência...
- Lupercius — líder da reforma doutrinária do Cristianismo...
- Nicanor — acionador da Força Superior no homem; além de muitos outros líderes, conforme consta no livro *Adventos Crísticos*,[2] Capítulo 59 — *Bênção Sublimada que de Jesus Advém*.

Diante de tão eminentes espíritos à frente do Movimento Adventista fica evidente que a proposta para renovar o Cristianismo deveria ser apresentada à sociedade exatamente agora, em plena **Tempestade**, momento em que todos se sensibilizam com as Causas Crísticas, com as Causas Transcendentais.

É de bom alvitre salientar que os médiuns do Cristo, como Jesus, Antúlio, Anfion, Numu, Fo-Hi, Lao-Tsé, Confúcio, Moisés, Maomé, Hermes, Zoroastro, Crisna, Buda e outros, estão de mãos dadas e empenhados na mesma Sagrada Causa — implantar o Cristianismo Renovado, isto é, implantar os **Adventos Crísticos** na consciência da humanidade terrena.

Pergunta 100: - Que causas levarão o homem do Terceiro Milênio a gerar pensamentos criadores, de forma que as disputas egoicas e destruidoras deixem de existir?

Resposta: – Com a nova psicosfera terrena, criada pelo empenho dos espíritos mais lúcidos que permanecerão na Terra, serão incalculáveis as luminosas modificações íntimas do conjunto social como um todo.

[2] Livro do mesmo autor, 4ª. edição, em 2017, **EDITORA DO CONHECIMENTO**.

Evidentemente que os alunos terráqueos, nos primeiros momentos frequentando uma Escola Secundária, mesmo não tendo ainda assimilado a nova grade curricular:

— Estarão em outro estado vibracional, pautando a vida segundo os princípios ético-morais evangélicos e, consequentemente, usufruindo das dádivas que, por esforço próprio, fizeram por merecer...

— Farão surgir a motivação íntima para alcançar a Bonança, isto é, para que sintam o Cristo-Pai, o que lhes facultará a criação de formas de pensamento de excelente qualidade energética e fascinante aura em torno do nosso orbe. Em tais condições áuricas, o nosso planeta será concebido pelos seus moradores como um Templo, de maneira que a principal disciplina a ser ensinada seja a do Amor vivencial...

— Ao habitarem um mundo transformado em **Templo do Amor**, pintalgado com o rosa do afeto, o verde da esperança e o azul da religiosidade, independentemente do nível evolutivo, só irão gerar pensamentos criadores, pois não encontrarão com abundância as energias "negativas" na psicosfera do nosso atual mundo.

Assim, o ponto de partida para o homem-espécie ter pensamentos criadores de benesses celestiais é se empenhar no desenvolvimento de suas faculdades mediúnicas de nível superior para que, com a sua luminosa esfera mental, possa vasculhar o universo exterior, interiorizar os ensinamentos universais e exteriorizá-los pelas vias internas do coração, tornando-se um homem integral.

❁ ❁ ❁

Adventos Crísticos

Sabemos que a Natureza não dá saltos na evolução espiritual. No entanto, os humanos, cada qual no seu nível de concepção, buscam o bem-estar e muitos se dedicam à aquisição de bens transitórios, acreditando que, dessa maneira, alcançarão a felicidade. Certo é que a maioria da sociedade terrena confunde bem-estar com felicidade.

Faz parte da implantação dos **Adventos Crísticos** a Sagrada Corte dos espíritos considerados Deuses do Olimpo, integrantes das Sagradas Fileiras e que, por mérito, já usufruem da perene felicidade, ser concebida por nós como coparticipante da Obra de Deus, e também nos orientando. Pela lógica, um contato consciente entre nós e eles produz, na nossa imaculada essência, na condição de Fagulhas de Deus que somos, efeitos especiais de ampliação da nossa percepção, a ponto de sentirmos os eflúvios dos divinos corações dos encarnados portadores da sutilíssima energia da gratidão pelos benefícios recebidos. Essa energia é que nos provoca o sublime estado de felicidade. Por assim ser, abramos espaço em nossas aspirações para que convivamos agora com esses seres que, no passado, consideramos mitológicos por ignorarmos as suas santificadas funções na Obra do Senhor.

Embora os Deuses do Olimpo sejam espíritos superiores manipulando as energias do Cosmo e da Natureza em benefício da Criação, não nos esqueçamos de que somos partes criadas por Deus. Assim, esses espíritos especiais também auxiliam os humanos, principalmente no sentido sagrado de despertarem a Força Superior para que melhor possam sentir o Cristo-Pai.

É possível deduzir que:

— A felicidade restrita à individualidade não procede, pois é da natureza de todos os espíritos, desde a sua gênese, ampliar a sua felicidade e, dando vazão ao impulso luminoso do seu Cristo Interno, sentir a sagrada vontade de açambarcar os seus semelhantes em um amplexo de amor e, dessa maneira, ter condições naturais para estimular o Cristo Interno, o Cristo-amor existente em todos os seres humanos...

— Por ser uma Constante Universal, é tendência natural os sistemas sociais perderem a força-energia do individualismo e alicerçarem sistemas coletivos que, com a evolução do espírito imortal e eterno, passem a ter visão dilatada, com ações e atitudes altruísticas. Vamos, assim, caracterizando o homem na sua integralidade... Aquele que se sente muito mais feliz em doar o que possui do que em receber, vai criando expectativa de se graduar ao nível de passar a se doar espontaneamente em benefício dos seus semelhantes...

— Fica transparente diante das Leis de Deus que enquanto o homem-espécie não se evangelizar, ou seja, não seguir os princípios ético-morais do *amar a Deus sobre todas as coisas* para se qualificar a ponto de *amar ao próximo como a si mesmo*, ele não conseguirá dilatar a sua capacidade de amar e, dessa forma, se considerar um ser cósmico, já que universalista.

Os "Deuses do Olimpo", por já vivenciarem a plenitude do amor, procuram aguçar a memória subjetiva do ser humano a fim de que ele reconheça que, também, foi parte das histórias de quando encarnava nos espaços siderais nas ***diversas moradas do Pai***. Tal acontecimento lhe causará impulsos crísticos direcionados à Eternidade para, pela lógica, se cientificar da sublime vantagem de se tornar honesto na individualidade, colocando os seus ***talentos*** integralmente a serviço da vida e do Autor da Vida. Desse modo, terá possibilidade de se qualificar como um ser honesto diante da coletividade. Em outras palavras: se não formos honestos para conosco, como seremos para com o próximo e para com o Criador?

Capítulo 18

A implantação da justiça social

Pergunta 101: - Entre os quatros pilares da sociedade, o Social é o mais carente, haja vista a péssima condição socioeconômica no mundo. É possível sinalizar a maneira como o Brasil precisará conduzir esse item na sua proposta para renovar o Cristianismo?

Resposta: – O novo é naturalmente enigmático para os espíritos de níveis evolutivos de pouca amplitude da consciência, razão pela qual, por serem menos experientes de Deus, com facilidade se prendem às verdades que fizeram parte das culturas de épocas remotas, atualmente sem energia para prover as necessidades ético-morais da Nova Era... Da Era Dinâmica do Mentalismo.

Cabe ao Brasil:

— Conscientizar a sociedade de que todas as verdades são relativas aos infinitos níveis evolutivos. Logicamente, o mesmo ensinamento será compreendido de acordo com a evolução espiritual de cada ser humano, vez que quem possui evolução de 7 unidades-luz não tem condição para assimilar o conteúdo que exija evolução de 14 unidades-luz. Assim, de maneira respeitosa, as pessoas conhecendo e reconhecendo a desigualdade evolutiva da sociedade evitarão os conflitos entre os diferentes...

— Esclarecer todos os povos de que não existe verdade absoluta no plano da relatividade... Ser incisivo e seguro nos conceitos, mas sempre deixando aquela margem de oscilação, mesmo pequena, para os mais aguerridos transitarem com suas passageiras elucubrações intelectivas, as quais, embora úteis para determinadas fases evolutivas, serão substituídas pelas novas e progressivas verdades, mas sem choques ideológicos. É bom e evangélico ressaltar que todas as relativas verdades tendem à Unidade-Síntese — **Deus** —, o Criador da Verdade Absoluta...

— Ser fiel à sua predestinação espiritual, levando todos os povos a se ligarem emocionalmente ao Cristo — Criador da Terra — como foco a ser alcançado por todos, independentemente das diferenças de qualquer natureza. O importante é entrar na frequência do Cristo-Amor tendo em vista que a atual fase evolutiva da sociedade terrena requer a ***união sem fusão*** para que não haja confrontos entre os diferentes nem entre as diferentes e relativas verdades.

O Brasil terá que ***unir sem fundir*** os quatro pilares da sociedade, sabendo que todos têm os mesmos valores e as mesmas responsabilidades na renovação do Cristianismo. Isso porque é preciso que se conceba a humanidade como um todo, embora todos os seus componentes sejam diferentes. Certo é que se o cristão se renovar, independentemente do seu pilar de atuação, todos se darão as mãos visando a um bem-estar globalizador.

Pergunta 102: - Em sendo da Lei da Criação que os afins se atraem, podemos considerar que as pessoas que se unem para a formação de grupos ou ideais também estão obedecendo a essa lei?

Resposta: – Embora a Lei dos Afins seja a mesma para todos, não é possível padronizar devido às diferenças evolutivas tendo em vista que em todos os agrupamentos sempre haverá essas distinções, de maneira que os vanguardeiros ensinem, orientem e atraiam pelos nobres exemplos os que estiverem na retaguarda em termos de crescimento ético-moral.

Obviamente que, mesmo havendo diversos agrupamentos com humanos espiritualmente mais e menos evoluídos, o maior percentual é daqueles que se identificam pelo mesmo ideal ou pelas mesmas "verdades" como um todo, embora tais verdades em foco, destacadas, possam ser assimiladas integral ou parcialmente, pois dependerá da evolução espiritual do empreendedor. Também não se pode deixar de considerar a evolução biológica dos seres humanos, uma das razões que faz os *semelhantes atraírem semelhantes*. Exemplo: quando duas pessoas têm vontade de ler o livro *Nosso Lar*, de André Luiz, embora a aspiração tenha sido determinada, a assimilação dependerá da condição individual. Logicamente que, mesmo se tendo igual ou idêntico direcionamento, que é ler *Nosso Lar*, nem todos os seus leitores conseguirão alcançar integralmente os ensinamentos contidos, justificando-se, assim, a dificuldade de a maioria dos estudiosos das doutrinas espiritualistas não conseguir identificar a mensagem existente além da letra para vivenciar os ensinamentos das obras literárias.

É lógico que esses conceitos só servem para os espíritos de certo grau evolutivo, tendo como base para os cálculos a evolução daqueles que se qualificaram para frequentar uma Escola Secundária. É evidente que não englobam os espíritos "subprimários", os quais atendem melhor e com mais pujança e motivação íntima o empuxo herdado da ancestralidade animal, razão pela qual não têm uma meta preestabelecida para pautar a vida visando alcançar planos evolutivos superiores. Na verdade, são indiferentes.

Fica claro, por assim ser, quanto às necessárias e higiênicas transições planetárias para que sejam exilados os reprovados... Aqueles de evolução incompatível para continuarem reencarnando no Mundo-Escola em que estavam matriculados a partir do momento em que este mundo for promovido. Assim, por afinidade, espíritos dessa categoria são transladados para os mundos mais adequados às suas momentâneas aspirações. Tais eventos obedecem às Constantes Universais sem nenhuma possibilidade de falha, visto que, positiva ou negativamente, os *afins se atraem*, inexoravelmente.

Pergunta 103: - Isso quer dizer que a justiça social só acontecerá após ocorrer o exílio dos espíritos avaros?

Resposta: – Em obediência às novas realidades solicitadas pelas Leis da Evolução, os espíritos integrantes da sociedade terrena se encontram no limiar do alvorecer de uma nova consciência adequada à Era da Força Mental, o que significa dizer que o *joio* deixará o planeta Terra.

A separação do *joio do trigo* nas Escolas Planetárias de pouca evolução é uma das Constantes Universais. Na Terra, por exemplo, bilhões de espíritos se encontram em uma situação muito delicada e de acirrados conflitos íntimos, em virtude de já terem discernimento para vislumbrar novos horizontes na escala evolutiva, mas lhes falta coragem para que se desapeguem das suas "verdades", mesmo sabendo que o momento apocalíptico solicita mudanças atendendo à Lei do Eterno Transformismo.

É visível que a avareza açambarca vários graus de consciência. Assim, para melhor segurança da nossa autoavaliação e da avaliação quanto aos nossos semelhantes, devemos considerar:

> — Se a conduta do avarento estiver de acordo com a sua evolução espiritual e com a evolução do mundo em que estiver atuando, encarnado ou na erraticidade, não tem nada errado com ele, tendo em vista os diversos níveis na escala da avareza. No entanto, ele pode ser um avarento que precisa do toque despertador para mudar de nível... Mudar de frequência e se desvincular vibratória e emocionalmente do plano da avareza...
>
> — Por exemplo: numa escala de 1 a 10 unidades-luz, quem estiver entre 5 e 7 unidades-luz, estará aprovado para continuar reencarnando na Terra, mas não deixará a avareza instantânea e integralmente, o que é natural, vez que a Natureza não dá saltos na sua evolução. Nesse caso, o desgaste emocional para tais pessoas é notório, por elas saberem que é chegado o momento de substituir valores adquiridos através dos séculos e milênios e que foram importantes, mas carcomidos para a Era de Aquário...
>
> — Outro item importante para o espírito terrestre de evolução mediana é que persevere, insista mais, almejando progressivas conquistas morais, de preferência sem oscilar, para que as fortíssimas forças-energias das suas milenares experiências atendendo o empuxo da ancestralidade animal não inibam e não impeçam a sua novíssima trajetória já vislumbrada, mas não vivenciada.

Certo é que, a justiça social não acontecerá de maneira abrupta, embora o próprio ambiente terreno facilite substancialmente as mudanças, dado que, com a humanidade vivendo o momento de transição planetária, os "espíritos pigmeus" já terão deixado a Terra. Conscientes de que, em essência, somos a Perfeição de Deus, vamos investir nas nossas melhorias morais, certos de que o Cristo Terráqueo, representado pelo Nazareno Mestre, conta com os mais lúcidos, vez que é da Lei da Evolução que ***somente aos fortes e capazes Deus confia a direção dos homens... Aos fracos e incapazes Ele compreende e ampara.*** (Sagradas Fileiras.)

Pergunta 104: - Qual a causa primordial para o ser humano deixar de ser possuído pelos tesouros terrestres e, assim, se empenhar para com as aquisições celestes, a fim de que seja implantada a justiça social?

Resposta: – Em um universo com espíritos encarnados portadores de evolução espiritual tão desigual, onde vivem santos e "pecadores", não há como implantar uma maneira única para orientá-los. Após o exílio dos reprovados, daqueles sem condições evolutivas para percorrerem o signo de Aquário no bojo da Terra, os que continuarem assimilarão os ensinamentos evangélicos do Nazareno Mestre de maneira mais ampla, facultando, com isso, minimizar as gigantescas desigualdades sociais.

Por processo natural, pois é Constante Universal:

> — As pessoas em contato consciente com os espíritos evoluídos se tornam mais vibrantes, o que lhes causa motivação íntima a ponto de abrirem os seus canais mentais e entrarem em sintonia com as consciências ascensionadas, as quais produzem empuxos para o Alto...
>
> — É natural em tal estado de vibração a convivência afetuosa e fraterna dos homens abraçando os seus semelhantes. Tal irmanação se deve a que de maneira intuitiva já estejamos sentindo alguns efeitos psicológicos em face da aproximação dos momentos catastróficos pelos quais a humanidade passará. É evidente que, com as mudanças geofísicas previstas para esta fase de transição planetária de Peixes para Aquário e em função da verticalização do eixo da Terra em relação ao Sol, os seres humanos se abraçarão...
>
> — As desalentadoras dores e os sofrimentos aproximarão os homens dos homens, e o homem de Deus. Além do que as necessidades socioeconômicas servirão para aguçar divinamente os nossos nobres sentimentos. Vejamos nesses desencontros como o Criador encontra meios pedagógicos para nos educar.

Sem reclamarmos, consideremos a dor como sendo uma maneira didática de despertarmos o nosso Cristo Interno, a nossa Força Superior, tendo em vista que o Nazareno Mestre nos convidou para que nos tornássemos, pelo amor, ***também o Caminho, também a Verdade e também a Vida***.

Pergunta 105: - Para a implantação da justiça social será

necessário primeiro esclarecer a sociedade a respeito da Lei de Causa e Efeito?

Resposta: – Evidentemente que em todas as Escolas Planetárias espalhadas pelo Cosmo onde existam espíritos de evolução primária, antes de assimilarem verdadeiramente as Leis da Reencarnação e a de Causa e Efeito, predominará o egoísmo,[1] mesmo sabedores do diminuto tempo de cada existência. Nesse caso, a herança animal da irracionalidade ainda é muito forte para a maioria dos que integram a sociedade terrena, dificultando-lhes a dilatação da consciência a ponto de não vislumbrarem o eterno ***vir a ser***.

Vejamos então:

> — Em sendo inquestionável o momento histórico em que a Terra se encontra sob a vibração apocalíptica, não repudiemos o ***mal***, vez que, além de ser transitório, é responsável para a maioria da sociedade terrena pelo despertar do Cristo Interno latente em todos os humanos seres, embora o triunfo dependa da maneira como cada um reage à ação das forças antagônicas à ascese do espírito eterno e imortal...
>
> — O ser humano, quanto mais evolui, mais compreende a perfeição da Lei da Evolução Espiritual, o que lhe propicia aumentar substancialmente a sua sensibilidade para atender ao Empuxo Divino, tornando-se mais compreensível para viver e conviver com as diferenças, pois sabe que em toda a Criação há o ponto e o contraponto. Caso na Criação não existissem o positivo e o negativo, o Universo concreto seria **estático**. Isso porque a existência e o consequente movimento dependem das polaridades contrárias e complementares. Obviamente, o espírito nunca entraria em um estado **extático**, considerando que os movimentos mantêm as forças e as energias ativas em toda a Criação.
>
> — Em razão de o Universo Criado só existir em virtude da diferença de polaridades, nós, na condição de Cristos-criaturas, procuremos entender as Leis da Criação e dinamizar o nosso Cristo Interno para conscientemente nos integrarmos, por ressonância, à frequência do Cristo-Criador.

Percebe-se com clareza que a justiça social acontece na mesma proporção em que a sociedade se espiritualiza. Assim, com o refinamento biológico e, consequentemente, da tessitura

[1] No livro *A Grande Síntese*, 11ª edição, no Capítulo LXXXIX – "Evolução do Egoísmo", de Pietro Ubaldi, da FUNDAPU, consta que o amor é a evolução do egoísmo.

perispiritual, a pessoa sente natural vontade de alcançar novos patamares na sua evolução... De contemplar novas, sutis e exuberantes belezas da Criação... De se tornar mais expressiva na condução da vida... De exprimir de maneira objetiva e clara o pensamento divino.

Fica evidente que tão somente conhecer teoricamente a Lei de Causa e Efeito não qualifica o indivíduo para que implante a justiça social. É necessário e indispensável que vivencie o que já assimilou das Leis do Criador.

Pergunta 106: - Ainda sobre a Lei de Causa e Efeito: Diante da Legislação Divina, qual o mecanismo para "descarregarmos" as energias negativas geradas devido à nossa má vida?

Resposta: – Somos geradores e acumuladores das energias que manipulamos mentalmente para as nossas ações e reações.

O éter cósmico que é apolar, quando pensamos, polarizamos o éter positiva ou negativamente de acordo com o nosso pensamento e propósito.

Ao polarizarmos energia-pensamento negativa, haverá sempre um ponto do nosso corpo perispiritual onde ela poderá ser armazenada mais adequadamente para, posteriormente ser drenada pelo corpo físico, tendo como consequências as doenças.

O resgate do nosso carma, embora possa parecer externamente igual ou semelhante, internamente depende da evolução individual, considerando que a maioria da sociedade, por falta de visão transcendente ao plano físico, prefere ignorar as Leis de Deus e, assim, continuar infringindo os Estatutos da Vida. Para essa maioria, o mecanismo mais comum é que receba as reações das suas ações com dores, não como castigo divino, mas como efeito disciplinador na condução da vida.

Os mais conscientes, no entanto, preferem resgatar os seus carmas com a silenciosa caridade desinteressada, de forma que *a mão esquerda não saiba o que fez a direita*. Daí a necessidade de nos evangelizarmos para que possamos usufruir dos atenuantes ensejados pela prática da caridade, sabendo que o Universo sempre conspirará, positiva ou negativamente, de acordo com as nossas ações e intenções.

❃ ❃ ❃

Adventos Crísticos

Melquisedec, integrante da Sacra Ordem dos **Adventos Crísticos**, desempenha a Sacratíssima tarefa de **imantar**, no sentido de **ungir**, os encarnados, fazendo uso de uma chave de metal para captar e armazenar as energias e depois distribuí-las com os adventistas portadores de boa vontade. A chave significa simbolicamente, segundo o próprio Melquisedec,[2] poder *abrir as janelas da consciência da alma*.

Na cerimônia da fortificação, Melquisedec *usa do fogo, do ferro e da própria força magnética da Terra, alicerçada pelos poderes superiores do planejamento divino para a hora terrena* de transição planetária e, simultaneamente, a implantação dos **Adventos Crísticos**, aproveitando a elevação da sensibilidade dos corporificados neste aguçador momento de *Fim dos Tempos*.

Diz-nos ele, ainda, *que é necessário sermos prudentes como a serpente, e solicita que oremos e vigiemos, para que não fiquemos ao sabor dos tempos, já que com a treva não tem acordo... Não se pode tergiversar*[3] *e confiar nas trevas, pois os seus ardis são, sobremaneira, mais argutos do que as nossas verdades mais rígidas*.

Vez que os *Tempos são chegados*, para os humanos mais sensíveis às manifestações do Criador, Melquisedec e milhares de espíritos superiores utilizarão as energias dos elementos primordiais da Criação para dar um impulso de conscientização àqueles que mantêm compromissos com os Céus neste momento de transformação do mundo para que com dinâmica e entusiasmo trabalhem a sua reforma íntima e se qualifiquem ao nível dos bem-aventurados.

Diz Melquisedec que, neste momento especial do planeta e de sua humanidade, os mais qualificados com a tríade do *ver, ouvir e falar com misericórdia*:

— **Verão** luzes, paisagens e cenários nunca vistos na Terra...
— **Ouvirão** os sons do mundo espiritual não ouvidos de forma tão direta...
— **Falarão**, na condição sublime de porta-vozes dos espíritos

[2] Melquisedec se comunicava através do médium de psicofonia, Luiz Guilherme Correa.
[3] Fugir, evitar, contornar, ladear, rodear, hesitar, bordejar... (N.R.)

superiores, quando sentirão fluir a palavra sagrada com o magnetismo dos espíritos puros.

E, assim, neste momento, nessa tríade de *ver, ouvir e falar*, estarão transformando-se para que possam mudar aqueles que acorrerão a vós na realidade das suas desditas, dos seus mundos, das suas necessidades.

O princípio dessa realização envolve-se agora nessa fraternidade e, então, se desenvolvem essas exigências de cada um para consigo mesmo, ou seja, suas próprias exigências. (Melquisedec.)

❁ ❁ ❁

Recentemente perguntei ao ascensionado Melquisedec por onde andava e ele escreveu através de Ana Maria de Farias de Almeida.

> Eis-me onde me buscas. Num tempo sem fração – Sempre. Num espaço sem dimensão – Perto. Portanto, à disposição. Sempre perto.

Dado que sempre podemos buscar Melquisedec em qualquer "lugar", já que ele está fora do tempo e do espaço, vamos idealizar a nossa autoimantação plasmando:

— As essências dos quatro elementos primordiais: água, fogo, terra e ar...

— Melquisedec e toda a Suprema Corte da Sacra Ordem dos **Adventos Crísticos**, sintonizados com o **Cristo** — o alimento sagrado da vida terrena, manipulando as Energias para nos imantar... Para nos ungir...

— Uma grande chave de metal captando as Essências da Criação, advindas da Suprema Corte responsável pela implantação dos **Adventos Crísticos**...

Temos assim uma noção do grau de consciência de Melquisedec, espírito integrado àqueles também empenhados na implantação, integração e expansão dos **Adventos Crísticos** na Terra.

Capítulo 19

Um novo pão para a humanidade

Pergunta 107: - Consta na história de São Malaquias (1095-1148) ele ter profetizado a respeito do Fim dos Tempos, afirmando que um Novo Pão seria distribuído com a humanidade. De que se trata esse Novo Pão?

Resposta: – Os irlandeses São Patrícios e São Malaquias fazem parte do Programa Espiritual da Terra para renovar o Cristianismo exatamente nesta fase de transição planetária que estamos vivendo. Ao movimento de renovação cristã, a Corte de Espíritos Superiores a serviço do Cristo na Terra, de nome Sagradas Fileiras, tendo Jesus como Grão-Mestre, chama de **Adventos Crísticos — o NOVO PÃO para a humanidade.**

Para renovarem o Cristianismo, alguns espíritos foram preparados através dos milênios para que, atualmente encarnados em pontos estratégicos do planeta, apresentassem a Proposta Adventista.

Em se tratando de um Planejamento Sideral voltado para a Terra:

> — Inexoravelmente os **Adventos Crísticos** estão sendo implantados e abrangerão todos os povos, independentemente de suas religiões, costumes, culturas, etnias...
> Os espíritos refratários ao eterno *vir a ser*, se forem apenas **enregelados psíquicos**,[1] mesmo com imensa dificuldade para alcançar a Proposta Adventista, se curvarão diante da lógica que embasa o Cristianismo Renovado. No entanto, se forem **enregelados dos labirintos**,[2] serão exilados para outros mundos,

[1] As Sagradas Fileiras esclareceram que milhões de espíritos se tornaram enregelados psíquicos devido às aberrações que sofreram, principalmente com estupros, nos dois primeiros séculos do Cristianismo.

[2] ...*Consideram-se bastante a si mesmos... São esses seres os chamados enrege-*

considerando que, por se sentirem **autossuficientes**, não aceitarão a renovação...

— Por estar intrínseco na mônada, desde a sua gênese, retornar à sua Divina Origem na condição de ***Filho Pródigo***, o programa adventista vai fornecendo ensinamentos e condições psicológicas para os espíritos começarem, de maneira mais consciente, a sua **REVERSÃO**,[3] o seu retorno ao Pai-Criador.

Nem todos os integrantes do conjunto planetário se alimentarão do Novo Pão — **Adventos Crísticos** —, vez que bilhões de espíritos são portadores de períspiritos sobrecarregados de toxinas densas e deixarão a Terra em breve, sendo que a sua aferição será feita, automaticamente, pelo peso específico do perispírito. Em seguida, **alocados** pela equipe liderada pela Irmã Celina[4], aguardarão o "momento profético" para a viagem interplanetária no bojo do "planeta higienizador".

Pergunta 108: - A maioria dos espíritos terrenos desconhece a Lei da Evolução. De que maneira o Brasil, representado por humanos encarnados, conseguirá conscientizar a humanidade de modo que o conjunto planetário comungue com o eternamente novo e se desvencilhe, consequentemente, dos conceitos velhos e corroídos pelo tempo?

Resposta: – Embora seja um assunto complexo para a nossa visão míope, certo é que estamos cumprindo um Planejamento Sideral voltado para a Terra e podemos deduzir, pela lógica, a grandiosa Corte de Espíritos Superiores empenhados nessa sacrossanta causa. Convictamente, façamos o que nos cabe tendo a certeza de que os Céus nos ajudarão.

Nessa atual fase de transição planetária, o espírito encarnado deve:

— Empenhar-se com firmeza e lucidez em soltar as suas seculares ou milenares amarras psicológicas geradas na sua infância espiritual, em muitas consciências tidas como "verdades abso-

lados dos labirintos, posto que, uma vez mais vivenciando a carne, reproduzem na íntegra a autossuficiência dos vaidosos, ou soberbos fariseus, por incrustação não consumida (compensada ou anulada na essência resquicial). (Silvestre em nome das Sagradas Fileiras.)

[3] O próximo livro em confecção do mesmo autor terá como título ***REVERSÃO, a Volta Consciente para Deus.***

[4] Irmã Celina é uma emissária, porta-voz de Nossa Senhora, a Santíssima Mãe de Jesus.

lutas" e por se tratar de valores adquiridos através dos diversos reencarnes vão querer impor-se, o que é natural para aqueles não graduados à autocondução...

— Durante o período do confronto íntimo entre a velha e a nova verdade, usar a imaginação para, de braços abertos no pico de uma lindíssima montanha, emitindo a cor verde da esperança, conversar com Deus e, por fim, interrogá-Lo: *Senhor! Qual o meu papel diante da Sua imensurável Obra nesta fase de transformação do mundo?* A resposta será, certamente, ouvida na acústica do coração...

— Observar que, se as velhas verdades foram conquistadas a duras provas, as novas exigirão muito mais empenho, pois, apesar de a Natureza em muito contribuir para a nossa evolução, a ascensão se dá por esforço pessoal e apenas acontece quando o espírito adquire a elevada graduação do *ver, ouvir e falar com misericórdia.*

Sem titubeios, sem hesitações, tornemo-nos operantes em um contínuo trabalho de reforma íntima, substituindo valores por novas e progressivas ideias renovadoras, tendo sempre em mente que o ponto final da evolução é Deus.

Pergunta 109: - Os **Adventos Crísticos** *têm um programa para apresentar à sociedade as mudanças sugeridas pelos Espíritos Superiores integrantes das Sagradas Fileiras, responsáveis pela proposta adventista e pela consequente renovação do Cristianismo?*

Resposta: – No livro *Adventos Crísticos*[5] consta um roteiro pedagógico com 90 capítulos, indicando os itens que o homem-espécie deve trabalhar em si mesmo para adquirir condições de renovar o Cristianismo. A obra se lastreia e se fundamenta nas mensagens ditadas pelos espíritos integrantes das Sagradas Fileiras e psicografadas por Therezinha Teixeira Pereira de Carvalho entre os anos 1990 e 2000.[6]

Alguns tópicos das mudanças no Cristianismo sinalizadas no livro *Adventos Crísticos*:

— Chegará ao conhecimento da humanidade a verdadeira palavra proferida por Jesus, a qual se encontra grafada no Arquivo

---

[5] Livro do mesmo autor, 1ª edição, em 2004, **EDITORA DO CONHECIMENTO**.
[6] Como não foi possível colocarmos todas as orientações ditadas pela espiritualidade no livro *Adventos Crísticos*, este é o décimo, conforme relação dos demais no início deste.

Akásico da Terra.[7] No Plano Material, no Vaticano, guardada a *sete chaves*, também existem as mensagens...[8]

— Os representantes dos Céus na Terra serão os seres humanos evangelizados e não mais os comerciantes do Patrimônio Sagrado da Humanidade — o Evangelho Cristão...

— Vez que *só aos fortes e capazes Deus confia a direção dos homens*, os porta-vozes do Nazareno Mestre serão *os voluntários cósmicos a serviço da caridade e da paz*, portadores de entusiasmo assentado na razão cósmica...

— Cristianizar sem dogmas, mas com amor crístico, observando que os dogmas ainda emperram a evolução espiritual da sociedade...

— Devemos observar a postura cristalina dos ungidos para o ministério da Fé, pois deixarão de existir os empresários da Sagrada Palavra do Nazareno Mestre por terem sido transladados para o planeta higienizador...

— Por ressonância, os encarnados arautos dos Haveres do Cristo-Pai, em razão dos nobres propósitos, serão unos com o Nazareno Mestre...

— Devemos conhecer a Excelsitude do Nazareno Mestre para que não continuemos reduzindo a grandeza de um Anjo Planetário à pequenez de espírito primário...

— Levar a sociedade a compreender que a Santificação na Carne só acontece quando o ser humano atinge a graduação espiritual de *ver, ouvir e falar com misericórdia*...

— Desfazer os bloqueios psicológicos causados pelos *castigos santificados* para que os espíritos superiores integrantes da Assembleia da Divina Ordem sejam concebidos pelos encarnados de maneira naturalíssima, atuando diuturnamente entre os povos...

— Implantar a nova ordem moral do Cristianismo Renovado na consciência dos encarnados, a fim de que a Reforma Doutrinária do Cristianismo seja por ela assimilada...

— Trabalhar com afinco para a desdogmatização do Cristianismo, sabendo que os espíritos infantis da humanidade terrena brevemente serão exilados da Terra...

— Conceber que Maria, a Patronesse dos **Adventos Crísticos**, Se encontra atuando em todos os quadrantes do planeta para implantar a Nova Ordem Moral — o Cristianismo Renovado...

[7] No livro *O Cristianismo Renovado*, do mesmo autor, 1ª edição, em 2014, **EDITORA DO CONHECIMENTO**, constam algumas importantíssimas correções do Evangelho bíblico feitas pelas Sagradas Fileiras.

[8] Enviamos quatro exemplares do livro *Adventos Crísticos* para o Vaticano aos cuidados do Papa Francisco e da Secretaria de Estado do Vaticano. De lá recebemos os seus agradecimentos.

— Esclarecer e motivar a sociedade a conceber a grandeza desta aurora, que é única, desde a Criação da Terra...

— Cientificar o ser humano de que sem a ***misericórdia do ver, ouvir e falar — os três sentidos do consentimento divino —*** nenhum espírito conseguirá adentrar os pórticos celestiais... Mostrar ao conjunto planetário do plano físico que o momento apocalíptico é irreversível, visto que se trata da consolidação do histórico da Terra e de sua humanidade...

— Clarear a mente dos encarnados e desencarnados demonstrando que fizemos a história da humanidade terrena e que, consequentemente, somos os responsáveis pela criação das religiões incipientes e dogmáticas. Silvestre I, por exemplo, que fora Papa entre os anos 314-335, atualmente é o porta-voz das Sagradas Fileiras, espírito ascensionado e empenhado na implantação dos **Adventos Crísticos**...

—Desfazer da mente humana o conceito do *Pecado Original* para vivenciar a sagrada emoção advinda da sublimidade do ato sexual conceptivo e humano...

— Despertar, no humano porta-voz do Cristianismo Renovado, o seu Cristo Interno, a sua Força Superior, para que ele adquira a Sacratíssima Verbalização para a regurgitação dos Divinos Anseios dos seus ouvintes... Na Era da Força do Espírito não existirão tímidos porta-vozes da Divindade, aqueles que falam dos Céus olhando para o chão com vergonha de representar os Prepostos de Deus...

— Com a Terra graduada a uma Escola Secundária, logicamente sem os alunos de conduta primária, as *Guerras Santas* deixarão de existir...

— Pelo descrito, a Reforma Íntima é a conscientização de que os espíritos corporificados precisam adquirir apenas a ***misericórdia do ver, ouvir e falar*** para ascender...

— Por fim, alcançar a **Bonança** é entrar, por ressonância, na frequência do Cristo-Pai, o criador da Terra.

Pergunta 110: - Em que aspectos, os **Adventos Crísticos**, *na condição de Novo Pão para a Humanidade, vão alimentar o homem da Era do Mentalismo?*

Resposta: – Em sendo o Evangelho do Nazareno Mestre a síntese das Verdades Eternas e por estar registrado na essência do espírito, desde a sua gênese, que ele foi criado para evoluir, ascender e transcender à forma material, a Proposta Adventista procura esclarecer a sociedade sobre as Leis da Evolução, principalmente as Leis da Reencarnação e a de Causa e Efeito, a fim de que criem novas e luminosas formas de pensamento mais condizentes com as leis que regem a vida em todo o Universo, sabendo também que é da Lei de Deus que cada criatura fica vinculada às suas criações.

Com base na lógica podemos deduzir que:

> — Vez que somos os geradores das forças motoras que conduzem os movimentos de nossas **ações** no Universo Criado, cabe então ao homem terreno na Era do Espírito que for portador de biologia mais rarefeita introduzir na economia do mundo o fator **moral**, *amando a Deus sobre todas as coisas*, conforme solicitado no Evangelho do Sublime Anjo — Jesus de Nazaré, a serviço do Cristo na Terra — para que os povos vivam a **ética** cristã, *amando ao próximo como a si mesmo...*
>
> — Com as raízes da economia mundial fincadas no sólido alicerce evangélico, o homem-espécie criará elementos vitais de sustentação da vida e sentirá indômita vontade de viver fraternalmente harmonizado com os seus semelhantes...
>
> — O Evangelho como síntese das Leis de Deus, ao ser inserido na vivência humana, resolverá os problemas biológicos, socioeconômicos, patológicos, éticos, morais e os demais.

Em sendo o Pilar Social o mais carente de valores éticos, se os seus componentes estiverem evangelizados, os homens que abraçarem o Pilar Científico não perderão precioso e vital tempo se dedicando à pesquisa e fabricação das máquinas da morte, pois não terão usuários; os integrantes do Pilar Artístico se esforçarão para auxiliar os seus semelhantes a entrarem em êxtases divinos; os afins ao Pilar Religioso, rico de valores morais, se empenharão na graduação ao patamar da religiosidade, a fim de não comercializarem a palavra sagrada do Anjo Planetário — o Meigo Jesus de Nazaré —, Porta-Voz do Cristo-Pai.

Obviamente que, melhorando a condição biológica, sem a avassaladora carga tóxica no períspirito, os seres humanos se tornarão mais sensíveis ao Empuxo Divino, o que lhes propiciará uma vivência mais favorável dos princípios ético-morais evangélicos sem os catastróficos problemas psicoemocionais.

***Pergunta 111:** - O ser humano, após milênios de convívio com o Cristianismo dogmático, aceitará, com facilidade, a* *proposta dos* **Adventos Crísticos** *como um novo pão espiritual para a humanidade?*

Resposta: – Se os portadores de miopia espiritual temporária conceberem as Constantes Universais pela lógica, concluirão que a Era da Força Mental é o momento ideal e seguro para o homem-espécie desenvolver as suas faculdades criadoras, tendo em vista que o espírito terráqueo caminhará durante o percurso de Aquário nos seus 2.160 anos terrenos, trabalhando-se no sentido de despertar o seu Cristo Interno, a sua Força Superior.

É notória a falta de acuidade daquele míope espiritual para que veja, na transcendência, os próximos passos da humanidade durante e, principalmente, após a transição planetária.

Em Aquário, para desenvolvermos os nossos dons divinos e saborearmos **o novo pão espiritual**, precisaremos:

— Inicialmente e sem vacilações aceitar que os **Adventos Crísticos** que estão sendo implantados no mundo obedecem a um Planejamento Sideral voltado para a Terra, tendo Jesus como Porta-Voz do Cristo-Pai. De imediato, podemos deduzir o empenho da Suprema Corte de espíritos evoluídos, ascensionados, angélicos, arcangélicos e muitos outros das inúmeras hierarquias que povoam o Universo, dedicados à sacratíssima causa — implantar os Adventos do Cristo na consciência do espírito terráqueo...

— Em seguida, entabular um diálogo com o Nazareno Mestre, expondo para Ele as nossas aspirações para nos tornarmos meritoriamente porta-vozes Dele, divulgando a Proposta Adventista, cujo cerne é renovar o Cristianismo...

— A Terra, por se encontrar em momento seletivo, separando o *joio do trigo* para se tornar uma Escola Secundária, está obedecendo ao Comando Supremo da Legislação Divina. Consequentemente, nenhum espírito, mesmo portador de livre-arbítrio, será capaz de deter tal avanço natural e consequente. Os que optaram por ignorar e não ouviram os anúncios de que *os novos tempos já chegaram*, em virtude da sua negligência, serão transferidos para mundos inferiores à Terra e mais adequados às suas aspirações. Para a Terra, terminou o tempo para os preguiçosos que vivem abraçados com a ignorância, admitindo que Deus, com a Sua Infinita Bondade, os conduzirá ao "paraíso eterno". É bom relembrar que sem mérito não há salvação... Sem amor não há salvação.

Após a separação do *joio do trigo*, o espírito que permanecer na Terra estará, evidentemente, graduado para se alimentar com o **novo pão** — os **Adventos Crísticos**.

Com o Juízo Final, já em andamento, podemos deduzir que:

— As pessoas irão aderir ao trabalho como sacratíssima forma de desenvolver as faculdades criadoras do espírito eterno e imortal, tendo em vista que a Lei da Impermanência não faculta que os anjos fiquem ociosos, pois o espírito, quanto mais evolui, mais trabalha espontaneamente na ***Vinha do Senhor***...

— As criaturas, ao compreenderem que o trabalho para os espíritos mais qualificados desempenha função moral, já que desenvolvem as potencialidades criadoras latentes em seus âmagos, se tornam, por mérito, não só porta-vozes dos espíritos superiores, como também procuradores conscientes da Divindade, razão pela qual são aceitos como orientadores espirituais da sociedade e também passam a ser coparticipantes da Criação...

— É da Lei da Evolução, visto ser uma Constante Universal, que nenhum espírito se graduará à angelitude antes de ter ações dinâmicas naturais para despertar em si as faculdades criadoras.

Em virtude da dinâmica da Criação, quando uma pessoa se gradua, evidentemente por esforço pessoal, ao nível evolutivo de trabalhar por amor ao trabalho, ou seja, de maneira incondicional, fica livre dos sofrimentos, embora possa passar pelas dores comuns relativas às Escolas Primárias. Nesse caso, a dor não é disciplinadora, conforme acontece com os espíritos incipientes e, principalmente, com os insipientes. O exemplo mais notório é o da dor física pela qual Jesus passou, mesmo sem ter carma para resgatar.

É sempre bom ressaltar que, sem a compreensão, as dores e os sofrimentos, por si mesmos, não qualificam o espírito à plenitude do amor.

✽ ✽ ✽

Adventos Crísticos

Na Proposta Adventista não há como sinalizar as atividades de Kaúfa, tendo em vista que a sua "história" humana na Terra, com esse nome, quando encarnado no antigo Egito, foi em época remota.

Fica para nós apenas a motivadora reflexão no que diz

respeito à graduação espiritual daqueles integrantes da Sacra Ordem das Sagradas Fileiras. Se eu tivesse condições para expressar com fidelidade as sublimes emoções que vivi ao ouvir de Kaúfa, por meio do médium de incorporação Jaubert Cândido da Nóbrega e Silva, entre os anos de 1963 e 1976, palavras de incentivo e motivação para me dedicar à Causa Crística, certamente que todos os seres humanos de boa vontade se encantariam com o futuro da Terra e de sua humanidade.

Recentemente perguntei ao ascensionado Kaúfa[9] por onde ele andava nesta fase de transição da Terra e, em nome das Sagradas Fileiras, assim me respondeu através da psicografia de Ana Maria de Farias de Almeida:

> No núcleo setentrional[10] de Áries, em missão preparatória.

Kaúfa, embora figure nas excelsas hierarquias espirituais que estão implantando os **Adventos Crísticos** na Terra, não está tão somente empenhado com a manutenção vital-energética do planeta, mas também com o despertar da consciência dos espíritos, temporariamente terráqueos, de forma que se sintam seres cósmicos, eternos e imortais. Justifica-se assim, o seu estreito vínculo com os encarnados da Terra.

Vejamos então:

> — No período em que recebi de Kaúfa, em viva voz, as orientações sobre o futuro da Terra durante a sua transição planetária, possivelmente em razão da minha pouca idade biológica, ele não me falou especificamente a respeito da renovação do Cristianismo, embora tenha deixado nas entrelinhas que aquela fase era de preparação para os próximos acontecimentos, que só se deram oficialmente em 1990, quando começamos a receber as orientações específicas sobre os **Adventos Crísticos**. Tam-

[9] Entre os anos de 1963 e 1976, através do médium Jaubert Cândido da Nóbrega e Silva, recebi de Kaúfa magníficas lições de universalismo como forma de preparação para, a partir de 1990, iniciarmos a divulgação dos Adventos, quando Silvestre I foi nomeado porta-voz das Sagradas Fileiras e passou a ditar as mensagens sobre os Adventos Crísticos através da médium Terezinha Teixeira Pereira de Carvalho, até o ano 2000. Jaubert Silva desencarnou em 1976, ocasião em que Terezinha de Carvalho recebeu a sua iniciação mediúnica e foi sendo preparada para, em 1990, ter a sua mediunidade psicográfica aflorada. Simultaneamente, deslanchou a mediunidade psicofônica de Luiz Guilherme Correia.

[10] Setentrional é uma qualidade que abrange tudo o que se refere a Norte ou boreal. Contrapõe-se à Meridional, que se refere a Sul ou austral. A Constelação de Áries se encontra a aproximadamente 140 anos-luz da Terra. Fonte: Wikipédia.

bém não tratou das ocorrências geofísicas que a Terra sofreria sob o signo de Aquário, vez que Ramatís, integrante da Sacra Ordem dos **Adventos Crísticos,** já tinha tratado do assunto em 1949, embora a 1ª edição do livro ***Mensagens do Astral***, psicografia de Hercílio Maes, só tenha sido publicada em 1956 pela Editora Freitas Bastos.

— Os espíritos integrantes das Sagradas Fileiras nada me falaram, em nenhum momento, durante a fase de preparação, a respeito dos **Adventos Crísticos**. Objetivamente, nada eu sabia sobre a Renovação do Cristianismo, o que só me foi revelado, oficialmente, em 22 de maio de 1990, ocasião em que Silvestre I recebeu das mãos do Velho Mestre — Pai Joaquim de Aruanda —, sob a angelical supervisão do Nazareno Mestre, o **bastão sagrado** para me conduzir, oportunidade em que também foi nomeado o porta-voz dos demais espíritos integrantes das Sagradas Fileiras, usando a psicografia de Terezinha Teixeira Pereira de Carvalho...

— No período em que, semanalmente, recebi orientações de Kaúfa através do médium Jaubert Silva, dois outros espíritos superiores se apresentavam em cada sessão para também me orientar: Shi Nagoy e o outro que se identificava por "Emissário" de Ismael[11] — o anjo orientador do Brasil.

Embora me detenha em Kaúfa, em função da importância que teve na minha preparação de maneira mais específica[12], desde o momento em que fui iniciado ao espiritualismo em 1963, por meu **Velho Mestre,** Pai Joaquim de Aruanda, recebi de dezenas de espíritos evoluídos e ascensionados palavras de conforto, incentivo, carinho e motivação... Palavras com ensinamentos para despertar do meu inconsciente os compromissos milenarmente assumidos em especial com o Nazareno Mestre — o **Sol Divino** — e com o Velho Mestre — o **Sol Excelso.** Também passei a conhecer algumas importantes reencarnações que tive como preparação visando a implantação dos **Adventos Crísticos** nessa época.

Deixo gravada a minha eterna gratidão a todos esses evoluídos e ascensionados espíritos.

---

[11] Dava para se perceber, mediante as citações feitas pelo Emissário, que Ismael era o anjo orientador do Brasil. Muitas vezes eu achei que era o próprio Ismael falando.

[12] Embora objetivamente eu nada soubesse a respeito da implantação dos **Adventos Crísticos.**

Capítulo 20

O Evangelho é a ciência cósmica da Fé

***Pergunta 112:** - Como concebermos que o Evangelho do Nazareno Mestre é a ciência cósmica da Fé?*

Resposta: – Vez que as verdades eternas nas suas individualidades não têm proprietários, o Evangelho não pertence a Jesus, mas ao Supremo Criador e Legislador — **DEUS**. O Nazareno Mestre foi o angelical médium Porta-Voz da mensagem evangélica. Na Terra, embora a "criação" seja atribuída aos humanos, certo é que são os "descobridores" de leis, fórmulas ou modeladores de engenho, pois a **essência criadora** é Obra de Deus.

Com a sua crescente espiritualização, o homem-espécie:

— Assimilará que o Evangelho é a síntese das Leis Divinas, o que provoca o próprio desejo de substituir a religião pela religiosidade, considerando que, geralmente, as religiões dogmáticas, ameaçadoras e punitivas emperraram o crescimento moral-ético da sociedade terrena...

— Passa a conceber que o impulso íntimo despertador da consciência, que suscita a "saudade de Deus" e a consequente e incontida vontade de começar a sua REVERSÃO, isto é, o retorno à sua Divina Origem — Deus-Pai —, é processo natural, vez que intrínseco a todas as mônadas...

— Sente, intuitivamente, que a evolução espiritual exige um grande e hercúleo esforço nosso para superar a força gravitacional de cada plano energético, já que a Lei da Evolução não permite a estagnação eterna, mesmo o espírito sendo portador de livre-arbítrio.

Portanto, o Evangelho, apesar de constituir a mensagem mais pedagógica para a espiritualização do ser humano terreno, em Aquário deixará de ser divulgado tão somente pelas religiões e passará a englobar os quatro pilares da sociedade.

Assim, o espírito, provisoriamente terráqueo, buscará apreender os ensinamentos contidos no Evangelho-Lei e aplicá-los na vivência, reconhecendo que a **Fé** tem o sentido amplo e irrestrito de **fidelidade às Leis do Criador**.

Pergunta 113: - A humanidade, em sua grande maioria, concebe que o Evangelho do Nazareno Mestre é exclusividade do Pilar Religioso. Como devemos proceder para estimular a nossa percepção a ponto de transformá-lo em roteiro para a nossa evolução e ascensão sem nos determos nesses pormenores?

Resposta: – O conceito que vincula o Evangelho ao Pilar Religioso já está ultrapassado, pois, com a evolução da ciência, o que antes era "imponderável" atualmente é de domínio popular... O que antes era considerado "mistério da fé" está nos dias atuais progressivamente desmistificado e desmitificado.[1]

Certo é que:

— Seguindo os ensinamentos do Evangelho, milhões de pessoas realizaram e realizam maravilhas e, necessariamente, não tiveram nem têm identidade religiosa perante a sociedade... São apenas portadoras de vivências evangélicas...

— Também, milhões de outras tantas receberam o auxílio de instituições criadas em função do exemplo vivido por Jesus, sendo Ele, o Nazareno Mestre, quem jamais associou os seus ensinamentos à **Religião**, mas vivenciou a **Religiosidade**.[2] Ele expressou a **Fé no sentido cósmico de fidelidade às Leis do Supremo Legislador — DEUS —**, pois religião é criação humana...

— Com o progressivo desenvolvimento, o espírito penetra em dimensões antes consideradas intransponíveis, imponderáveis, quando, na verdade, lhe faltava apenas o aumento, por esforço próprio, da sua frequência mental, da sua capacitação para vibrar numa faixa além da simples evolução e, assim, ascender e vislumbrar admiráveis panoramas nos planos energéticos inacessíveis aos espíritos apenas evoluídos, mas ainda não ascensionados.

Deduz-se que a evolução espiritual é "sinônimo de desmaterialização", razão pela qual, enquanto a temporária biologia humana estiver se sobrepondo à ideologia do espírito eterno e

[1] Desmistificado — livrado do engano, da burla; desmitificado — convertido em mito.
[2] ...*Amando a Deus sobre todas as coias e ao próximo como a Si mesmo.*

imortal, o homem não conseguirá ascender, porque a espiritualização também está vinculada ao transformismo morfológico.[3]

Desde a sua gênese, o espírito transporta intrínseco à sua essência, na condição de ***Filho Pródigo***, o "DNA" de retorno à sua Divina Origem — **DEUS**. Logo, por ser Constante Universal, o retorno consciente ao Criador faz parte das aspirações de todos os espíritos, mesmo que temporariamente inconscientes.

Pergunta 114: - Não denota uma particularidade do Pilar Religioso o Evangelho ser a ciência cósmica da Fé?

Resposta: – Os Divinos Atributos de Deus latentes no homem são despertados na mesma proporção em que ocorre a sua espiritualização; daí não depender do pilar em que atua, mas da maneira de se conduzir diante da vida, tendo sempre em mente que as suas **ações** demonstrarão a sua experiência com Deus, e as suas **reações** naturais expressarão a sua idiossincrasia, a sua personalidade.

Observemos então que:

> — A **Fé**, no sentido cósmico de fidelidade às Leis de Deus, serve para os Quatro Pilares das sociedades humanas de todo o Universo e conduz o homem-espécie a ampliar a sua percepção quanto ao Supremo Criador e alcançar a **religiosidade**, ou seja, o seu consciente ***religare*** ao Artífice da Vida — **DEUS**...
>
> — Em cada encarnação, o espírito deve ter a sua meta a ser alcançada, vez que a existência sem a elaboração mental de novos horizontes a serem vislumbrados fica muito vazia e sem sentido. Para tal, esse espírito não deve se ater às circunstâncias externas e momentâneas, cabendo considerar que a vida nos conclama aos mais variados desafios em um exíguo tempo de cada reencarnação e que as religiões, quase sempre, têm dificultado a evolução espiritual de milhões de milhões de espíritos que buscam um Deus nas planuras celestiais e não atentam que Ele está no mundo íntimo de todos nós...
>
> — O ser humano, independentemente do pilar que tenha abraçado, não deve criar resistência ao impulso fundamental da vida, que é o seu ***religare***. Portador de livre-arbítrio, ele poderá optar por diminutas digressões,[4] mas em nenhuma situação

---

[3] Estudo da forma, da configuração, da aparência externa da matéria; da configuração e da estrutura externa de um órgão ou ser vivo. Fonte: Wikipédia.

[4] Ação ou efeito de se distanciar; ato de se afastar do local em que se estava; divagação. [Figurado] Ação de se afastar (por alguns momentos) do assunto sobre o qual

> conseguirá anular a força de amplitude universal que o Tropismo Divino lhe causa, aguçando a sua vontade de retornar ao Pai-Criador.

Já que a Lei da Evolução não faculta ao espírito parar a sua trajetória evolutiva por longo tempo, ele também não conseguirá ascensionar enquanto não dominar e vivenciar os ensinamentos lecionados pelos quatro pilares da sociedade. Assim, como alguém conseguirá exteriorizar amor incondicional enquanto dominando apenas uma fatia do conhecimento universal? Como amar ao Todo sem antes amar às suas partes?

Pergunta 115: - O Evangelho do Nazareno Mestre é um ensinamento de abrangência cósmica, dado que é a síntese da Lei de Deus. Em caso de a sociedade se evangelizar durante o Terceiro Milênio, poderá ser implantado o advento da justiça social?

Resposta: – Os espíritos superiores que integram as Sagradas Fileiras, empenhados em implantar na Terra uma nova ordem moral — os **Adventos Crísticos** —, são incansáveis no sentido divino de esclarecer o homem-espécie sobre o sentido sagrado das sucessivas vidas nas ***muitas moradas do Criador***. A suprema finalidade das Escolas Planetárias é oportunizar os espíritos ainda necessitados de vidas corpóreas para que, através do conhecimento libertador, evoluam para ascender.

Com a progressiva evolução:

> — É natural o desapego aos tesouros do mundo, pois, à medida que o espírito evolui, por causa do aumento da sua frequência mental, enfraquece os elos energéticos aglutinadores ao plano físico. É processo natural que quanto mais o espírito humano se desliga do plano concreto, mais deseja, intuitivamente, se enquadrar nas forças da vida, empenhando-se pela equidade social...
>
> — A alma, após se inteirar das inquestionáveis leis de regência universal, passa a revelar, na sua vivência, a preocupação com a melhor distribuição possível dos recursos de sustentação da vida corpórea dos seus semelhantes. Por falta de elos energéticos que a vinculem à posse, ela não consegue viver indiferente às necessidades alheias...

---

se discute, fala ou escreve. Fonte: Wikipédia.

— Sem as energias da astúcia em sua vida mental, a criatura se torna honesta e transparente na condução da existência, passando a viver à Luz do Evangelho. Tal aquisição progressiva é também definitiva e, por isso, o ser não consegue mais se violentar e, muito menos ainda, agredir a sociedade, visto ter se tornado um vencedor da sua idiossincrática animalidade, da sua personalidade temporariamente hostil.

Observa-se assim que o ser humano para implantar o **advento da justiça social** precisa vencer a sua inferioridade moral e também a sua guerra interna do poder e do domínio; ter reais condições para auxiliar na harmonização dos seus semelhantes, socorrendo aqueles desprovidos de conhecimentos libertadores do plano material.

Estejamos conscientes de que esse ser, enquanto se mantiver na fase evolutiva de obter vantagens fazendo uso da astúcia, ainda não possui condições evolutivas para desempenhar as tarefas altruísticas em benefício da sociedade.

Devem os encarnados, por esforço pessoal, eliminar os milenares ranços incrustados em suas almas, desde quando, em épocas remotas, as suas mais contundentes aspirações eram adquirir poder para exercer domínios. Caso contrário, a gigantesca desigualdade social perdurará, uma vez que, nesse estágio evolutivo, a sua biologia se sobrepõe à sua ideologia.

Deduz-se pela lógica universal que para a implantação da **justiça social** na Terra de maneira abrangente e irrestrita será natural que os bilhões de espíritos avaros e gananciosos sejam exilados para os mundos inferiores à evolução espiritual terrena.

Pergunta 116: - Uma pessoa, verdadeiramente evangelizada, ainda necessita do sofrimento e da dor para a sua purificação?

Resposta: – Os espíritos de pouca graduação evolutiva, ainda com seus vícios, desarmonia íntima, ações e reações que demonstram desequilíbrio na condução da vida, devem abraçar a dor e o sofrimento como divino cinzel[5] de lapidação de almas, principalmente aquelas que, conhecendo a Lei Ascensional, preferem escamotear, encobrir, socorrendo-se de meras justificati-

[5] Instrumento básico da escultura e da gravura com a devida lâmina de aço a fim de gravar e de esculpir pedras, madeiras etc. *Minidicionário da Língua Portuguesa*, de Evanildo Bechara, edição de 2009, Editora Nova Fronteira. (N.R.)

vas vazias de conteúdo ético-moral que venham libertar a sua consciência da culpa.

Para nós, espíritos de pouca evolução, o ideal seria que:

— Concebêssemos a essência da mensagem Evangélica do Nazareno Mestre como síntese das Leis de Deus para, naturalmente, transformá-La em vivência. Consequentemente, não necessitaríamos da pedagogia da dor para elevar a frequência de nossas almas...

— Vivenciássemos o **trabalho econômico** como forma sagrada de purificação espiritual, a fim de aos poucos nos graduarmos ao **trabalho ético** em benefício da sociedade para, mais à frente na escala da evolução, realizarmos o **trabalho de função moral**, aquele em que o ser humano se coloca intimamente na festiva e motivadora condição de voluntário cósmico a serviço de Deus na Terra, servindo aos seus semelhantes desinteressadamente... Pautássemos as nossas existências cantando hinos de gratidão e louvor ao Autor da Vida para que, fraternalmente, a paz fosse implantada na consciência do espírito terráqueo. Dessa maneira, as ações e atitudes só gerariam carma positivo para as individualidades, as coletividades e para o planeta como um todo.

O homem-espécie evangelizado estará mais intimamente ligado, por ressonância, aos espíritos superiores e com muito mais dinâmica na vida mental se desvinculará dos planos atrelados às faixas inferiores impregnadas de pensamentos gerados pela desarmonia da sociedade.

A evangelização "desloca" a vida mental do humano terreno para as esferas dos bem-aventurados, aquelas pontilhadas com as cores da esperança e criadas pelos Anjos da Beleza.

A Centelha de Deus na condição humana, mentalmente embebida na fascinante esfera áurica dos Anjos da Beleza Edênica, que ouve as maviosas e finas músicas de procedência divina, que contempla as luzes dos planos paradisíacos e que visualiza o universo estelar, entra naturalmente na frequência do Cristo-Amor e sente esfuziante alegria e com elegância e garbo se empenha no seu autopolimento espiritual para ter condições progressivas de representar o Sublime Anjo — Jesus de Nazaré.

Certo é que, caso a pessoa seja verdadeiramente evangelizada, as suas dores servem para elevar a sua frequência mental, considerando que a evolução não tem ponto final.

❁ ❁ ❁

Adventos Crísticos

Entre os Instrutores Espirituais da Humanidade que integram a Sacra Ordem das Sagradas Fileiras encontra-se Hermes Trismegisto (2.500 a.C.), não mais como alquimista transformando matéria comum em matéria preciosa. Sua atual e sagrada tarefa na Proposta Adventista é auxiliar o espírito terreno a se trabalhar no sentido de transformar o *homem velho* que nele existe em *homem novo*, já evangelizado... É levá-lo a converter pensamentos negativos em pensamentos positivos de excelsa e excepcional beleza por meio da alquimia divina...

Os espíritos superiores estão dedicados diuturnamente em formatar um *homem novo* na Terra, mais sábio e mais consciente quanto ao sentido sagrado da vida nos mundos materiais... Um homem mais compatível para a Era de Aquário, considerando que não se consegue renovar o Cristianismo sem, antes, renovar o cristão.

As consciências espirituais, cujas frequências já não obedecem ao tempo e ao espaço, são muito dedicadas no sentido de motivar os menos conscientes quanto à Onipresença de Deus no Universo Criado... Elas aguçam a **Chama Crística** daquelas que estiverem no plano da existencialidade, visando a que conquistem a ascensão, e assim, se desvinculem emocionalmente do apego de qualquer natureza, pois é do conhecimento terreno que, obedecendo à Lei da Evolução, não se conquista o Céu enquanto se estiver atrelado aos valores transitórios da Terra.

❁ ❁ ❁

Vez que *o homem é o que ele aspira a ser*, mais uma vez, vou aspirar e me imaginar "ouvindo" a Voz de Deus para regurgitar do meu mundo íntimo, o meu Cristo Interno, a minha Força Superior, a Fagulha de Deus que sou:[6]

> Filho!...
> **EU SOU** o Todo e Sou as partes...
> **EU SOU** o micro e Sou o macro...
> **EU SOU** essência e Sou existência...

[6] Leia em voz alta com clareza e com o tom a sacralidade.

EU SOU energia e Sou matéria...
EU SOU o mundo visível e Sou o mundo invisível...
EU SOU o mundo que pegas e Sou o mundo que sentes...
EU SOU a Vida do Universo em que vives e Sou o Universo em que a Vida É...
EU não existo!...
EU SOU!...
EU SOU DEUS.[7]

[7] Extraído do livro *O Fim dos Tempos e os Discos Voadores*, do mesmo autor, 1ª edição, em 2002, **EDITORA DO CONHECIMENTO**.

Capítulo 21
A mente humana na Era de Aquário

Pergunta 117: - É indiscutível o avanço científico-tecnológico da humanidade terrena nas últimas sete décadas. No entanto, não se pode negar a dúbia realidade que tal avanço tem causado ao conjunto planetário com um percentual elevadíssimo de destruição do seu patrimônio em vários aspectos. Que tipo de ensinamento o Brasil fornecerá à sociedade a fim de direcionar as mentes para a criação de engenhos que preservem a vida, substituindo aqueles que conduzem o planeta e os seres para a morte?

Resposta: – A *moral cristã* é *amar a Deus sobre todas as coisas* para que se reúnam condições reais de praticar a **ética** que é *amar ao próximo como a si mesmo*. Em Aquário, a mente humana entrará em outra faixa vibracional, progressivamente superior, em razão da evolução espiritual e genética da sociedade terrena, propiciando aos encarnados melhores condições para que deem sequência aos princípios ético-morais evangélicos.

Como a evolução do espírito acelera e reflete a do seu corpo somático, a sociedade em Aquário seguirá uma nova moral em função da sua nova biologia. Assim, a ideologia humana deixará de ser tão fortemente sufocada pela biologia herdada da ancestralidade animal.

Para que a semente evangélica que o Brasil está plantando na alma terrena floresça e dê bons frutos em abundância, será necessário que a terra esteja arada, o ambiente biológico esteja em *condições normais de temperatura e pressão* e que os dadivosos raios solares emitidos pelas mentes coparticipantes da Obra do Cristo-Pai a atinjam com suavidade e harmonia.

Com segurança conclui-se que não é suficiente usarmos sementes perfeitas se a terra para o plantio não estiver em condições adequadas. Assim, na Era do Mentalismo, após a retirada apocalíptica das ervas daninhas, quem continuar reencarnando na Terra, já estará em condições evolutivas para seguir a *ética do amar ao próximo como a si mesmo,* porque os instintos animais não estarão tão evidentes, conforme consta em Mateus 5,5: *Bem-Aventurados os mansos, porque possuirão a Terra*, isto é, estarão em condições de continuar reencarnando neste sagrado orbe.

Na Era do Mentalismo:

> — A agressividade instintiva diminuirá progressivamente, visto que a humanidade estará biologicamente em melhores condições. E, assim, a nova ética englobará a fraternidade, a solidariedade e a compreensão entre os povos de maneira bem irmanada para que desempenhem a sua função vital em benefício do conjunto planetário...
>
> — O ser humano, pela sua visão de imortalidade, se preocupará em adquirir *tesouros celestes* sem, no entanto, negligenciar os *terrestres*. Será excelente administrador, pois, sem conflitos íntimos, repartirá o pão da vida e, de mãos dadas, fraternalmente se unirá aos seus semelhantes...
>
> — A consciência humana também se expandirá exuberantemente, pois tudo evolui no Universo de Deus. Com essa expansão, a moral e a ética adquirirão elevadíssimas proporções e, na sequência da vivência cristã, deixarão de existir opressores e oprimidos, corruptores e corruptíveis.

Portanto, caberá ao Brasil fornecer à sociedade ensinamentos sobre a vida depois da vida para direcionar as mentes em função da criação de engenhos que exaltem a vida e o Autor da Vida em substituição àqueles que conduzem à morte o planeta e os seres.

Pergunta 118: - Muitos dos espíritos que por mérito continuarem reencarnando na Terra não estarão integralmente livres do antivital sentimento de culpa.Ainda assim conseguirão viver equilibrados entre os espiritualmente mais qualificados, mais evoluídos?

Resposta: – A partir do momento evolutivo em que o espírito encarnado se considera vitorioso de si mesmo, pois venceu os seus recalques e as suas frustrações, surge do seu íntimo a vontade da fraternal convivência com as diferenças, considerando que, nesse nível evolutivo, os caracteres próprios do seu primitivismo já "perderam" a energia-força da agressividade animal.

Certo é que o *homem novo* da Nova Era, por possuir visão mais panorâmica do Universo Criado, melhor desenvolvimento da inteligência e apurada sensibilidade para identificar o Criador em razão da Sua Criação, não se permitirá viver no contraste entre a luz e a sombra, mas buscará plasmar um sublime ideal e, em seguida, orar ao Supremo Criador, trazer a lume com brilho no rosto as suas energias latentes e se esmerar para alcançá-Lo. Na verdade, conseguirá dar um sentido divino à sua vida.

Pergunta 119: - Pelo menos em latência, o homem novo citado no Evangelho já existe na Terra. Por que ele não se apresenta à sociedade em plena luz do dia para nos ensinar a arte de interpretar a vida?

Resposta: – Ainda que exímio, um mergulhador quando usa escafandro perde substancial cota dos seus lépidos movimentos. O mesmo ocorre com os terrenos espiritualmente mais evoluídos que, além de possuírem herança genética terrena de má qualidade, estão mergulhados em uma psicosfera de opressivo teor energético e, logicamente, encontram dificuldades para se expressarem sem ferir a suscetibilidade dos seus semelhantes, principalmente daqueles portadores da terrível doença chamada melindre... Daqueles que deveriam adotar a terapia evangélica para tratar da sua inferioridade **moral** e adquirir a **ética** do bom vivenciamento relacional.

Na Terra, ainda existem criaturas portadoras de mau humor, inveja, ciúme, antifraternismo, Transtorno Obsessivo Compulsivo (TOC) etc. São doenças da alma que refletem no corpo... A sua maioria não sente alegria com o bem-estar dos seus semelhantes... Não se emociona com a vida... Vive acabrunhada e anda olhando para o chão com vergonha de olhar para o Alto e ver o Sol de braços abertos convidando-a para um fraternal abraço. São pessoas de mente raquítica e que não conseguem sorrir para a vida... Não se emocionam com o nascer do Sol, com o cintilar da Lua, com a policromia das Estrelas, com o sorriso das crianças, com o cantar dos pássaros, com os acordes de uma finíssima melodia, com o colorido e o perfume das flores, com o cair dadivoso da chuva... São almas arrastando corpos *sem vida*, sem emoção *pela vida*... E, sobretudo, sem gratidão ao Autor da Vida por mais uma reencarnação.

É chegado o momento da irmanação entre os de boa vontade, vez que a nossa sociedade caminha em direção à grande peleja apocalíptica, razão pela qual despertará a luminosa necessidade do alento fraterno, do abraço solidário e da união por laços de amor ao próximo para enfrentar, com placidez e garbo, mais um Juízo Final.

É da Lei de Deus que *a dor consome a dor*. Em assim sendo, vejamos nos difíceis *momentos de separação do joio do trigo* uma maneira didaticamente elaborada pelo Legislador Supremo para a alma, atendendo o convite da Lei da Evolução Espiritual, realizar a autossensibilização e elevar a sua frequência moral para sentir a emanação do Cristo-Amor.

Pergunta 120: - Visto que a vida é eterna, como a Era de Aquário dará ao ser humano o dinamismo íntimo necessário para que transforme o Evangelho em seu programa espiritual a ser executado, progressivamente, em cada existência?

Resposta: – Por estarmos vivendo um momento decisivo na história do planeta e de sua humanidade para separar os *lobos* dos *cordeiros*, momento esse de consolidação dos conhecimentos amealhados pelos *cordeiros* através das sucessivas reencarnações e também de exílio para os *lobos* que serão selecionados pelo Peso Específico do perispírito e encaminhados aos mundos afins, fica evidente que quem não se qualificou demonstrando na vivência a aquisição de informações libertadoras da transitoriedade existencial para adquirir mérito e continuar reencarnando na Terra durante o seu percurso em Aquário deixará este orbe.

Uma breve avaliação pela lógica:

> — A humanidade, na Era do Mentalismo, será geneticamente mais refinada, o que lhe facultará interagir, de maneira mais consciente e mais abrangente, com a Fonte da Vida — **DEUS** —, representado pelos Seus emissários. Assim, os espíritos que continuarão reencarnando aqui e que, evidentemente, pertencerão à nova fase biológica expressarão elevado princípio **moral**

e também dignificante **ética** na vida relacional com os seus semelhantes...

— O homem-espécie portador de conteúdo moral superior se torna automaticamente motivado para a aquisição dos tesouros da vida celeste e, assim, vai se desconectando, emocionalmente, dos tesouros terrestres. O ponto centralizador das suas superiores aspirações passa a ser a sua reforma íntima, com o consequente exercício misericordioso dos três divinos sentidos: *os olhos, os ouvidos e a boca...*

— Para colocar integralmente o Evangelho em seu programa espiritual, o indivíduo deverá esgotar as energias de mando e de domínio e, também, sepultar o ***homem velho***, ultrapassado para a Nova Era, e, assim, terá condições reais para, de maneira ressurreta, renovada, se apresentar à sociedade na condição evangélica de um ***homem novo*** e vivenciando a mensagem do Nazareno Mestre.

Observa-se que não é suficiente o desejo do ser humano de colocar o Evangelho na pauta da vida para se tornar instrumento de construção de uma nova sociedade. Precisa também estar biologicamente em condições para atender às necessidades da Era do Espírito, tendo em vista que a sua condição idiossincrática e a sua personalidade não dependem da racionalidade.

❁ ❁ ❁

Pergunta 121: - Consta no livro **Adventos Crísticos** ***que Ramatís é um dos integrantes das Sagradas Fileiras compostas pelos espíritos empenhados na implantação da proposta adventista. Qual o papel que esse mestre desempenhará para o despertamento da mente humana no sentido de renovar o Cristianismo na Era de Aquário?***

Resposta: – O mestre Ramatís, integrado por evolução à Corte da Suprema Ordem de orientadores espirituais da Terra, é um baluarte na implantação e sustentação dos **Adventos Crísticos**. Ainda na Era de Peixes, por intermédio do médium psicógrafo Hercílio Maes, ele deixou ensinamentos fabulosos para orientar a humanidade como um todo, considerando que espírito ascensionado não tem barreiras ideológicas de nenhuma natureza.

As obras de Ramatís, escritas por Hercílio Maes para a Era de Aquário, salientam que:

— Dirigidos aos encarnados, seus ensinamentos transportam melodias aguçadoras do universo íntimo do leitor e, mentalmente, deslocam-no aos refulgentes planos dos conhecimentos universais, o que nos leva a considerar que ele, Mestre por Excelência, é um Instrutor Espiritual que se dedica a despertar no ser humano terreno as luminosas aspirações para sentir o Cristo-Amor e, assim, se tornar um porta-voz do Nazareno Mestre...
— Na condição de um pedagogo de visão universalista, Ramatís é muito objetivo nos seus textos, conforme podemos observar nos livros ditados ao médium Hercílio Maes, seu milenar e amado discípulo...
— O ser humano se for portador de bom nível de sensibilidade psíquica conseguirá assimilar os ensinamentos científicos, filosóficos e teológicos de Ramatís pela simples leitura das suas claras obras, além de perceber que flutua no seu ambiente mental, nos momentos das suas reflexões, a policrômica aura desse sábio oriental.

Podemos então ressaltar que o papel desempenhado por Ramatís na Terra para aguçar a mente humana na Era de Aquário está muito além da nossa capacidade de compreensão, tendo em vista que o ponto central das suas crísticas e amorosas aspirações é dar seu auxílio literário à evangelização do humano terráqueo. Por assim ser, surge a necessidade de serem estudadas e debatidas as suas obras, pois tão somente lidas não é suficiente.

Algumas de suas considerações:

— A essência da mensagem evangélica do Nazareno Mestre é um eterno estímulo ao espírito para que, por esforço próprio e vivenciando os ensinamentos do Sublime Peregrino, desperte as suas potencialidades divinas para amar a Deus e às criaturas de maneira incondicional e se tornar um ser livre e em condições de singrar os Espaços Siderais...
— A tendência natural das humanidades espalhadas pelo Universo é seguir o roteiro da evolução espiritual estabelecido pelo Legislador Supremo — **Deus**. Assim, após o espírito passar pela fase introdutória do conhecimento sobre o universo externo em que envolve a **Ciência** como ferramenta para a dilatação da consciência, inicia a sua fase da **Arte** exteriorizando do seu íntimo a beleza para, num terceiro momento evolutivo, abrigar as condições inatas de vivenciar a **Filosofia Divina — a Religiosidade —**, de maneira que os mundos materiais sirvam apenas

para ele apoiar os pés e continuar na eterna busca de mais verdades, mais músicas que expressem transcendências, mais cores identificando a policrômica Criação dos Engenheiros Siderais, mais perfumes de procedência nirvânica, mais vida e mais o Autor da Vida — **Deus**.

— Assim, uma crística tarefa que Ramatís desempenha na proposta dos **Adventos Crísticos** usando os conhecimentos universalistas é unir, fraternalmente, os *homens* aos *homens* para que formem uma ***unidade na diversidade*** e, consequentemente, adquiram méritos de se unirem ao Criador dos homens.

Certo é que Ramatís, fiel escudeiro da divinal proposta do Nazareno Mestre em renovar o Cristianismo na Era de Aquário, é um Instrutor Espiritual que nos incentiva à prática do amor universal para sairmos da frequência em que o espírito é levado às reencarnações compulsórias para resgatar seus carmas. Com seus ensinamentos evangélicos, ele decora o nosso mundo íntimo com paisagens paradisíacas, as quais possuem as cores da vida plena.

As obras de Ramatís através de Hercílio Maes produzem estados de beleza e motivação mental em seus leitores para que alcancem patamares evolutivos que identifiquem os planos da Estesia Divina.[1] Seus encantadores ensinamentos revigoram magnificamente nossas almas, propiciando sublimes e angelicais contatos mentais com os espíritos das altas esferas celestiais, os quais são quase imperceptíveis aos sentidos físicos do humano ser.

Por se encontrarem em um plano de elevadíssima frequência, as contingências sociais inerentes ao plano material não o atraem. O forte dele é ensinar para libertar as consciências. Ao se ter em vista o seu estado de pureza iniciática, Ramatís não se envolve na defesa dos torrões pátrios ou dos pilares da sociedade. Percebe-se que ele é categórico ao se posicionar para o conjunto planetário como Instrutor Espiritual Universalista.

Na sua condição de Mestre Ascensionado, Ramatís não está vinculado a nenhuma religião e seu empenho é conduzir o ser humano a se graduar, através dos conhecimentos libertadores, à **Religiosidade** — a Ciência do Cristo-Amor. Ele almeja que nós, os encarnados, ao assimilarmos os seus ensinamentos

[1] Habilidade para entender sentimentos, sensações. No texto tem o sentido de plenitude.

universalistas, entremos com elegância, classe e garbo em êxtase espiritual para sentirmos as divinas emanações da Mente Cósmica e falarmos com galhardia: **EU SOU**.

> Quando, sob todas as formas, estiveres integrado ao Pai, a ponto de não senti-Lo, serás o **EU SOU**![2]

❁ ❁ ❁

Adventos Crísticos

Para que o Cristianismo Renovado consiga diluir paradigmas milenares considerados verdades eternas, o adventista deverá ser forte e capaz, consciente de que é da Lei da Evolução que ***somente aos fortes e capazes Deus confia a direção dos homens. Aos fracos e incapazes, Ele compreende e ampara.*** (Sagradas Fileiras.)

Por mais que a sociedade se intelectualize, todos os esforços serão insuficientes se, paralelamente, o homem-espécie não despertar da sua latência os Divinos Atributos de Deus e, assim, se tornar coparticipante da Sua Obra. Procuremos, então, vivenciar os ensinamentos libertadores da forma material para que, dessa forma, nos graduemos à meritória condição de porta-vozes dos espíritos superiores.

Os **Adventos Crísticos** como uma proposta para direcionar os novos rumos do Cristianismo trazem à baila, a propósito, os espíritos que em épocas recuadas foram considerados divindades. Quetzalcóatl, por exemplo, considerado uma das divindades mais antigas da América Central, atualmente é integrante da Sacra Ordem das Sagradas Fileiras e está divinamente empenhado em conduzir a sociedade a seguir ***Os Novos Rumos do Cristianismo***.[3]

[2] Ramatís, psicografia de Ana Maria de Farias de Almeida.
[3] Título de um dos livros do mesmo autor.

Capítulo 22
O apostolado crístico

***Pergunta 122:** - Que característica deve ter um ser humano para se considerar um apóstolo do Cristo?*

Resposta: – Será o suficiente e sem possibilidade de errar o alvo que ele siga a trajetória iluminativa que Jesus traçou para a humanidade, razão pela qual não precisará anunciar que é um apóstolo do Cristo, mas simplesmente demonstrar na vivência.

Estejamos certos de que é da Lei de Deus que ninguém consegue ser fiel a Ele antes de ser fiel a si mesmo, já que é com o nosso Deus Interno que vamos amar ao Deus Eterno. Por questões óbvias, é aconselhável que, antes de nos autointitularmos apóstolos do Cristo, que avaliemos se estamos seguindo os princípios ético-morais pregados e vivenciados pelo Seu crístico Porta-Voz — o Nazareno Mestre —, nosso angelical modelo para que, assim, evitemos ficar acorrentados nas nossas clausuras psíquicas, principalmente após o nosso desencarne, tombados pelo sentimento de culpa, com vergonha de nós mesmos, por reconhecermos que não vivemos aquilo que anunciamos ou pregamos.

Convém ressaltar o que a Lei da Evolução determina: ***A quem mais é dado, mais é cobrado.*** Assim, quem mais conhece as Leis do Criador, fica com maiores responsabilidades para ensiná-las, sobretudo pela sua própria exemplificação.

O apóstolo do Cristo deve:

— Adquirir a ***misericórdia do ver, ouvir e falar*** como o principal objetivo da vida...
— Ter em mente a nova moral do Terceiro Milênio Cristão, que está expressa, em essência, no Evangelho do Sublime Peregrino — Jesus de Nazaré —, e praticá-la...

— Ser disciplinado em todas as nuances da existência...
— Manter-se entusiasmado, embasado na razão cósmica da vida, para realizar o que lhe compete e motivar os seus semelhantes para que abracem a mesma divinal causa...
— Esforçar-se para ser capaz de se autoconduzir...
— Conservar a harmonia interior diante dos obstáculos normais às existências nas Escolas Primárias...
— Investir na sua autotransformação para se tornar um ***homem novo*** a cada instante, pois ***se conhece o cristão pela sua incessante transformação íntima***.

Assim, para que nos tornemos apóstolos do Cristo precisamos despertar a Onisciência, a Onipresença e a Onipotência de Deus em nós para, com segurança, levarmos uma vida transparente.

Pergunta 123: - De que maneira deve o ser humano se renovar constantemente?

Resposta: – Não é suficiente apenas ele admirar as realizações superiores dos seus semelhantes, mas é necessário ofertar a sua contribuição à sociedade.

Para constatarmos a renovação precisamos:

— Verificar se paulatinamente estamos nos civilizando e, consequentemente, saindo da frequência que identifica os instintos agressivos tão próprios da fase animal... Indubitavelmente, aqueles que nomearam Jesus como modelo e guia devem observar se conseguiram aplicar, pelo menos, parte da mensagem Dele nas suas próprias rotinas existenciais...
— Avaliar, pela nossa conduta, o quanto já despertamos a essência de Deus existente em nós, sem as dores impulsionadoras dos indolentes, ou seja, daqueles que abraçam o sofrimento para justificar a sua inoperância e passarem a vida contemplando o mal sem energia-força para se tornarem vencedores das suas próprias fraquezas... É magnífico quando descobrimos o nosso Deus Interior antes de as dores chegarem.
— Refletir se as nossas conquistas ético-morais têm origem nas dores e sofrimentos ou se foram aquisições espontâneas obtidas pelos estudos e vivência dos ensinamentos libertadores. Isso porque, quando as mudanças comportamentais são alavancadas em virtude das fortes dores corpóreas ou morais, nem sempre houve a reforma íntima, dado que a alma astuciosa pode forjar uma aparente mudança de conduta *externa* para os olhos da sociedade, mas sem alteração de valores no seu mundo ***interno***.

Não nos esqueçamos de que se reconhece um cristão consciente do seu papel diante da vida pela sua progressiva renovação de valores.

Pergunta 124: - Sabemos que a palavra CRISTO é sinônimo de amor universal e que todos os seres humanos são portadores do Cristo Interno. Como justificar a existência daqueles que se apresentam como apóstolos do Cristo-Pai e, no entanto, portam tanto ódio no coração, se somos todos portadores da Essência do Cristo-Amor?

Resposta: – O tempo das milenares fantasias religiosas está chegando ao fim, visto que os comerciantes dos Haveres Celestes já receberam o aval da Lei de Ascensão Moral para fazer uma viagem interplanetária no bojo do "planeta higienizador" que cruzará os Céus do nosso Sistema Solar. O evento, em função do determinismo da Lei da Evolução Espiritual, será altamente acionador do Eu Crístico dos seres humanos e, assim, libertará milhões de espíritos das suas senzalas psíquicas, aliviando o ódio que existe nas ***individualidades*** e, como consequência, nas ***coletividades***.

Como o eterno transformismo está implícito na Lei da Impermanência:

> — Na escala da evolução, o espírito deve se sustentar em uma meta a ser atingida gradualmente e por esforço próprio, sabendo que a **chegada** a cada conquista é o ponto de **partida** para novas e eternas aquisições morais, tendo sempre em mente que o ponto final da evolução é Deus, a Perfeição Absoluta. Aquele que ainda estiver situado em um plano evolutivo no qual se orgulha do ódio que tem por seus semelhantes deve ser misericordiosamente compreendido, pois ele também está a caminho da sua transformação íntima para galgar o plano do amor pleno...
> — Quem comunga com o eterno ***vir a ser*** sabe que não tem nada errado com aquele que se diz apóstolo do Cristo, mas que, no entanto, expressa ódio, inveja, ciúme, ira, maledicência, vaidade, soberba etc. São apenas fases que servem até para que tenha noção da "distância" em que se encontra, temporariamente, de Deus...
> — As fases inferiores da trajetória reencarnatória são instrumentos para a evolução plena do espírito, justificando que tão somente o conhecimento teórico do ***Evangelho-letra*** não é suficiente para se expressar o amor universalista, visto que, pela

lógica, ele precisará demonstrar na vivência que assimilou a mensagem do *Evangelho-essência*. É preciso considerar, também, a condição biológica da criatura humana que pretende pregar o Evangelho do Nazareno Mestre, considerando que a sua mensagem poderá não ter o divino magnetismo necessário para acionar as consciências dos seus ouvintes.

O espírito, mesmo quando ainda se encontra nos planos inferiores por falta de evolução, adquire experiências com os embates da vida e cria magníficos alicerces sólidos para ter condição e consistência moral de se tornar um Apóstolo do Cristo. Esses embates são instrumentos usados pela Lei do Criador para o espírito procurar se esclarecer quanto ao seu papel diante da sociedade e sacralizar, continuamente, a sua vida.

A gênese do *homem novo* de conduta evangélica não destrói o *homem velho* de aspiração raquítica e conduta primária. O ser humano em atenção ao eterno transformismo apenas desperta em si a sua Força Superior e amplia a sua **Moral** para amar *a Deus sobre todas as coisas* e, simultaneamente, adquirir condições **Éticas** para também *amar ao próximo como a si mesmo.*

Pergunta 125: - Diante da Lei de Ação e Reação, como fica o apóstolo do Cristo que, fazendo uso da mensagem do Nazareno Mestre, usa e abusa da astúcia para se locupletar de bens materiais, da fama e de projeção social ou política?

Resposta: – Não há como estabelecer um único parâmetro para os **Efeitos**, tendo em vista que as **Causas** variam de acordo com a evolução de cada empreendedor, conforme consta no Evangelho cristão: *A quem mais é dado, mais é cobrado.*

Algumas considerações:

— Um astuto com evolução espiritual de nível 1.000 unidades-luz movimenta nas suas ações uma "quantidade" menor de energias do que outro com evolução 10.000 unidades-luz, embora tenham praticado a mesma ação externa. Evidentemente que o mais evoluído deve refletir melhor quando for agir. É salutar relembrar o agravante para quem planeja astuciosamente, por longo tempo, o empreendimento escuso. O ideal é que saibamos conduzir as nossas vidas de acordo com o nosso grau evolutivo, porque aqueles com atitudes abaixo do nível da própria evolução espiritual têm a tendência natural de tombar acometidos pelo avassalador sentimento de culpa e, por consequência, a autopunição e o remorso...

— Não se consegue driblar a ***Lei de Ação e Reação.*** Consta em *A Grande Síntese*, de Pietro Ubaldi, já citado, que ***na ação está implícita a natureza da reação***, caracterizando que os fatos exteriores demonstram o mundo interior de cada criatura em ação, vez que ela é a responsável pela criação dos acontecimentos...

— Todos devem exercitar a paciência e a tolerância para com os seus semelhantes menos evoluídos, convictos de que tudo é passageiro e, também, reconhecer que todos os espíritos "caminham", inexoravelmente, para descobrir o seu Deus interior, obedecendo ao determinismo da Lei da Evolução.

É tendência natural que todos os humanos sejam apóstolos do Cristo, mas, como a Natureza não dá saltos, aqueles que ainda fazem uso da astúcia para se locupletar devem ser considerados destituídos da eterna fé, exigindo dos mais lúcidos a convivência com as diferenças e o divino exercício da misericórdia.

À medida que o ser humano passa a conhecer o funcionamento das forças da vida, entra em ressonâncias universais, distanciando-se, consequentemente, das faixas vibracionais do ***ter transitório*** e adentrando as do ***ser eterno***.

Vez que a Essência do Criador está latente na criatura, cabe a ela trazê-La, inteligentemente, ao consciente, convicta de que a "vontade" da Lei da Evolução é conduzir todos os espíritos ao desenvolvimento de suas forças latentes para um colóquio mais amplo com o Deus Supremo.

Tenhamos em mente que, mesmo quando o homem-espécie se encontra na sua fase evolutiva de realizações aparentemente humanas, na verdade está edificando, embora inconscientemente, sólidos alicerces para, posteriormente, tombado pela exaustão das conquistas efêmeras, direcionar as suas aspirações para as construções divinas e eternas.

Pergunta 126: - Quais as características externas que um ser humano deve ter para inspirar confiança à sociedade de que é um apóstolo crístico em condição para representar o Cristo, tendo Jesus como fonte de eterna inspiração?

Resposta: – A Lei da Evolução Espiritual estabelece que o espírito, antes da honestidade, passa por longo período desenvolvendo as suas potencialidades fazendo uso da astúcia... Período em que se empolga ao adquirir abertura intelectiva, reconhecimento social, poder aquisitivo etc., motivos pelos quais deixa os sentimentos nobres em último plano. É uma fase da evolução espiritual de excelentes criações externas elaboradas pelos cérebros brilhantes, mas de pouca interiorização para despertar a Fagulha de Deus em si e, assim, dar sentido sagrado à vida.

Percebe-se que o cristão, gradativamente, desperta o seu Deus interior:

> — Na mesma proporção se torna mais alegre, simpático, esperançoso, motivado e motivador... A sua maior luta é adquirir paz interior para, portador desse sublime estado d'alma, reunir magnetismo a fim de que, usando da **misericórdia do falar,** se qualifique como pacificador...
> — Simultaneamente, o seu semblante, naturalmente mais agradável, mais expressivo, tornará o seu magnetismo mais aglutinador de consciências encarnadas e desencarnadas... A sua voz produz efeitos psicológicos positivos nos seus ouvintes, provocando-lhes aumento de energia psíquica, a qual dilata a percepção paranormal nos seres almados...
> — Com a aceleração vibratória causada pela voz do cristão convicto na sagrada condição de porta-voz do Cristo, torna-se, com a aceleração vibratória da sua voz, o universo íntimo dos ouvintes magnificamente alterado... Eles se sentem mais sutilmente impulsionados a abraçar a mesma luminosa causa, almejando o mesmo ideal em uma vibração divina que transcende ao plano da existencialidade.

Cada qual, em vez de ficar procurando as características externas que deve possuir um representante das Potestades Celestiais a ponto de inspirar confiança à sociedade, é preferível se tornar um autêntico porta-voz dos Céus, em condições de representar o Cristo, inspirando-se em Jesus como modelo, e, assim, ser aquele modelador de consciências superiores, elevando as frequências dos seus semelhantes aos estados jubilosos e maravilhosos de Êxtases Divinos.

Não fiquemos aguardando que outros façam o que nos compete, pois somos portadores da Onisciência, da Onipresença e da Onipotência de Deus.

❁ ❁ ❁

Adventos Crísticos

Antes de concluirmos os itens sobre os quais nos propusemos a comentar para levar o cristão de boa vontade, mesmo que esteja um tanto quanto descuidado, a atentar para o sagrado momento que estamos vivendo, o qual requer que voltemos a nossa atenção para a Reforma do Cristianismo, mas sabendo que, se não houver a reforma individual, não acontecerá a coletiva, o que é lógico.

Em oração, solicitei de Silvestre como trabalharmos a nossa reforma íntima para alcançar *a misericórdia do ver, ouvir e falar*.

Ele, em nome das Sagradas Fileiras, através da psicografia de Terezinha Teixeira Pereira de Carvalho, escreveu:

> Se o refazimento almado em sucessivos reencarnes configura a alavanca propulsora que transporta o espírito às planuras do espaço-luz, então é possível concluir que: "A reforma, vista sob o prisma da autorrenovação ou em suas formas mais abrangentes, é, sem dúvida, o impulso superior que conduz o homem (espécie) à ascensão, sendo esse o único veículo de que dispõe..."
> Tal preâmbulo suscita, por certo, a dúvida e, por conseguinte, o questionamento: — Será que somente aos "reformados" é dado o direito de evoluir?!... Apresso-me, por assim ser, a satisfazer a quase ingênua formulação, embora muito mais comum do que se imagina, pois que a ignorância da fé leva a muitos, mesmo os de boa vontade, a essas incipientes ou, quiçá, desastradas conclusões...
> Se o "arguir" é um privilégio dos que pensam, raciocinam e libertos se sentem para expressar seus sentimentos, conceitos ou objetivos, não importando as bases em que se assentam, vale então conceituar a diferença entre **evoluir** e **ascensionar** para que melhor possam ser fundamentados pensamentos ou ideais, evitando desalentos ou desilusões na sua trajetória...
> Reportando-nos ao quesito polemizado, pois que já detectado pela ação intensiva de Augustus, *o Olhos de Lince*,[1] houvemos por bem traçar paralelos.

[1] Augustus, o *olhos de lince* é integrante das Sagradas Fileiras. Sua principal tare-

Assim, tem-se como corolário a evolução para todos os seres naturais, isto é, todos os reinos da natureza, mas somente ao homem é permitido ascensionar...
Com base nesta verdade absoluta e considerando unicamente a espécie humana, é-nos permitido afirmar: Todos evoluem, porém, a ascensão só acontece quando o homem-espécie adquire ***a misericórdia do ver, ouvir e falar...***
A evolução é, pois, uma lei natural e imutável, o que nos propicia dizer que, no Universo, nada é estático, e, em assim sendo, tudo evolui, incluindo-se neste todo o homem e suas consecuções. Todavia, o mesmo critério, definição ou paradigma não se aplica à chamada ascensão, posto que ela depende, exclusivamente, do mérito autocondutivo, levando-se em conta a soma de sete fatores perfeitamente distribuídos nas cabalas já anunciadas e de pleno domínio dos tarefeiros adventistas:

1. Perseverança na autocondução...
2. Amorização das criaturas e sentidos...
3. Boa vontade reformadora...
4. Fraternidade direcionada...
5. Disciplina na consecução...
6. Conhecimento para o despertar...
7. Desejo de apaziguar...

Caríssimo,[2] que se alicerce nas mentes dos de boa vontade, mesmo os ainda flutuantes, a necessária diferenciação que se faz, não para atender à didática, mas por concreto que se torna a certeza do "evoluir" independente ou apartado do "ascensionar".
Uma vez mais é possível fincar amarras no verídico que da **Arca**[3] transborda por transcendente que é: **Todo ser ascensionado é evoluído, mas nem todo ser evoluído viceja na ascensão.**
Tal afirmativa se estende ao termo bastante utilizado nos meios crédulos: espírito velho; espírito evoluído, quiçá ascensionado...
Asseguro-te e aos demais que tal máxima não é ver-

---

fa na Proposta Adventista é acionar o ***cordeiro*** ou o ***lobo*** latente em nós.
[2] Mensagem dirigida ao autor. Extraída do livro ***Adventos Crísticos***, 4ª edição, em 2017, **EDITORA DO CONHECIMENTO**.
[3] *A Arca do Desconhecido.*

> dadeira em sua conceituação... Muitos são os espíritos antiquíssimos que ainda militam na obscuridade ou na orfandade da Fé...
> Sabes tu, nós outros e teus comandados que legiões e legiões deles iniciam agora a trajetória libertadora que a reforma propõe, sejam encarnados ou desencarnados.[4]
> A exemplificação maior fica por conta dos **enregelados**[5] e recém-egressos, postulantes às Fileiras do Cristo-Pai...

Com base nos já assimilados ensinamentos da Proposta Adventista, vamos refletir sobre o que ditaram os integrantes das Sagradas Fileiras, tendo Silvestre como porta-voz:

> A Reforma, tal qual se a concebe no seio da mais intrincada de todas as fases dos Crísticos Adventos, é, para todo o sempre, uma verdade inconteste... Por assim ser, não carece de imposição, barganha ou artifício, visando sua aceitação... Todavia, não pode prescindir da boa vontade, da mesma forma que a espécie humana não pode prescindir da água...

Silvestre, em nome das Sagradas Fileiras, escreveu a respeito dos sete fatores distribuídos nas cabalas anunciadas e de pleno domínio dos adventistas:[6]

> — **Perseverança na autocondução —** Significa, acima de tudo, a capacidade individual e intransferível de avaliação e reavaliação do caminho até então percorrido, tomando por base a diretriz preestabelecida para cada espírito em suas diversas vivências (reencarnes sucessivos.)...
> Se o espírito convicto ou imbuído de boa vontade e, portanto, prestes a despertar conseguir atingir um relativo grau de consciência almada[7] que lhe permita certificar-se dos próprios resquícios e consequentes resgates, então, asseguro-te[8] e aos demais que tal espírito já venceu o primeiro óbice rumo à ascensão...

[4] Tais espíritos estão tendo a derradeira oportunidade reencarnatória da Terra, pelo menos durante os próximos 6.666 anos terrenos, segundo Ramatís, através de Hercílio Maes.
[5] Detalhes no Capítulo 77 do livro *Adventos Crísticos* do mesmo autor.
[6] Essa mensagem consta também no livro *A Arte de Interpretar a Vida*, do mesmo autor, 3ª edição, em 2015, **EDITORA DO CONHECIMENTO**.
[7] No texto tem o sentido de encarnada... Espírito encarnado.
[8] Mensagem dirigida ao autor.

— **Amorização das criaturas e sentidos** — Ao se partir da premissa de que amorizar é harmonizar-se com a divindade, é possível afirmar que amorizar as criaturas através dos seus sentidos significa harmonizar nelas as atitudes e ações, buscando aproximá-las de seu Criador, que não habita alhures porque se integra ao elemento vital ou sopro de vida que anima os seres... É mister que se entenda o significado do termo ***harmonia*** com o Criador para que o humano encarnado não passe mais alguns milênios preso à concepção de um Deus longínquo e inacessível, posto que apenas uma Fonte Imaterial...
Assim, exortamos todos à cabível compreensão: caminhar rumo à ascensão não implica renunciar ao vivenciamento natural almado, tão pouco carece o homem de abdicar da alegria para mergulhar no abismo da profunda dor com vistas à ascensão... Não, não, muito ao contrário... Assevero a todos que o Pai comunga em melhor sintonia com os felizes, com os libertos, com os conscientes; enfim, com os convictos da Eterna Fé. Isso porque os infelizes, os embotados, os insensatos, indiferentes ou órfãos da Fé não conseguem sintonizar a mente universal do Eterno Pai... Tal dádiva só se efetiva na medida em que o enregelamento cede lugar ao calor amoroso e, por assim ser, torna o homem gloriosamente receptivo, natural e ascensional. Tem-se, por assim ser, que aos que se incendeiam pela revolta, seja ela justificada ou injustificada, o baixíssimo teor energético se faz uma constante, muitas vezes irreversível, levando-se em conta o tempo exíguo de alguns encarnes...
Refletir é, pois, necessário no que concerne à conscientização da trilha a ser percorrida ou, melhor, vencida em todos os seus meandros... Todavia, é fundamental que se faça a distinção entre ***conscientização*** e ***resignação...***
Se o ***primeiro*** termo promove o progresso ascensional e meritório, o ***segundo*** propicia o aniquilamento do humano ser, sua perniciosa acomodação, seu nefasto descortino do trágico, insustentável e irrecuperável, acarretando em última instância a estagnação almada (enregelamento)...

— **Boa vontade reformadora** — Respaldados na cabala sétima, é possível afirmar que todos os itens se ligam ou se amarram uns aos outros por indefinível força de coesão... Em assim sendo, mister se tornam a compreensão e a detenção desses dois itens (**Perseverança na Autocondução** e **Amorização das Criaturas e Sentidos**) para que a boa vontade se instale na alma humana de maneira plena. Entretanto, é plausível a existência da chamada **boa vontade de despertamento**, ou em grau inicial, que não ocorre de forma perene, mas carreia aos seus portadores considerável dose de lucidez na busca do conhecer para libertar a si mesmo ou a outrem, a seu mais próximo ou à coletividade... Assim, em uma tentativa consensual, definiremos **boa vontade** como sendo imperioso impulso renovador e instrumento único e individual atrelado a todas as formas ou facetas da Reforma... Um **imperioso impulso** também se define por incontida força, recôndita e indestrutível, posto que direcionada ou enraizada no âmago da Divindade, fazendo repercutir no universo harmônico a força de ligação criatura / Criador...

— **Fraternidade direcionada** — Se a fraternidade já se constitui do primeiro elemento da mais perfeita e amorosa das cabalas[9] por nós outros introduzidas no aprendizado adventista, então, direcioná-la se torna a mais fácil das tarefas ascensionais. Isso porque ela, a fraternidade, está ao alcance de todas as almas, encarnadas ou não, independentemente de raça, credo, povo ou religião... Exercitar a fraternidade, sem pieguismos ou falsa doação, caritativa ou ética, é o princípio, o meio e o fim do acesso ao sublimado pedestal dos de boa vontade postulantes à ascensão...

— **Disciplina na consecução** — É por demais primária, posto que o fundamento básico dos **Adventos** nela se apoia e dela não prescinde. Todavia, sabemos nós, teus confrades deste Plano Luz, como te causa espécie o termo **consecução**. Assim absorvemos tua dúvida e nos permitiremos a singela explanação: **consecução** é o mesmo que tentar muitas vezes até conseguir determinada façanha, faceta, nuance ou mister incluído na trajetória humana encarnada ou desencarnada... Por esta razão atribuímos ao termo *consecução*[10] a conotação de vivências ou roupagens diversas no campo reencarnacional...

— **Conhecimento para o despertar** — Asseguro-te, caríssimo, que deste conhecimento enquanto elo de sublime força na ligação intercabalística dependem, sobremaneira, a perseverança autocondutiva, a amorização dos almados seres, a adoção da força, ou impulso superior, da boa vontade e o despertamento da fraternidade direcionada e disciplinada na consecução. É, pois, fundamental o esclarecer: impossível apreender ou com-

[9] As Sagradas Fileiras solicitaram que atentássemos para os efeitos energéticos quando pronunciássemos determinados nomes e palavras, como, por exemplo, Francis, Vontade, Nazareno Mestre e outras, todas com a vibração da cabala sétima.
[10] No texto tem também o sentido de reencarnação.

preender o que não se conhece...

— **Desejo de apaziguar** — Pouco necessitamos falar sobre este item, uma vez que a compreensão dos demais quesitos já nos dá a ideia exata deste apaziguar... Senão vejamos: é possível, lógico ou coerente, à percepção do homem ascensionar sem estar imbuído do desejo de paz?... A resposta se faz límpida perante teu raciocínio e de teus diletos ouvintes e comandados: **impossível**...

Individualmente esse fato é realmente verídico, posto que se o interior humano não se fizer apaziguado **não lhe será possível sintonizar as forças divinas**. Entretanto, também te posso afirmar: todos os ascensionados vivenciaram a guerra, em moldes ou estados diversos, e a venceram internamente. Nela se fortaleceram e aprenderam a cultivar a paz... Persiste, por assim ser, em todos os postulantes ascensionais, o anseio infindável, quase insaciável, de apaziguar, porém, **não é possível cativar a paz aquele que não viveu a guerra**...

Capítulo 23
A sacratíssima missão do Brasil

Pergunta 127: - Ao observarmos a conduta dos povos com suas tradições, culturas, etnias, religiões estáticas, pois dogmáticas, imaginamos como será o árduo desempenho do Brasil para conscientizar uma sociedade planetária sobre o sentido sagrado da vida. Seria possível apresentar algum ponto de apoio para servir de parâmetro às nossas elucubrações, às nossas reflexões mentais, na proposta de renovação do Cristianismo?

Resposta: – Entre os quatro pilares da sociedade, o que mais emperrou a evolução espiritual foi o religioso, já que por ignorância, conveniência ou outras causas quaisquer, de um modo geral, não esclareceu aos seus adeptos quanto às leis fundamentais da Criação — a da Reencarnação e a de Causa e Efeito —, razão pela qual os séculos e milênios passaram e continuamos matando e morrendo em nome do Autor da Vida — **DEUS**.

Assimiladas as duas inquestionáveis leis universais, o ser humano passa então a:

— Viver em eterna gratidão pela sacratíssima oportunidade de mais uma reencarnação...
— Considerar o seu corpo biológico uma pérola preciosa, não se permitindo contaminá-lo com elementos tóxicos, tão comuns aos viciados de um modo geral...
— Conceber que os óbitos na infância, adolescência e juventude deixam de existir, porque, com a sociedade vivendo fraternalmente harmonizada, o ***desencarne*** ocorrerá no tempo certo, conforme a programação espiritual de cada ***reencarne***...
— Não reclamar dos acontecimentos corriqueiros da vida no

plano material, pois, como se sabe, ***não existe acaso na Obra de Deus***. Portanto, não reclamar é salutar e vital conduta para que, assim, não antecipe o seu desencarne, fato ainda tão frequente nos dias atuais...

— Empenhar-se, com dedicação e motivação íntima, ao seu polimento espiritual, para não ter ressonância agressiva com as questões menores da vida... Aquelas que empolgam negativamente os espíritos de pouca evolução e desprovidos da eterna Fé...

— Desejar e praticar o bem aos seus semelhantes, independentemente de qualquer vínculo afetivo, visto que ***toda ação gera reação***. Simplesmente ***praticar o bem sem olhar a quem*** com a convicção de que o **efeito** *retorna* **à causa**...

— Buscar frequências progressivamente superiores, as quais não são alcançadas pelos espíritos que vivem nos seus atoleiros psíquicos, tombados pelo remorso ou pelo sentimento de culpa. Devemos investir nos conhecimentos transcendentes para nos libertarmos das reencarnações compulsórias, aquelas que servem para "queimar" carmas.

Deduz-se com clareza e segurança que renovar o Cristianismo é renovar o cristão. Imaginemos a revolução mental de uma pessoa que não concebe a Lei da Reencarnação e luta para defender o seu Deus, o seu provisório torrão pátrio, a sua bandeira etc., quando, daqui a alguns instantes, poderá reencarnar em outro país, outro planeta, outro Sistema, outra constelação, outra galáxia, para adquirir a sua cidadania universal na condição de um ser cósmico, eterno e imortal.

Pergunta 128: - O cristão sabe que a Moral consiste em o espírito evoluir a ponto de amar a Deus sobre todas as coisas. Como o Brasil, predestinado a ser um Celeiro de Luz para iluminar a consciência do espírito terrestre, processará esse evento?

Resposta: – O Sol ilumina a todos, mas não arbitra para tirar a liberdade daqueles que preferem viver nos seus escombros psíquicos. O Brasil tem a sacra tarefa de iluminar a todos, mas aqueles em que na sua vida mental prevalecer o instinto do animal não terão condições, por enquanto, de dar a devida atenção ao chamado que o momento histórico do planeta solicita, do qual o Brasil é o porta-voz. Nesse caso, a sua biologia ainda estará se sobrepondo à sua ideologia. Por isso, muitos preferirem continuar "residindo nas suas tocas psíquicas".

O seletivo momento de transição planetária está sendo processado pela correspondência vibratória... Pela Lei da Ressonância, o que implica aludir que as almas portadoras de biológica de nível inferior não atingirão em tempo hábil o grau de consciência exigido pela Lei da Evolução para a Era de Aquário, tendo em vista que o peso específico do seu perispírito estará elevado, isto é, acima do permitido para continuar reencarnando na Terra.

Pela lógica, atendendo à Lei dos Afins, os portadores de perispírito de pouca evolução ou pejados, cheios de toxinas, encarnados ou desencarnados, deixarão este orbe e serão levados para mundos inferiores mais adequados aos seus estágios evolutivos, o que ressaltará a Infinita Bondade de Deus em ação.

O Brasil para cumprir a sua predestinação deverá se ater aos princípios ético-morais que constam no Evangelho do Porta-Voz do Cristo na Terra — Jesus de Nazaré — e precisará:

> — Desfazer do psiquismo do ser humano as culpas atuais e as pretéritas, vez que o sentimento de culpa, além de corroer a alma, diminui substancialmente a esfera áurica, facultando acoplamentos psíquicos com os espíritos refratários às mudanças solicitadas pelo momento histórico da Terra...
>
> — Esclarecer todos os povos do mundo de que tudo evolui na Criação, principalmente a **Moral**, sabedor de que a Moral cristã é a ligação do espírito com Deus, pois o ***religare*** ocorre na mesma proporção da expansão da sua consciência. Naturalmente, quem sente Deus de maneira mais abrangente, tem a sua **Ética** ampliada para proporções universalistas, advindo a magnífica e fraternal relação social...
>
> — Induzir evangelicamente os integrantes da sociedade à aquisição de ensinamentos libertadores, claros e objetivos, para que vivenciem os ensinamentos superiores trazidos até nós pelos Instrutores Espirituais.

Mesmo estando o Brasil predestinado a ser um Celeiro de Luz para iluminar a consciência do espírito terráqueo, fica claro que o protagonista[1] é o ser humano.

Por se configurar que faz parte do instinto da vida todas as criaturas "retornarem" conscientemente ao Criador, é esperado

[1] Personagem principal de uma narrativa, como obras literárias, cinematográficas, teatrais ou musicais, em que a trama do enredo é desenvolvida. As principais ações são realizadas por ele ou sobre ele. Fonte: Wikipédia.

pelos espíritos integrantes das Sagradas Fileiras que o Brasil elabore um programa de nível superior para envolver os quatro pilares da sociedade, alertando-os de que é chegado o momento de os seres humanos terrenos, na condição de ***Filhos Pródigos***, se empenharem na sua **REVERSÃO —** no retorno consciente a **Deus** convictamente.

Pergunta 129: - Cada pessoa é responsável por construir o seu destino e, assim sendo, não devemos atribuir a outrem os nossos erros e acertos. Dado que a história da humanidade terrena foi escrita por todos os povos, por que então os brasileiros receberam a incumbência da renovação do Cristianismo?

Resposta: – Sabemos que é muito breve o tempo de cada reencarnação e, por isso, não devemos nos preocupar com as nacionalidades, considerando que também são passageiras, mas sim com as condições fraternas dos espíritos terráqueos atualmente encarnados no Brasil.

Por meio da mediunidade de Hercílio Maes, Ramatís afirma que:

> Para o Brasil cumprir a sua sagrada predestinação espiritual, os coordenadores[2] espirituais escolheram espíritos de todas as nações que fossem portadores de excelente cota de fraternidade para reencarnarem no ***Brasil*** nesta fase de transição planetária, a fim de o transformarem em ***Coração do Mundo, Pátria do Evangelho***.

O propósito dos que estão vivendo no Brasil deve ser:

— A transformação de si mesmos em arautos da Divindade e, para tal, precisam fazer uso da força moral já adquirida e, fraternalmente, abraçarem os povos espalhados pela Terra, tendo sempre em mente a necessidade de se esterilizarem para que não fiquem contaminados pelas energias regozijadas, exultadas das consciências refratárias à luz, já que o astral interior terrestre se encontra em grande desarmonia. Em face dessa turbulência, o momento requer de todos o ***orai e vigiai...***
— Adquirir ensinamentos com literaturas espiritualistas, mas, acima de tudo, com a exemplificação de como deve agir cada

[2] Ressaltemos que para a implantação dos **Adventos Crísticos** o coordenador e norteador é o ascensionado Apolônio de Tiana.

cristão para se libertar do sentimento de culpa, começando pelo autoperdão...
— A construção, em seu mundo íntimo, de uma estrutura psicológica blindada, sabendo que as aquisições morais de defesa são geradas dentro do ser humano por esforço pessoal, vez que a Lei de Deus não permite que sejam herdadas para que ele possa ter condições de resistir às turbilhonantes tempestades existenciais, tão comuns nos mundos primários. Vale relembrar que ninguém consegue desfrutar da Sagrada **Bonança** enquanto não passar pela **Tempestade** com equilíbrio e harmonia. Também é de bom senso não esquecer que ***não existe proteção superior à honestidade***, segundo Pietro Ubaldi.

Mesmo sendo o Brasil a sede do Cristianismo Renovado, tal realidade não invalida a participação consciente de toda a humanidade, considerando que:

— Os espíritos que darão sequência à evolução da sociedade terrena, evidentemente mais polidos, já não estarão disputando poder nem domínio, mas empenhados na evangelização de todos, independentemente dos seus torrões pátrios...
— Após a tempestade apocalíptica em curso, os espíritos aprovados para, por mérito, continuarem reencarnando na Terra já assimilaram a Lei do Perdão, tendo em vista que não há possibilidade de ninguém viver em liberdade íntima enquanto alimentar em si o desejo de vingança. Faz-se necessário relembrar que só é viável perdoar, verdadeiramente, os seus supostos adversários após o autoperdão...
— A vingança nos liga aos espíritos do baixo astral e nos prende aos nossos imaginários "inimigos". É de bom senso então que não incorporemos a energia da vingança à nossa personalidade para não neutralizarmos, temporariamente, as energias impulsionadoras da vontade criadora, razão pela qual enfraquecemos as aspirações de vivenciarmos os princípios ético-morais ensinados pelo Meigo Mestre — Jesus de Nazaré.

Caberá ao Brasil a tarefa de esclarecer, com veemência, firmeza e doçura, a sociedade planetária a respeito da infalível Lei de Ação e Reação, conforme temos falado constantemente, para que todos alcancem o significado sagrado do **perdão**, considerando a grandeza da sua força moral, já que na Obra de Deus tudo é perfeito. Desse modo, o ser humano estará em condições de vivenciar a lição do Sublime Anjo Planetário — o Nazareno

Mestre — de acordo com o que consta em Mateus 18:21-22 e Lucas 17, 3s: *Perdoai setenta vezes sete.*

Também caberá ao Brasil levar a humanidade a compreender o significado sagrado da **honestidade** para que cada espírito encarnado coloque o seu *talento* integralmente a serviço da vida, abdicando, consequentemente, dos empreendimentos que conduzem os seus semelhantes à morte, pois, enquanto ele não sacralizar a vida no seu mundo interior, continuará demonstrando ao universo exterior a sua falta de força moral, ou seja, a falta da ligação consciente com Deus.

Pela logicidade da Lei do Criador, é indispensável que nos autoperdoemos para que tenhamos condições reais de conceder perdão à história do mundo escrita por nós através das sucessivas reencarnações, as quais sempre nos espreitam e acompanham.

Pergunta 130: - Embora os **Adventos Crísticos** *seja uma proposta que envolve os quatro pilares da sociedade (Científico, Social, Artístico e Religioso), é possível traçar um perfil de como será conduzido o Pilar Religioso, tendo em vista que a pura e cristalina mensagem do Cristo trazida à Terra pelo Nazareno Mestre foi transformada em Religião?*

Resposta: – Sabemos que a evolução espiritual é eterna e que a Natureza não dá saltos. Em sendo assim, não é possível elaborar uma projeção precisa e definitiva, considerando que a capacidade de assimilação depende do nível, do patamar da evolução do espírito.

No entanto, apoiando-nos nas Constantes Universais, podemos antever:

— Que gradativamente os rótulos das religiões deixarão de existir, tendo em vista que o ser humano ao frequentar uma Escola Espiritual Secundária passa a se graduar progressivamente à religiosidade, e, por ser essa religiosidade universalista, o seu maior empenho será alcançar a frequência do Cristo-Amor representado pelo Seu angelical porta-voz — Jesus de Nazaré. Para que aconteça, deverá estar em harmonia com as Leis da Vida elaboradas por Deus — a Suprema Inteligência... O Supremo Legislador... A Perfeição em Si...

— Que o cristão, sem os amuletos das religiões, naturalmente portador de visão universalista e de elevado espiritualismo, não se deterá nas questiúnculas das religiões, aquelas mais comuns aos espíritos infantis. Sua dedicação será aprimorar a sua alma para entrar em ressonância com as consciências das policrômicas esferas superiores...

— Que os encarnados portadores de religiosidade são almas fraternas, humildes, mansas, pacíficas e pacificadoras e transportam elevado índice de ponderação, o que lhes faculta serem cristãos-crísticos, cujas energias exsudadas, expelidas do seu mundo íntimo servem de alento devocional para impulsionar os seus semelhantes ao ***religare*** consciente.

❁ ❁ ❁

Adventos Crísticos

Lupercius, o líder da Reforma Doutrinária do Cristianismo Renovado, é auxiliado por incontáveis espíritos evoluídos e outros tantos ascensionados. Entre eles se encontram as Ordens Religiosas dos Beneditinos, Dominicanos, Agostinianos e Alexandrinos.[3]

> Alexandrina, alma nobre, perseverante, lutadora pela causa Crística, entusiasta mor de sua priora junto à Ordem das Clarissas, integra hoje magnífica legião cuja atuação precípua preconiza a cristificação humana nos moldes de Sua idealizadora ou pioneira na FÉ, quais sejam: amor, desprendimento, caridade, alegria, solidariedade e paz.
> Busquemo-la em perene Glória, pois que a radiosidade dela emana em sublime concessão.
> Louvado Seja. (As Fileiras.)

A organização e a disciplina do Plano Espiritual Superior são impressionantes, considerando a distribuição de tarefas realizadas pelos espíritos em função das suas especializações. Vejamos, por hora, o caso de Augustus, o ***Olhos de Lince***, conforme escreveu Silvestre em nome das Sagradas Fileiras:

> Se a Reforma, por si só, exalta a complexidade da ação dual, cuja individualização é capaz de fazer emergir ou escamotear facetas do humano encarnado, então vale, por certo, ressaltar os postulados de

[3] Alexandrina é a líder da Ordem Religiosa dos Alexandrinos. Ela fez parte da Ordem das Clarissas. Detalhes no livro ***Adventos Crísticos***, do mesmo autor, 4ª edição, em 2017, **EDITORA DO CONHECIMENTO**.

Augustos, *o Olhos de Lince*, tomando por base a intensificação de seu desempenho a partir do primeiro dia do mês terreno de maio do ano em curso (1995)...
Bem sabes tu,[4] nós outros e teus diletos comandados que o chamado **lobo** é possível travestir-se ou transmutar-se em **cordeiro**, não sendo verdadeira a recíproca, posto que ao **cordeiro** desarmado do "hipotético teor" ou "falso brilho" seria impossível uma atitude ou ação malévola, já que, por inerência transcendente, não é ele (o cordeiro) refratário à luz ou aos fatos que dela derivem...
Assim, se ao **lobo** é permitido o "desempenho", até que, na plenitude de sua insidiosa ação, possa ele ser desmascarado, o mesmo jamais seria atribuído ao **cordeiro**, pois que inserido foi, está ou é nos sacratíssimos ditames do Cristo-Pai, mesmo que, em alguma época, tenha sido toldado o seu empenho pelas formas já conhecidas de enregelamento,[5] desde que despido de recalcitrância ou irreversibilidade...
Há que se atentar, também, para a questão da irreversibilidade no tocante à atuação do *Lince*, através do desnudar interiorizado e individual...
Isso implica, portanto, ser a ação irreversível do *Lince*, uma vez desencadeada de:

— Revelar o "lobo" como verdadeira identidade...
— Exaurir o "lobo" até sua total neutralização em caso de não haver recalcitrância...
— Normalizar as atitudes "flutuantes", desde que apoiadas na boa vontade, oportunizando o vislumbre da luz...
— Fazer emergir do mundo interior do indivíduo a luz nele contida, mas, ainda, não revelada (toque individual despertador da Força Crística ou Força Superior...).
— Buscar na ação conjunta do "quadrante-comando"[6] liderado pelo Divino Lupercius, o perfeito

[4] Mensagem dirigida ao autor.
[5] As Sagradas Fileiras anunciaram que, nos últimos 18 séculos, um número imenso de espíritos que sofreram fortíssimas violações morais, principalmente com estupros, se decepcionaram com os seus "deuses" e suas religiões, ficando enregelados psiquicamente. Nessa fase de transição planetária, parte deles está encarnada e a outra parte, desencarnada.
[6] Formado pelas quatro ordens religiosas: Beneditinos, Dominicanos, Alexandrinos e Agostinianos.

encadeamento das ações rastreadora[7] / aparadora de arestas[8] / despertadora da Força Superior consolidadas na sublimidade de Amoedus, Avellinus e Nicanor...[9]

— Invocar as ***três perdizes do consentimento divino***,[10] em que se assentam as diretrizes dos Adventos do Cristo-Pai legados à humanidade por seu crístico filho, porém não único, o Nazareno Mestre...

— Fazer trabalhar intensamente, projetando-as aqui, ali, acolá, alhures, na "ação" recondutora do cordeiro para que a outros cordeiros se associem as ações resultantes dos labores advindos das **perdizes**, fundamento Superior da igual Força, sem prescindir da indispensável disciplina...

Se a "ação do lince", uma vez desencadeada, se torna irreversível, seja para o **cordeiro**, o **lobo** ou os **flutuantes**, então é possível afirmar que o cotejar: lince/lobo, lince/cordeiro ou lince/flutuantes trará como resultante a "Divina Força", já que suas componentes rastreadoras — aparadoras de arestas e despertadoras da Força Superior — concorrem para um único fim.

Reflitamos com mais atenção sobre os três itens a seguir que estão a cargo de Augustus, o ***Olhos de Lince***:

— Exaurir o lobo, apascentando-o se não houver recalcitrância...

— Promover os indecisos (flutuantes), motivando-os ao reencontro reformador...

— Glorificar os convictos ou cordeiros, impulsionando neles as crísticas desenvolturas ou desempenho essencial.

[7] Amoedus, *o rastreador*.

[8] Avellinus, o aparador de arestas.

[9] Nicanor, o detonador da Força Supeior.

[10] Olhos, ouvidos e boca.

Capítulo 24
O poema cósmico proferido pelo Nazareno Mestre

Pergunta 131: - O paradigma dos **Adventos Crísticos** *é trazer ao plano material a verdadeira palavra proferida por Jesus e que se encontra em* **A Arca do Desconhecido,** *no arquivo Akásico da Terra. Quais os benefícios que tal evento trará à sociedade planetária?*

Resposta: – O Nazareno Mestre, na Sua angelical condição de médium do Cristo Planetário Terráqueo, sintetizou as Leis de Deus nas Suas monumentais pregações e, consequentemente, as verdades terrenas e universais no Evangelho.

Com a mensagem de *A Arca do Desconhecido* na pauta da vida:

— O humano ser, após assimilar o poema universal declamado pelo Nazareno Mestre gravado no éter cósmico e guardado na sagrada *Arca*, que contém a sublime mensagem de renovação espiritual com as diretrizes **morais** para que viva a fraternal **ética** evangélica, se sentirá magnificamente motivado e entusiasmado para também declamar um poema de gratidão ao Cristo-Pai por ter enviado o Seu angelical filho ao Plano Físico da Terra a fim de ensinar lições de amor à vida e ao Autor da Vida...

— Esse ser humano também fará reverberar a essência das parábolas na consciência dos portadores de boa vontade e dinamizará as suas mentes para que entrem em ressonância com o Cristo — a Fonte da Vida Planetária —, acionem os seus Cristos Internos, se autoiluminem e vejam com olhos de pureza angelical a fulgurante beleza do Evangelho do poeta da beleza — o Mestre Jesus...

— O homem-espécie do século XXI, naturalmente mais sensível ao que transcende à vida puramente existencial, processará o seu quimismo divino, facilitando que os ensinamentos do Evangelho do Sublime Peregrino sirvam para auxiliar no norteamento daqueles que se dedicam aos estudos e à reflexão sobre os postulados libertadores ensinados e vividos pelo Pedagogo Celeste — o Nazareno Mestre.

Embora todos sejam beneficiados com o Evangelho de *A Arca do Desconhecido*, fica óbvio que as benesses que tal evento trará à sociedade planetária não podem ser padronizadas, visto que dependerá do grau de evolução de cada espírito para aprender, apreender e vivenciar os ensinamentos.

Pergunta 132: - Como avaliarmos o teor divino constante no Poema Cósmico declamado por Jesus no inesquecível e eterno Sermão da Montanha?

Resposta: – Enquanto as Bem-Aventuranças, que são de visão universalista, vez que expressam as Leis de Deus, não forem compreendidas pelo cérebro e sentidas pelo coração, o ser humano não se dedicará ao seu autopolimento espiritual para valorizar a suprema finalidade da reencarnação e, tampouco, se empenhará em evoluir para ascender. É preciso que tais ensinamentos deixem o nível do entendimento intelectivo, considerando que, se a pessoa permanecer excessivamente cerebral, denotará que ela ainda não atingiu a sensibilidade adequada para alcançar os objetivos educacionais ético-morais contidos, em essência, nas Bem-Aventuranças do Sublime Anjo.

Pergunta 133: - Em todas as épocas, os encarnados, representantes da Divindade, cultuaram a moral com um peso sobrenatural, um semblante carregado para demonstrarem seriedade para com os Haveres dos Céus, falta de alegria na condução da vida, paramentos como distintivos demonstrando a sua infância espiritual. Como a proposta dos **Adventos Crísticos**, ***apresentada à sociedade pelo Brasil, conseguirá anular esse fato relativo à vida mental e comportamental dessas pessoas?***

Resposta: – A Lei da Evolução não permite que anulemos o nosso passado, pois ele sempre será um componente da nossa história. Jesus, por exemplo, quando encarnado não propôs que anulassem os ensinamentos propostos pelos Seus antecessores. Apenas acrescentou novos postulados para que o homem-espécie, por esforço pessoal, assimilasse e vivenciasse as novas lições de libertação íntima, a fim de galgar novos níveis de consciência, tendo em vista que a Lei da Evolução não permite que a estagnação se eternize.

Na Nova Era:

— As clausuras serão "demolidas" da concepção humana, e o cristão, sem postura conventual, viverá alegremente sob os esplendorosos raios de sol,[1] portando semblante rosado, brilho nos olhos e voz com o calor da vida...
— A Proposta Adventista mostra para o ser humano as condições de como funciona a Lei da Evolução para que ele estude e se esclareça quanto ao eterno transformismo e, assim, possa se libertar emocionalmente do seu passado, sem querer anulá-lo, e a fazer novos investimentos para evoluir e ascender, obedecendo ao Empuxo Divino do eterno *vir a ser*. O nosso passado serve de sólido alicerce para o presente e o presente para embasar o futuro...
— Não há necessidade de ninguém se autopunir para seguir os princípios ético-morais propostos pelo Nazareno Mestre. A **moral**, isto é, a busca de Deus deve ser empreendida com alegria e entusiasmo para que a **ética** na vida relacional seja evangelicamente transparente, festiva e motivadora.

Em sendo o próprio homem a religião do Terceiro Milênio, perdeu o sentido ele usar paramentos para representar a Divindade... Fazer discursos sobre moral e ética e viver apartado desses ensinamentos superiores... Subir ao púlpito para falar sobre os *tesouros celestes* quando, na verdade, está usando da astúcia para se locupletar com os *tesouros terrestres*.

Pergunta 134: - A moral cristã é o progressivo amor que o ser humano tem por Deus, e a ética é o progressivo amor pelos semelhantes. De que maneira o Brasil conseguirá cientificar os povos para a finalidade sagrada da vida, a ponto de amarem a Deus sobre todas as coisas e ao próximo como a si mesmos?

Resposta: - Por ser da Lei do Criador que tudo evolui no Universo, não condenemos o nosso passado, mas, se pretendemos continuar reencarnando na Terra, procuremos entender as exigências que a Era de Aquário solicita, para adquirirmos, o quanto antes, nova **moral** e nova **ética**. Para tal, aquele que conseguir

[1] Tivemos uma época em que as carmelitas não podiam tomar banho de sol.

vivenciar a essência doutrinária contida no Evangelho do Meigo Jesus sem se autopunir terá a sua vaga garantida neste planeta.

Logicamente que não tem sentido, atualmente, alguém conceber que é virtude o ser humano sofrer ou fazer penitências para alcançar os Céus. De que valerá o sofrimento se faltar a compreensão? Na verdade, a virtude consiste em não perder o prumo, nem sair do rumo quando as dificuldades surgirem. É contraproducente a criatura pretender se espiritualizar sem o autoconhecimento. O máximo que conseguirá é se autopunir com a autoagressividade, tendo em vista que é ilusão alguém pretender alcançar o Céu fazendo as infantis penitências na Terra e querer "matar" a sua *serpente* íntima para adquirir a mansuetude da *pomba* sem antes se graduar com os conhecimentos libertadores.

Pergunta 135: - No Evangelho cristão consta Jesus ter dito: Eu sou o caminho, a verdade e a vida. Nós, espíritos menores, também podemos ser o Caminho, a Verdade e a Vida ou tal tarefa só os anjos podem cumpri-las?

Resposta: – Os espíritos terrenos mais lúcidos quanto ao dinamismo da vida no Universo de Deus, por mérito, continuarão na Terra, pois já se encontram capacitados; outros, no entanto, precisarão ativar as suas potencialidades divinas e assimilar o conteúdo essencial do munificente Evangelho do Nazareno Mestre; também existem aqueles que, em razão do exíguo tempo para as grandes transformações na Terra, já não terão tempo hábil para se graduarem ao nível de uma Escola Secundária. Compulsoriamente terão que deixar a Terra.

Jesus falou que *também era o Caminho, também era a Verdade e também era a Vida*, deixando evidente que Ele não foi o único, o que é lógico, vez que a humanidade sempre teve os seus Instrutores Espirituais.

Para nos tornarmos *também o caminho, também a verdade e também a vida*:

> — É necessário que a mensagem ensinada por Jesus seja transformada em vivência por nós, visto que Ele sintetizou as Leis do Criador com a sinalização do **Caminho** que o espírito deveria percorrer para evoluir e ascender...
> — Aceitemos sem relutância que ninguém ascenderá antes de se graduar à *misericórdia do ver, ouvir e falar.* Daí o Evan-

gelho-essência ser o maior acionador de consciências, propiciando aos encarnados, pela leitura reflexiva de ensinamentos libertadores, o aumento do seu quimismo divino responsável pela compreensão quanto às **Verdades** Eternas...
— A evangelização é incontestável mecanismo para que a alma na vivência vá se trabalhando no sentido sagrado de trazer ao consciente as suas potencialidades latentes e se tornar um estimulador do metabolismo divino, auxiliando os seus semelhantes no sentido de que concebam a **Vida** eterna.

Para o ser humano se tornar *também* o *Caminho, também* a *Verdade e também* a *Vida* deve pautar a sua existência seguindo os princípios ético-morais contidos no Evangelho do sublime anjo — o Nazareno Mestre.

O Evangelho é o **Caminho** que reconduz a criatura à intimidade do Criador e a integra à vivência autêntica das leis, que são a manifestação da **Verdade**. Dessa forma, ela se conscientiza cada vez mais em investir na sua paulatina angelização e em se entregar emocionalmente ao infinito metabolismo para a **Vida** eterna do espírito imortal.

❁ ❁ ❁

Adventos Crísticos

Em sendo *Brasil, a Luz do Mundo* um convite para se refletir sobre o Evangelho do Amado Mestre — Jesus de Nazaré —, extraímos do livro *O Evangelho e a Lei de Deus*,[2] no qual consta, em linguagem universalista, a metafísica do Evangelho, a mensagem que segue:

— Uma vez que, na condição humana, a maior autoridade moral na Terra - o Nazareno Mestre - viveu a mensagem essencial proposta no Seu Evangelho, patenteou que quem seguir os princípios ético-morais evangélicos estará, naturalmente, amparado pela Lei de Deus. Obviamente, quem vive fora da Lei não tem o amparo das Leis da Vida, legisladas pelo Autor da Vida - **Deus**...
— Embora sendo o Evangelho o mais perfeito tratado cósmico para orientar os humanos de qualquer morada no espaço sideral, os espíritos de pouca experiência de Deus não se permitem

[2] Livro do mesmo autor, 3ª edição, em 2012, **EDITORA DO CONHECIMENTO**.

ser metamorfoseados em luzes ao sofrerem o Tropismo da Divina Luz do **Sol Divino** – Jesus de Nazaré...

— No entanto, é com essa transmutação consciente que eles começam a sua autoiluminação e passam a sentir, devido ao autodescobrimento, a pulsação do Criador em si e nas criaturas, o que os leva a emitirem sublimes vibrações de fraternidade e de irmanação...

— O Evangelho, como síntese das Leis de Deus, orienta tanto a trajetória evolutiva do homem-espécie quanto o movimento do universo estelar, pois não existe distância entre o Universo criado e o Seu Criador, pois Deus é Uno...

— O Nazareno Mestre, porque sincronizado com a Fonte Eterna da Vida, pelo Seu sagrado coração fluíam vibrações do Seu Amor, as quais, captadas pelas pessoas, regurgitavam dos seus universos íntimos os mais crísticos sentimentos, reaprumando suas almas a ponto de se sentirem em estado de êxtase espiritual, o que lhes propiciava a recomposição do metabolismo dos seus corpos, os quais eram curados instantaneamente...

— Jesus, o Porta-Voz do Cristo Planetário, porque vivia em ligação direta com as mansões celestiais, tudo que advinha Dele trazia o nutriente revitalizador proveniente do Autor da Vida - **Deus**... A voz do Sublime Anjo era uma associação de som, perfume e cores que serviu de medicamento para as doenças da alma e do corpo, razão pela qual centenas de pessoas foram curadas apenas por ouvirem a **Sua Voz**. É sempre bom relembrar que **Deus fala aos homens através dos homens**.

Capítulo 25

A economia mundial à luz do Evangelho

Pergunta 136: - Sabe-se que, quando se trata de evolução espiritual, a natureza não dá saltos. Qual o ponto de apoio para admitirmos que na Era de Aquário os conflitos entre os povos diminuirá e a sociedade passará a seguir os princípios ético-morais evangélicos e, fraternalmente, se abraçar em flagrante regozijo, em êxtase espiritual?

Resposta: – Realmente, a natureza não dá saltos, mas não nos esqueçamos de que a humanidade está em fase de transição planetária, momento seletivo em que o **joio,** representado pelos *gananciosos, avaros, mentirosos, idólatras, feiticeiros etc.*, conforme consta no Evangelho cristão, está sendo separado do **trigo**. Como consequência, os espíritos mais polidos que, por mérito, continuarem reencarnando na Terra assumirão conduta pautada nos ensinamentos do Arauto do Cristo-Pai — Jesus de Nazaré — em condições reais para serem os administradores do mundo. Por processo natural, os povos fraternalmente se unirão, formando uma potentíssima corrente de solidariedade planetária, e, então, a economia mundial assumirá postura embasada na imortalidade do espírito eterno.

> O conflito não é entre o bem e o mal, mas entre o conhecimento e a ignorância. (Buda.)

Pergunta 137: - Quando o homem-espécie concebe a imortalidade e a eternidade do espírito, o que muda no modo de ser?

Resposta: – De imediato, tem aumentada a capacidade de amar ao Criador e, como consequência, começar a exteriorizar seus nobres sentimentos pelas criaturas. Também, sem qualquer dúvida quanto à Lei de Ação e Reação, manter sua conduta de acordo com este item da Lei de Deus:

A semeadura é livre, mas a colheita é obrigatória.

O ser humano ao conceber a eternidade e a sua imortalidade sabe também, por evolução espiritual, que as Leis Supremas de Regência Universal foram legisladas por Deus — a Perfeição Absoluta — e não consegue ter conduta antivital. Então, adota o Estro Cósmico — o Evangelho — como roteiro sagrado para a sua vida, de forma que a misericordiosa maneira de falar seja a declamação de um crístico Poema de Amor pelo Criador do Amor e pelas criaturas do Infinito Universo.

Vamos enumerar algumas Constantes Universais em função da evolução espiritual:

— A fisionomia dos espíritos encarnados mais evoluídos passa a ser, paulatinamente, mais agradável, não mais apresentando o envelhecimento precoce causado pela ansiedade, pela angústia e pelos medos, principalmente o da morte...

— Progressivamente a beleza natural substituirá a artificial, considerando que as pessoas terão corpos biológicos mais bonitos, dispensando a cosmética e os demais artifícios. Como consequência, nas relações afetivas passarão a predominar as afinidades espirituais em detrimento das corpóreas, as quais, em muitos casos, são artificializadas...

— O ser masculino também passa a reconhecer que a mulher, na sua divinal condição de "templo sagrado", é "médium de Deus" ao abrigar os Seus filhos no aconchego dos seus ventres...

— O lar passa a ser ambiente divinizado para o exercício de amar as individualidades a fim de que, assim, possam ser adquiridas as condições para amar a família universal, pois, como se sabe, não se consegue amar ao Todo antes de amar as suas partes...

— Os pais, à medida que vão ficando mais conscientes do sentido sagrado das reencarnações, mais passam a ser orientadores e não possuidores dos seus filhos, reconhecendo que tudo é passageiro no plano da relatividade. Dessa salutar conduta surge o respeito mútuo entre todos os seres humanos; todos, filhos do mesmo Deus-Pai...

— Com a dilatação da consciência, as escolas perdem o sentido empresarial-financeiro e passam a ser educandários de almas, de forma que o corpo docente seja formado pelos espíritos mais experientes de Deus. Na verdade, os educandários passam a ocupar a mais relevante tarefa das humanidades mais evoluídas...

— Na mesma proporção em que vão se evangelizando, também os encarnados integrantes do conjunto planetário passam a exercitar, com dedicação e conscientemente, a sacralidade do *ver, ouvir e falar — os três divinos sentidos da alma.*

Pergunta 138: - O Evangelho de Jesus é parte do pilar religioso. A sociedade quando estiver evangelizada será capaz de mudar a visão socioeconômica do mundo?

Resposta: – O nosso ponto de vista merecedor de reflexão não deve se pautar na religião pela religião, visto que o religioso sem religiosidade continuará adorando os deuses de paus e pedras ou aqueles de suas conveniências. Essa fase infantil já não corresponderá às aspirações da sociedade do Terceiro Milênio após a ***separação do lobo do cordeiro.***

Atentemos para estas Constantes Universais:

— Com a abertura da visão transcendente, o espírito corporificado passará, naturalmente, a ser progressivamente mais honesto em todos os sentidos, tendo em vista que não mais terá dúvida de que *pelo fruto se reconhece a árvore que o gerou...*

— Conhecedores da Lei de Ação e Reação, os profissionais da saúde, do direito, da construção, da fabricação de engenhos e de outros misteres serão pessoas de alto polimento moral...

Em razão da conscientização de que a *vida* continua depois da *vida* biológica, os seres humanos serão magnificamente cuidadosos com a alimentação e não farão uso de elementos que possam impregnar os seus corpos energéticos... Outro fator importante é que a sociedade, conscientemente, abdicará dos vícios da morte...

— A vida em cada reencarne será mais longa, tendo em vista que a sociedade, sem a fobia da morte, terá vida mais alegre, mais divertida, mais dinâmica mental e fisicamente, além de praticar esporte como terapia para a alma e para o corpo...

— Na Terra só continuarão reencarnando os espíritos mais conscientes... Aqueles que já conseguiram dar sentido sagrado à vida. As suas preferências musicais serão compatíveis para a Era do Mentalismo, as quais realmente elevam a frequência da alma aos planos metafísicos luminoso. Terminou, portanto, o tempo das músicas melodramáticas...

— A ciência induzirá o ser humano a praticar a dança como terapia holística e preventiva para manter a alma e o corpo saudáveis...

— Os artistas da pintura e da escultura, inspirados pelos espíritos superiores, "materializarão" belezas edênicas, reproduzindo as maravilhas dos planos espirituais em que vivem os espíritos "puros", pois já emocionalmente livres dos conflitos sociais.

Pergunta 139: - Podemos então considerar que o Evangelho é a síntese cósmica de todas as verdades?

Resposta: – A essência do Evangelho bíblico é inquestionável, embora a sua letra tenha sido não só convenientemente alterada e deturpada, como também fora uma fonte de duvidosas interpretações feitas pelos astutos. A mensagem verdadeira, cristalina e pura pregada pelo Nazareno Mestre se encontra em ***A Arca do Desconhecido***. No plano material, no entanto, existem similares anotações humanas feitas pelos cristãos pioneiros em "pergaminhos" e guardadas a sete chaves no Vaticano.[1]

Ainda sobre a economia mundial à luz do Evangelho, consideremos mais algumas Constantes Universais:

— Em função da evolução espiritual do humano ser, o reino animal de agora em diante será progressivamente menos agredido, provocando melhor interação entre o homem-animal que fora e o animal-homem que é. Também haverá maior aproximação entre os dois reinos quando a humanidade for deixando o hábito da alimentação carnívora...

— A sociedade, cientificamente mais bem equipada, sentir-se-á motivada para florir e colorir o planeta, o que proporcionará aos encarnados e desencarnados que usufruam da cromoterapia visual...

— A massa planetária, por causa do gradual envelhecimento, ficará cada vez mais radioativa, e os seres vivos de todos os reinos, mais acelerados. Um bom exemplo são as crianças ***índigo***, que já estão nascendo com a memória ***subjetiva*** ativada, trazendo à memória ***objetiva*** recordações seculares ou milenares de vidas pretéritas na Terra ou em outros mundos...

— Sabe-se que, quanto mais o espírito evolui, mais ele trabalha na ***Vinha do Senhor***. Na Era da Força Superior, o **trabalho econômico** perderá, gradualmente, energia-força, transformando-

[1] Detalhes no livro ***Adventos Crísticos*** do mesmo autor, 4ª edição, em 2017, **EDITORA DO CONHECIMENTO**.

-se em **trabalho social** para, na sequência da evolução, se tornar **trabalho moral**, segundo Pietro Ubaldi...

— Como é tendência natural o espírito gradualmente sacralizar o trabalho, a balança comercial mundial sofrerá grandes mudanças, considerando que, com o despertar da solidariedade, a maior preocupação da pessoa passa a ser ajudar ao próximo em todos os sentidos, consciente de que as diminutas existências servem para evoluir, aprender e ensinar caso pretendam ascender. Para usufruir dos ***tesouros celestes,*** ela terá que se desapegar dos ***tesouros terrestres***, considerando que ***não se deve servir a dois senhores...***

— Os administradores do mundo serão aqueles que demonstraram à luz do sol as realidades ético-morais e que tenham vivenciado à luz da imortalidade da alma, as suas experiências com Deus...

A evolução espiritual é acompanhada da ampliação da consciência, o que leva o espírito a se distanciar, vibratoriamente, dos campos energéticos atreladores ao plano da existencialidade para ter condições de se integrar aos planos da essencialidade. De maneira clara e objetivamente sinalizamos algumas das Constantes Universais para entendermos a razão das substanciais mudanças que ocorrerão na economia mundial após o **joio** ser exilado para outros mundos inferiores e compatíveis com o patamar da evolução espiritual que melhor atenda às suas aspirações.

Assim, com a sociedade sem os espíritos de pouca evolução moral e a psicosfera do nosso atual orbe sem as formas de pensamento de baixo nível, os que permanecerem neste abençoado mundo concluirão que o Evangelho é a síntese cósmica de todas as verdades. Surgirá neles um motivador e sagrado impulso para, amorosamente, se abraçarem e se darem mais, o que fará com que sintam as emanações da Essência do Cristo — o Arcanjo Planetário da Terra e inesgotável **Fonte de Amor**.

Pergunta 140: - Ao observar que a maior parcela da humanidade ignora as leis fundamentais da vida corpórea, como se processará a mudança socioeconômica no mundo, tendo em vista a desarmonia da sociedade em virtude das suas eternas disputas de poder e domínio?

Resposta: – Realmente, enquanto o espírito não conhece o determinismo da Lei da Evolução, arbitra demasiadamente na condução da vida, mesmo quando já possui noções básicas da Lei de Causa e Efeito. Nessa fase evolutiva, ele ainda não interiorizou que o Determinismo da Evolução Espiritual está acima do relativo livre-arbítrio.

Sem nos atermos a abstrações filosóficas, tendo em vista que pelo menos dois terços (67%) da humanidade se identificam melhor com o universo físico do que com o metafísico, faz parte do Planejamento Sideral voltado para a Terra que o ***Brasil***, predestinado a ser a ***Pátria do Evangelho, o Coração do Mundo***, esclareça os integrantes dos quatro pilares da sociedade, usando a linguagem do bom senso, sobre a vida depois da vida.

Assim é que:

> — O ser humano ao conhecer o roteiro da evolução espiritual, percebendo que o reino da força como herança genética do instinto animal conduz à injustiça, começa, de imediato, a sua reforma íntima para se graduar à conduta dos justos, pautando a vida nos princípios ético-morais cristãos por saber que a ignorância leva o homem-espécie a violentos desequilíbrios e o mantém no nível vibratório da guerra, da traição e da mentira...
>
> — Em sendo da Lei de Deus que ***ninguém consegue amar ao desconhecido***, procuremos assimilar e vivenciar a mensagem poética de o Sermão da Montanha proferida pelo Nazareno Mestre, considerando que a nossa vida-existência é exatamente o reflexo da nossa evolução, identificando o quanto já somos capazes de amar. Daí a sagrada razão para, progressivamente, substituirmos valores, ***amando a Deus sobre todas as coisas*** para termos condições de ***amarmos ao nosso próximo como a nós mesmos...***
>
> — Ao tomarmos consciência de que Deus é Uno, por questões cosmogônicas,[2] usemos do silogismo,[3] pois, em sendo o homem filho de Deus, cabe-lhe potencializar os Seus Divinos Atributos latentes em si. Então, portadores que somos da imaculada

[2] Cosmogonia (ou Cosmogenia) Trata-se de qualquer modelo relacionado à existência (à origem) do que seja do cosmo ou da chamada realidade dos seres sencientes (*que sentem*). A cosmogonia é a especulação sobre a origem e formação do mundo que se encontra em muitos mitos religiosos e na filosofia dos pré-socráticos, principalmente Tales de Mileto, o primeiro a buscar a origem de todas as coisas, acreditando encontrá-la na água, considerada por ele como a substância primordial do Universo. Fonte: Wikipédia.

[3] Modelo de raciocínio com base na ideia da dedução, composto por duas premissas que vão gerar uma conclusão. Fonte: Wikipédia.

Essência do Criador, busquemos adquirir conhecimentos transcendentes e trabalhemos na conquista da nossa harmonia, a fim de identificarmos a Onisciência, a Onipresença e a Onipotência da Divindade Suprema em todos os nossos semelhantes, guardando sempre em mente que o nosso objetivo na Era de Aquário é que a nossa guerra seja a aquisição da nossa paz interior.

Por não haver milagre na Criação, a mudança socioeconômica no mundo se processará através do conhecimento libertador individual para que a pessoa almeje os ***tesouros celestes*** e tenha condições reais para abdicar dos ***tesouros terrestres*** sem lágrimas nos olhos, os quais são os responsáveis por grande parcela das incessantes lutas do poder e do domínio. É bom relembrar que sem o conhecimento individual não haverá a paz coletiva.

Pergunta 141: - Dado que a divulgação da proposta do Nazareno Mestre ficou praticamente a cargo e feição do Catolicismo e, consequentemente, só envolveu um pequeno percentual da humanidade, de que maneira a economia mundial será conduzida à luz do Evangelho se a maioria não comungou com o Cristianismo?

Resposta: – Cristo é o criador da Terra que, em todas as épocas, Se utilizou da mediunidade de alguns encarnados para representá-Lo, sendo que Jesus foi o mais fiel.

Atualmente, com as doutrinas espiritualistas divulgando a Lei da Reencarnação e a Lei de Causa e Efeito, em pouco tempo toda a sociedade estará se dedicando à divina causa — a divulgação da mensagem de Jesus de Nazaré sob o título de **ADVENTOS CRÍSTICOS — o novo pão para a humanidade**.

❁ ❁ ❁

Adventos Crísticos

A maioria dos bilhões de espíritos encarnados e desencarnados na Terra não tem consciência de que é portadora dos Divinos Atributos de Deus e, consequentemente, não reúne as condições propícias para dar sentido sagrado à vida. Em assim sendo, o Brasil terá árdua tarefa para conscientizar os povos de que *os tempos das grandes transformações geofísicas e psi-*

coemocionais já chegaram, solicitando substanciais mudanças na visão e no comportamento global da humanidade, visto que todos estão sendo oportunizados e levados à reflexão nesta fase de transição planetária.

Vamos sinalizar algumas mudanças que o homem-espécie precisará trabalhar em si visando reformar-se.

Silvestre, em nome das Sagradas Fileiras, referindo-se à reforma do cristão e do Cristianismo, escreveu:

> ... Entenda-se, pois, o termo Reforma, situando-a nos quatro fatores ou quadrantes da alma (ser almado) passíveis de descortino:
>
> — **Reforma interior**: dos pensamentos e intenções...
> — **Reforma exterior**: das atitudes comportamentais não compatíveis...
> — **Reforma social**: dos indivíduos, ao redor, e chamamento dos dispersos, sem imposição ou barganha...
> — **Reforma doutrinária**: já preestabelecida em alguns templos, mas, ainda, carente de renovação e manutenção.

Em nome das Sagradas Fileiras, Silvestre salientou:

> ... Se a Anunciação, milenarmente apreendida ou resguardada para se pôr à mostra nesta Divina Aurora se faz hoje, sobranceira, quase física, apesar de oriunda das Altas Esferas, então, real e concreto é o nosso momento que à Reforma conduz e ao reformador embala...
> ... Se a Vontade superior, por certo, em nós outros se instala, incluindo-se, nesta gama, os encarnados e os desencarnados sem distinção de misteres (condutores ou aprendizes), então salutar é o intrínseco que a VONTADE propõe:
>
> — **V** ocação indômita, ou irresistível ante os sagrados desígnios...
> — **O** rgulho, ou superior garbo, no divino alcance do *religare...*
> — **N** unciatura[4] e apostolado da verdade, a serviço do Pai, ao se sobrepor ao infiel, com suave e humilde

[4] Uma **nunciatura apostólica** é um alto nível das missões diplomáticas da Santa Sé, equivalente a uma embaixada. Seu titular, o núncio apostólico, é, portanto, um embaixador da Santa Sé no país a que foi designado. Fonte: Wikipédia.

firmeza...

— **T** alhe reformador, não dogmático, no reconhecimento, conquista e condução dos neófitos desta aurora...

— **A** mor como meio e fim; como causa e efeito; como fato e circunstância de todas as etapas adventistas...

— **D** emonstração efetiva de autodisciplina como instrumento de exemplificação aos recém-ordenados, adeptos ou futuros postulantes da anunciação...

— **E** mancipação dos ideais, verdadeiramente crísticos, sem afetação ou falsa inclinação (hipotética religiosidade.)[5]

Vamos refletir sobre esse *acróstico* **V O N T A D E**:

> Se amar ao Pai é um ato restrito à verdade que a **vontade** encerra, então somos todos escudeiros desta força: a suprema, mas interna, **vontade** almada. (Silvestre.)

[5] Extraído do livro *Adventos Crísticos*, do mesmo autor, 4ª edição, em 2017, **EDITORA DO CONHECIMENTO**.

Epílogo

Embora tenhamos usado de maneira proposital a didática da repetição de palavras, frases e pensamentos para fixá-los na alma do leitor, o conteúdo do livro, de maneira direta e objetiva, se assimilado pela lógica alicerçada nas Constantes Universais, será irrefutável, incontestável.

Em assim sendo, precisamos refletir a respeito da **Predestinação Espiritual do Brasil** e do nosso compromisso assumido com os espíritos integrantes das Sagradas Fileiras, tendo como Grão-Mestre Jesus de Nazaré — o Arauto da Divindade a Serviço do Cristo na Terra.

> ... Nos entreveros da caminhada terrena, apenas um objetivo deve ser fixado como ponto único e imutável: a Fé inabalável no Deus Criador. Os demais ideais devem e precisam ser pensados e vivenciados em formas diversificadas que melhor se adaptem à feição evolutiva de cada um.
> Se o conhecer é necessário, o saber, no seu mais profundo significado, é condição vital à ascensão. (Palavras do Velho Mestre,[1] em nome das Sagradas Fileiras.)

No corpo do livro ficou caracterizado que:

— O ser humano, apesar do seu livre-arbítrio, obedece às Leis do Supremo Legislador, considerando que na sua gênese está intrínseco o seu retorno consciente ao Deus-Pai na condição de *Filho Pródigo* — **Reversão**...

---

[1] Esse espírito, embora um ser angelical, se identifica no Brasil por Pai Joaquim de Aruanda. Já foi Anfion, também médium do Cristo terráqueo, segundo Ramatís, no livro *O Evangelho à Luz do Cosmo*, psicografia de Hercílio Maes, **EDITORA DO CONHECIMENTO**.

— Na Era da Força do Espírito, em razão da evolução espiritual da humanidade terrena e ao dinamismo mental ensejado pela evolução do cientificismo, o espírito que ignorar por negligência as leis que regem a vida além do plano físico, tombado pelo remorso da oportunidade perdida, será transferido para outro reduto do Cosmo, local mais adequado às suas tacanhas aspirações...
— Os portadores de intelecto brilhante, mas desprovidos de progresso moral-ético, serão transladados e matriculados numa Escola Espiritual Primária ou Subprimária, onde novamente serão oportunizados para desenvolver as aptidões dos sentimentos nobres, vez que a Infinita Bondade de Deus não permite atrofia ou impedimento nas aspirações morais nem eterna estagnação na evolução espiritual...
— A proposta dos **Adventos Crísticos** para renovar o Cristianismo não será alcançada pelos espíritos infantes, tendo em vista o que disse Paulo de Tarso: "Às crianças dá-se leite; aos adultos, alimentos sólidos"...
— Na Era da Força Mental, do poder da alma, é de bom alvitre ressaltar o fator biológico levando em conta que os portadores de acentuada ancestralidade animal não atenderão ao Empuxo Divino causado por Aquário...
— É necessária a reflexão sobre o momento atual de transição planetária... Momento de grandes hecatombes, as quais, acatando a Perfeição das Leis de Deus, fazem parte da evolução dos mundos e de suas humanidades, pois, por ser Constante Universal, ninguém consegue alcançar a frequência da **Bonança** enquanto não passar pela **Tempestade** com a elegância e o garbo que deve ter um cristão convicto da Justiça Divina...
— Como o ***Brasil*** está predestinado a se tornar o ***Coração do Mundo, a Pátria do Evangelho,*** é fundamental que os seus habitantes estejam fortalecidos pela condição moral para que, após a destruição material-apocalíptica, cada um seja capaz de regurgitar a força-energia da sua latência para não ser abandonado pela coragem e, assim, recompor as partes do planeta Terra que serão danificadas por "processo natural"...[2]

A implantação dos **Adventos Crísticos** em Aquário segue um Planejamento Sideral voltado para a Terra. Logicamente que os Engenheiros Siderais, exímios em astronomia, astrologia e em cálculos matemáticos transcendentais, estabeleceram que:

[2] Na verdade, quando nos referimos ao "processo natural", salientamos que será a Natureza em ação renovadora atendendo o Planejamento da Criação da Terra, mas boa parcela das reações ocorrerá em função das ações humanas.

— Nessa época, excelente percentual dos espíritos terráqueos já estaria em condições evolutivas para "separar" o Cristo-Criador dos Cristos-criaturas e, pelo sagrado fenômeno da mediunidade, O representaria no Plano Material para renovar o Cristianismo. Relembremos que, entre todos os intermediários da vontade do Cristo e as necessidades humanas, Jesus foi o mais perfeito, e, assim, todos O teriam como modelo. Atualmente, Era da Força do Espírito, é o estágio mais sagrado e propício para a parcela espiritualmente mais polida da humanidade se tornar médium do Nazareno Mestre e em excelentes condições psicológicas para divulgar a Sua mensagem evangélica contida em ***A Arca do Desconhecido***, a fim de que seja implantada uma nova ordem moral no planeta Terra — os **Adventos Crísticos**... O ser humano que, após a transição planetária, já for portador da qualidade moral para continuar na Terra, terá condições espirituais para alcançar a sublimidade da vida existencial, o que o levará a direcionar as suas aspirações ao Céu para ser alcançado por ele conscientemente...

— O momento **Tempestuoso** da Terra aguça as latências de todos aqueles que aspiram alcançar a **Bonança,** vez que, intuitivamente, os espíritos mais lúcidos sabem que chegou a hora de compreender a sacratíssima necessidade de sua evangelização para que haja a concomitante expansão da sua consciência... Para a maioria dos alunos de uma Escola Primária, nos momentos de transição planetária é recomendável fazer uma purificação, uma **catarse religiosa**, visando desfazer os elos energéticos e emocionais que prendem o espírito a épocas mortas, dificultando o seu direcionamento rumo à religiosidade...

— Vez que é da Lei do Criador que todo efeito retorna à causa, em sendo Deus a Causa Criadora, nós somos seus efeitos criados. Chegou o sublime momento na nossa escala evolutiva de, na condição de ***Filhos Pródigos*** que somos, iniciarmos a nossa **REVERSÃO**, o nosso retorno ao Deus-Pai, a nossa ascese, pois somos espíritos eternos e imortais.

— Já é possível vislumbrar que a moral e a ética no Terceiro Milênio, em razão da biologia humana mais refinada, alcançarão elevados níveis dos infinitos graus da consciência, razão pela qual a humanidade, pelas necessidades comuns a todas as criaturas, se tornará solidária, dará as mãos e passará a viver fraternalmente...

— Uma vez que no Universo de Deus tudo evolui, ascende e transcende, quem estiver no plano material almejando se graduar aos planos superiores da essencialidade eterna, durante o percurso do Signo de Aquário, atendendo ao Empuxo Divino, não será, evidentemente, recalcitrante. Sem titubeios, aceitará com naturalidade os novos paradigmas para a Era de Aquário... Assim, os espíritos terráqueos graduados ao Curso Secundário irão se enquadrando nas leis da vida universal, razão pela qual as conquistas externas perderão magnetismo atrelador ao plano da passageira existencialidade.

O ser humano ao vivenciar a moral universal:

— Naturalmente se empenhará em conhecer e compreender a beleza e a vantagem que obtém aquele que segue **as leis da vida** legisladas pelo Supremo Legislador — **Deus**... É evidente que abdicará dos ignóbeis[3] convites do universo exterior e, sentindo a Onipresença de Deus, passará a ouvir a voz silenciosa dos fenômenos naturais que são componentes da Criação...
— Como conhecedor da Lei de Causa e Efeito, medirá as consequências das suas ações, mesmo sendo portador de livre-arbítrio... Buscará assimilar os sacratíssimos ensinamentos contidos no Sermão da Montanha para experienciar a mensagem evangélica, a qual sintetiza as Leis de Deus...
— Dilatará a sua visão no que se relaciona ao sentido sagrado da vida, de maneira que a eterna essencialidade se sobreponha à diminuta e conflitiva existencialidade de lutas, disputas, dores e sofrimentos no exíguo tempo da vida biológica. Atentemos, assim, para a primorosa necessidade de concebermos que somos eternos e que as nossas relações sociais sejam pautadas à luz da imortalidade...
— A mediunidade é parte do princípio diretor da vida no Cosmo, pois é uma Constante Universal, independentemente do plano em que o espírito atue, considerando que a humanidade terráquea durante o percurso do Signo de Aquário desenvolverá de modo mais abrangente a sua mediunidade ***intelectual-psíquica*** à luz do Evangelho...
— Sabedor de que a grande luta do Terceiro Milênio será a guerra interna do indivíduo para evitar deflagrar a guerra externa, terá no momento de transição planetária excelente oportunidade para despertar o dom divino de amar, tendo em vista o papel sagrado que desempenham a dor e o sofrimento, principalmente nos momentos apocalípticos...
— Mesmo o espírito sendo eterno e portador de livre-arbítrio,

[3] Característica do que é baixo, vil; que infringe as leis da moral. Fonte: Wikipédia.

sabe que a Lei da Impermanência não faculta estagnação eterna. Assim, por questões lógicas e inteligentes, os espíritos que permanecerem na Terra darão magníficos "saltos quânticos" atraídos pelo Empuxo Divino causado pelo Cristo, representado pelo Nazareno Mestre...

— Vislumbra no horizonte o luminoso futuro da humanidade gerado pela vivência da **moral universal** — *amar a Deus sobre todas as coisas* — para ter condições naturais e espontâneas de vivenciar a **ética universal** *amando ao próximo como a si mesmo*.

Reflitamos sobre a evolução atual da Terra e de sua humanidade:

— Em sendo da Lei do Criador que os mundos e suas humanidades devem evoluir juntos, na Nova Era em que já estamos vivendo, é de bom alvitre que o ser humano desperte o seu Cristo Interno, elabore o mais luminoso pensamento criador e, na condição de parte não apartada de Deus, implante a justiça social...

— Os espíritos das Sagradas Fileiras, representantes do Arauto da Divindade a serviço do Cristo na Terra — Jesus de Nazaré —, esperam que os **Adventos Crísticos — o novo pão para a humanidade —** sejam implantados na consciência dos humanos que frequentarão a Escola-Terra cursando o segundo grau espiritual...

— O ser humano deve conceber também que o Evangelho é a ciência cósmica da **Fé**, razão pela qual é sensato elaborar trajetórias progressivamente mais luminosas para alcançar objetivos mais sublimes...

— Dado que o homem-espécie, mesmo portador de livre-arbítrio, não consegue destruir as Leis do Supremo Legislador, demonstrará então sabedoria para quem pretende, o quanto antes, ascender às planuras celestiais, adaptando-se, então, às premissas universais de agora em diante. Isso porque a criatura humana na Era de Aquário alcançará prodígios nunca vistos na Terra, surgindo, assim, a evangélica necessidade de ser seletiva no que pensar, não alimentando pensamentos negativos, pelo menos por longo tempo, considerando as consequências danosas que advirão...

— É chegado o momento de a humanidade terrena vivenciar o apostolado crístico com a conduta que melhor expresse a vontade de Deus representado, em cada evento, pela Lei de Ação e Reação...

— Foi possível, durante a reflexiva leitura desta singela obra, compreender a sacratíssima missão do Brasil perante a Terra e o Céu.

— Os portadores de boa vontade perceberam que os tópicos desenvolvidos neste livro tiveram como principal objetivo direcionar o homem-espécie mais evoluído a vivenciar o poema cósmico — o Evangelho — proferido pelo Nazareno Mestre, na sagrada expectativa de ele, divinamente impregnado com a essência do Cristo-Amor, poder influenciar positivamente os seus semelhantes de menor patrimônio moral, visando a que o crístico foco da humanidade seja vivenciar a economia mundial à luz do Evangelho, de forma que todos se sintam dignamente filhos do Supremo Pai — **Deus**.

Afiançamos que o ser humano quando verdadeiramente consciente da divina, inviolável e disciplinadora Lei de Causa e Efeito, ao conhecer o Planejamento Sideral voltado para a Terra dos **Adventos Crísticos**, não conseguirá mais viver apartado das verdades eternas... Não conseguirá mais viver alheio à organicidade do Universo com as suas Constantes Universais, entre as quais figura a sua **REVERSÃO**, o seu retorno consciente a Deus.

❁ ❁ ❁

O PRÓXIMO LANÇAMENTO
da série

ADVENTOS CRÍSTICOS
terá o título de:

REVERSÃO,
O RETORNO CONSCIENTE PARA DEUS

Bibliografia

ADOLFO MARQUES DOS SANTOS, *Adventos Crísticos*, **EDITORA DO CONHECIMENTO**, 4ª edição, em 2017.

——— *O Cristianismo Renovado*, **EDITORA DO CONHECIMENTO**, 1ª edição, em 2014.

——— *O Evangelho e a Lei de Deus*, 3ª edição, **EDITORA DO CONHECIMENTO**, em 2012.

——— *O Fim dos Tempos e os Discos Voadores*, **EDITORA DO CONHECIMENTO**, 3ª edição, em 2012.

——— *Os Novos Rumos do Cristianismo*, 1ª edição, **EDITORA DO CONHECIMENTO**, em 2016.

ALLAN KARDEC, *Livro dos Médiuns*, 71ª edição, FEB, em 2003.

ANDRÉ LUIZ, psicografia de Francisco Cândido Xavier, *Apostilas da Vida*, Instituto de Difusão Espírita.

——— psicografia de Francisco Cândido Xavier, *Missionários da Luz*, 9ª edição, FEB.

——— psicografia de Francisco Cândido Xavier, *Nosso Lar*, 55ª edição, FEB, em 2005.

HUMBERTO DE CAMPOS, psicografia de Francisco Cândido Xavier, *Brasil, Coração do Mundo, Pátria do Evangelho*. 1ª edição, FEB, em 1938.

MIRAMEZ, psicografia de João Nunes Maia, *Francisco de Assis*, 12ª edição, Editora Espírita Fonte Viva, em 1997.

PIETRO UBALDI, *A Grande Síntese*, 11ª edição, Fundapu, em 1979.

——— *A Nova Civilização do Terceiro Milênio*, 4ª edição, Fraternidade Francisco de Assis, em 1992.

——— *Princípio de Uma Nova Ética*, 2ª edição, FUNDAPU, em 1983.

RAMATÍS, psicografia de Hercílio Maes, ***A Vida no Planeta Marte e os Discos Voadores***, **EDITORA DO CONHECIMENTO**, 14ª edição, em 2004.

——— psicografia de Hercílio Maes, ***Mensagens do Astral***, 5ª edição, **EDITORA DO CONHECIMENTO**, em 1975.

——— psicografia de Hercílio Maes, ***O Sublime Peregrino***, 13ª edição, **EDITORA DO CONHECIMENTO**, em 2001.

ROBSON PINHEIRO, ***Aruanda***, Editora Casa dos Espíritos, 1ª edição, em 2004.

O Sublime Peregrino

RAMATÍS / HERCÍLIO MAES

ISBN 85-7618-108-8 • Formato 14 x 21 cm • 384 pp.

Esta obra resulta da experiência direta de Ramatís — conhecido filósofo de Alexandria ao tempo de Jesus —, que foi à Palestina encontrar pessoalmente o mestre nazareno, e posteriormente colheu, nos registros akhásicos, os verdadeiros registros vivos de sua existência no planeta.

Por isso, *O Sublime Peregrino* traz com realismo cinematográfico temas nunca dantes abordados: o nascimento, a infância e o lar do menino Jesus, suas brincadeiras e preferências, sua família e gestação, sua vida quotidiana entre o povo hebreu, o cenário da Galiléia e a influência de seu povo em sua missão. Mas também focaliza como nenhuma outra obra a identidade sideral de Jesus, sua relação com o Cristo Planetário, os aspectos iniciáticos de sua missão, suas relações com os essênios. Revela detalhes inéditos sobre a figura de Maria de Nazaré e sua missão, sua gestação protegida pelas hostes angélicas e o verdadeiro cenário do nascimento do menino-luz. Traça com riqueza psicológica o verdadeiro e insuspeitado perfil de Maria de Magdala e seu encontro com o Mestre.

Além da abordagem de temas iniciáticos, como a descida angélica e a queda angélica, o grande plano e o calendário sideral, recolhe-se nesta obra a mais autêntica descrição do drama do calvário e dos últimos dias de Jesus.

BRASIL A LUZ DO MUNDO
foi confeccionado em impressão digital, em outubro de 2021
Conhecimento Editorial Ltda
(19) 3451-5440 — conhecimento@edconhecimento.com.br
Impresso em Super Snowbright_b 70g